*Martina Hahn/Frank Herrmann*

*Fair einkaufen – aber wie?*

W0194409

**Fairer Konsum boomt.** Er entspricht einer nahezu weltweiten Bewegung und Lebenseinstellung, die Konsum nicht verdammt, solange mit Herz und Verstand eingekauft wird.

Die Verbraucher wollen wissen, wo sie fair gehandelte Lebensmittel bekommen. In welchem Laden T-Shirts hängen, die nicht von Kindern zusammengenäht worden sind. Wo sie eine Reise buchen können, bei der auch das Zimmermädchen einen gerechten Lohn erhält. Oder woran sie erkennen können, welcher Investmentfonds wirklich nachhaltig anlegt.

**Fair einkaufen – aber wie?** Hier finden Verbraucher und Verbraucherinnen alles, um sich zurechtzufinden: ausführliche Hintergrundinfos über den Fairen Handel, über Faire Mode, Faire Geldanlagen und Faires Reisen. Außerdem bietet das Buch jede Menge Adressen, Weblinks, Literaturempfehlungen und Einkaufstipps.

Über Hinweise und Anregungen freuen wir uns:

**info@brandes-apsel-verlag.de**

*Die Autoren:*

*Martina Hahn,* Jahrgang 1966. Die Journalistin, Amerikanistin und Politologin schreibt u. a. für die Sächsische Zeitung. Nach mehreren Jahren als Ressort- und Redaktionsleiterin sowie als Journalistenausbilderin in Peru und Kolumbien betreut sie heute in der SZ das Thema Verbraucherschutz mit dem Fokus Nachhaltiger Konsum. Martina Hahn lebt in Berlin und Dresden.

*Frank Herrmann,* Jahrgang 1962. Der Diplom-Betriebswirt und Journalist ist Autor mehrerer Sach- und Reisebücher. Er hat viele Jahre lang in Lateinamerika gelebt und war Berater von Kleinbauern-Kooperativen und Nichtregierungsorganisationen. Frank Herrmann lebt in Karlsruhe.

Martina Hahn/Frank Herrmann

# Fair einkaufen – aber wie?

Der Ratgeber für Fairen Handel, für Mode,
Geld, Reisen und Genuss

Mit einem Vorwort von Gerd Billen, Vorstand
Verbraucherzentrale Bundesverband e.V. (vzbv)

Brandes & Apsel

Sie finden unser Gesamtverzeichnis mit aktuellen Informationen
im Internet unter: www.brandes-apsel-verlag.de
Wenn Sie unser Gesamtverzeichnis in gedruckter Form wünschen,
senden Sie uns eine E-Mail an: info@brandes-apsel-verlag.de
oder eine Postkarte an:
Brandes & Apsel Verlag, Scheidswaldstr. 22, 60385 Frankfurt a. M., Germany

2. Auflage 2010
© der deutschsprachigen Ausgabe Brandes & Apsel Verlag GmbH, Frankfurt a. M.
Lektorat: Cornelia Wilß, Frankfurt am Main
DTP und Satz: Antje Tauchmann, Frankfurt am Main
Umschlag: Fischer, Friendly Communication, nach einem Foto von © Frank
Herrmann.
Druck: Impress, d.d., Printed in Slovenia
Gedruckt auf einem nach den Richtlinien des Forest Stewardship Council (FSC)
zertifizierten Papier.

Bibliografische Information der Deutschen Nationalbibliothek:
Die Deutsche Nationalbibliothek verzeichnet diese Publikation in der
Deutschen Nationalbibliografie; detaillierte bibliografische
Daten sind im Internet über http://dnb.ddb.de abrufbar.

ISBN 978-3-86099-610-2

# Inhalt

# WELTPOLITIKER MIT DEM
# EINKAUFSKORB

Vorwort von Gerd Billen,
Vorstand Verbraucherzentrale
Bundesverband e.V. (vzbv)

O b wir es wollen oder nicht – in der globalisierten Welt entscheidet unser Konsumverhalten über das Weltklima und über die weltweiten Arbeits- und Lebensbedingungen. Immer mehr Menschen erkennen die Verantwortung, die daraus erwächst. Nach einer repräsentativen Umfrage erwarten über 90 Prozent der Deutschen von ihrem Händler ein ökologisch und sozial verantwortliches Angebot. Die Konsumrealität sieht jedoch anders aus. Auch wenn die Zahl fair gehandelter und ökologisch und sozial unbedenklicher Produkte zugenommen hat, ist ihr Marktanteil nach wie vor gering.

Die Diskrepanz zwischen Anspruch und Realität hat eine Ursache: Die Verbraucher sind zunehmend überfordert. Sie müssen sich im Produkt- und Tarif-Dschungel zurechtfinden und sollen dabei mit dem Griff zum »richtigen Produkt« auch noch dafür zu sorgen, dass etwa die Näherin in Bangladesch menschenwürdig arbeiten kann. Die Kluft zwischen Wollen und Tun wäre geringer, wenn das »zweite Preisschild«, wie Bundespräsident Horst Köhler es beim ersten Deutschen Verbrauchertag im Jahr 2007 bezeichnet hat, sichtbar würde. »Kauf mich nicht, ich wurde unter menschenverachtenden und umweltzerstörerischen Bedingungen hergestellt«, wäre dann die Botschaft einiger Produkte. Und nicht nur sie, sondern auch die Preise würden die ökologische und soziale Wahrheit sprechen.

Dieser Zustand ist leider noch eine Vision. Nach wie vor sind gesetzliche Mindestlöhne, bezahlte Überstunden und sichere Arbeitsbedingungen eher die Ausnahme. Da reicht es nicht aus, sich auf freiwillige Anstrengungen der

Unternehmen zu verlassen. Was wir brauchen, sind strenge und einheitliche Regeln. Die Politik muss sicherstellen, dass in unseren Ladentheken nur sauber und fair hergestellte Produkte landen. Zudem muss sie durch global geltende Mindeststandards, unabhängige und effektive Kontrollen sowie verlässliche Informationen über die soziale und ökologische Unternehmensverantwortung gewährleisten, dass Akteure im Markt keine Chancen haben, die geltenden Sozial- und Umweltstandards zu missachten.

Aber wir dürfen und können nicht warten, bis die Politik ihre Hausaufgaben macht. Schon heute haben wir es zum Teil selbst in der Hand, mit unserer Nachfragemacht unsozialen und unfairen Produkten und Anbietern die »rote Karte« zu zeigen. Glaubwürdige Siegel und Label bieten dazu ebenso die Möglichkeit wie Unternehmen, die ihren Kunden die »inneren Werte« ihrer Produkte nicht vorenthalten. Dieses Buch führt uns eindrucksvoll vor Augen, dass es oft gar nicht so schwer ist, mit dem Einkaufskorb zum Weltpolitiker zu werden. Ich gratuliere den Autoren zur Idee und Umsetzung und hoffe, dass der Ratgeber »Fair einkaufen – aber wie?« nicht nur für Verbraucher, sondern auch für die politisch Verantwortlichen ein guter Ratgeber ist.

# FAIR ÄNDERT DIE WELT

Hat's bei Ihnen schon fair geklingelt? Bei zahlreichen Brasilianern durchaus. Sie haben sich fair gehandelte Klingeltöne aufs Handy geladen – Gesänge der Xavante Indianer. Diese leben zurückgezogen im Amazonas Regenwald, wissen aber ihre eigene Kultur als Einnahmequelle zu nutzen: Indem die großen Handy-Provider die traditionelle Musik der Xavantes als Klingeltöne verkaufen, haben die Indianerdörfer bereits mehrere zehntausend US-Dollar verdient.

Fairer Konsum boomt – und treibt bisweilen kuriose Blüten. Oder haben Sie schon von fair gehandelten Kondomen oder Karnevalskamellen gehört? Oder von den holländischen Zehn-Euro-Scheinen aus fair erzeugter Baumwolle? Das sind nur die exotischen Ausreißer einer inzwischen nahezu weltweiten Bewegung und Lebenseinstellung, die Konsum nicht verdammt, solange mit Herz und Verstand eingekauft wird.

Der Faire Handel ist erwachsen geworden. Und macht inzwischen richtig Spaß. Lange vorbei die Zeiten, als man Nicaragua-Kaffee aus reiner Solidarität schlürfte und sich an den viel zu scharf gebrannten Bohnen den Magen verdarb. Heute werden hochwertige, fair gehandelte Gourmet-Sorten nicht nur im Coffee House, sondern selbst beim Discounter angeboten. Und obwohl Kaffee weiterhin das meistverkaufte Fair-Handelsprodukt ist, konnten sich auch viele andere Lebensmittel aus Schwellen- und Entwicklungsländern etablieren – von Trockenmangos über Reis bis hin zu Orangensaft. Damit nicht genug: Selbst fair gehandelte Grabsteine, der faire Trip in afrikanische Nationalparks oder die faire Riester-Rente sind heute zu haben.

Doch was ist eigentlich fair? Die Bandbreite der Definitionen ist enorm. Für die einen steht Fairer Handel für Verzicht auf Ausbeutung in Fabriken und auf Plantagen sowie für garantierte Mindestpreise, Prämien und Absatzgarantien für Millionen von Bauern und Arbeitern in armen Ländern. Andere wiederum begnügen sich mit wachsweichen Selbstverpflichtungen – mit denen sie in Hochglanzbroschüren oder auf aufwendig gestalteten Internetseiten werben.

9

Die Folge: Eine Unmenge an Gütezeichen und Sozialstandards, mit denen Anbieter ihre Produkte und Dienstleistungen kennzeichnen, aber auch den Verbraucher zunehmend verunsichern. Denn nicht überall, wo fair drauf steht, ist auch fair drin. Dem Konsumenten in diesem Siegel-Dschungel eine Orientierung zu bieten, ist ein Ziel dieses Ratgebers. Das Buch zeigt auf, wer es ernst meint mit dem Fairen Handel – und wer als Trittbrettfahrer lediglich teilhaben will am guten Geschäft mit dem guten Gewissen. Immerhin hat der Faire Handel in Deutschland im Jahr 2008 rund 266 Millionen Euro umgesetzt – 38 Prozent mehr als im Vorjahr! Zuwächse im Fairen Handel verzeichnen auch die Schweiz und Österreich. Was davon wirklich beim Erzeuger ankommt und wie es sein Leben verbessern kann, auch das veranschaulicht dieses Buch. Ebenso, wie fair gehandelte Produkte bei uns im Supermarkt landen und wer die Akteure des Fairen Handels sind.

Mithilfe dieses Ratgebers kann jeder fair konsumieren – vom Szene-Kenner über den Fairtrade-Einsteiger bis hin zum Bio-Käufer. Apropos Bio: Bio und Fair wachsen immer mehr zusammen. Inzwischen sind 75 Prozent der fair gehandelten Lebensmittel bio-zertifiziert – Tendenz steigend. Die Palette fair gehandelter Produkte und Dienstleistungen ist mittlerweile breit ge-

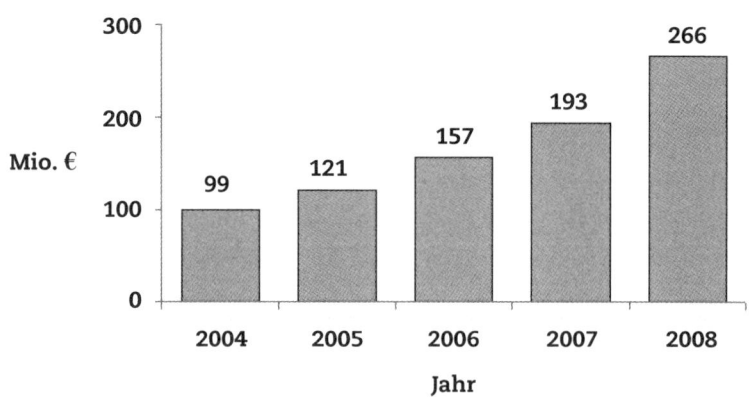

**Absatz fair gehandelter Produkte
zu Endkundenpreisen in Deutschland 2004-2008**

*Quelle: www.forum-fairer-handel.de*

## Mehr als nur zwei Worte

Wer im Fremdwörter-Duden das Wort »fair« nachschlägt, findet folgende Definition: Ein »gerechtes, anständiges Verhalten (im Geschäftsleben)«. »Handel« umschreibt das Wörterbuch als weltweiten Warenaustausch zwischen Nationen, Regionen und Menschen. Inzwischen haben sich im Zusammenhang mit Fairem Handel unterschiedliche Begriffe eingebürgert. Ein Überblick:

- **fairer Handel** (mit einem kleinen »f«): bezeichnet üblicherweise das allgemeine gerechte Verhalten beim Warenaustausch auf lokaler, regionaler, nationaler und internationaler Ebene. Gemeint ist also generelle Handelsgerechtigkeit, die Themen wie Arbeiterrechte, Zölle oder Subventionen beinhalten kann.
- **Fairer Handel** (mit einem großen »F«): mit diesem Ausdruck wird die gesamte Fairhandelsbewegung erfasst, inklusive derjenigen Organisationen und Unternehmen, die ohne Siegel oder Kodizes die wichtigsten Kriterien des Fairen Handels erfüllen.
- **Fair Trade** (zwei Wörter): entspricht dem Deutschen Begriff »Fairer Handel«.
- **Fairtrade** (ein Wort): steht für die internationale Organisation Fairtrade Labelling Organizations International (FLO). Sie legt Spielregeln für einen fairen Handel fest und erlaubt Produzenten und Händlern, die die vorgeschriebenen Standards einhalten, das Fairtrade-Siegel zu benutzen (s. S. 39). Gemeint sein kann hier auch die Fairhandelsbewegung.

fächert und hat weiterhin ein Riesenpotenzial: Sie möchten wissen, wo Sie fair gehandelte Cashew-Nüsse bekommen? Fair gehandelten Wein? Oder einen fairen Teppich? Dann ist dieses Buch genau das Richtige für Sie.

Doch fair kann mehr. Auch bei Reise, Geld und Mode tut sich momentan viel. Sie wollen erfahren, in welchem Laden T-Shirts hängen, die nicht von Kindern zusammengenäht worden sind? Wo Sie eine Reise buchen können, bei der auch Ihr Zimmermädchen einen gerechten Lohn erhält? Oder woran Sie erkennen können, in welchem Investmentfonds Ihr Geld wirklich nachhaltig anlegt wird? Auch das sagt Ihnen dieser Ratgeber.

Doch bevor Sie erfahren, was Sie alles fair kaufen können, erklären wir

Ihnen, was Fairer Handel überhaupt ist. Wer dahinter steht. Wie er funktioniert. Wo seine Schwachstellen liegen. Und selbstverständlich finden Sie in jedem Kapitel faire Shopping-Tipps für Deutschland, Österreich und die Schweiz. Darüber hinaus ausführliche Hintergrundinfos sowie jede Menge Adressen, Weblinks und Literaturempfehlungen.

Fair ändert die Welt – glauben Sie uns. Denn mit jedem fairen Einkauf bekommt ein Kaffeepflanzer in Guatemala oder eine Näherin in Bangladesch einen höheren Lohn und damit die Chance auf ein besseres Leben. Mit jedem Päckchen Reis oder jedem Baumwollhemd aus Fairem Handel, das in unserem Einkaufswagen landet, zwingen wir Unternehmen, ihre Wertschöpfungs- und Lieferkette sowie ihr Angebot an Dienstleistungen sozial verantwortlich auszurichten. Doch fair ändert auch uns – positiv. Mit einem fairen Lebensstil durchbrechen wir den Teufelkreis aus Dumpinglöhnen, Tiefstpreisen und Schnäppchen-Mentalität: Geiz mag geil sein, macht uns aber alle arm.

*Martina Hahn und Frank Herrmann*
*September 2009*

# 1-FAIRER HANDEL

> *Es wäre nicht erstaunlich, wenn künftige Historiker*
> *auf die Fair-Trade-Bewegung als auf ein Laboratorium*
> *für die Neugestaltung der Weltökonomie zurückblick-*
> *ten. In einer Nische werden da Prinzipien ausprobiert,*
> *die eines Tages zu Bausteinen einer zukunftsfähigen*
> *Welthandelsordnung werden können.*
>
> Aus: »Fair Future«, hrsg. vom Wuppertal Institut für
> Klima, Umwelt, Energie, 2006, S. 151

Es ist schon eine ganze Weile her, da bekamen Konsumenten Kaffee aus Fairem Handel nur im Weltladen oder auf dem Kirchenbazar. Den weltweit ersten fair produzierten Kaffee hatte 1973 die niederländische Stiftung S.O.S. Wereldhandel nach Holland importiert; die Bohnen stammten von einer guatemaltekischen Kleinbauernvereinigung. Damals überzeugte die Röstung des Kaffees wenig. Er schmeckte bitter. Man trank ihn aus Solidarität mit den Armen.

Über drei Jahrzehnte später gibt es in fast jedem Laden fair gehandelten Kaffee zu kaufen – und zwar der besten Qualität. Sogar Discounter bieten ihn an – ebenso wie fair gehandelten Tee, Reis oder Orangensaft. Die Palette an fairen Waren ist groß: War der Faire Handel in seinen Anfängen auf Kunsthandwerk oder klassische Kolonialwaren wie Kaffee und Bananen beschränkt, bekommt der Konsument inzwischen selbst faire Rosen, Olivenöl, Schmuck oder Baumwoll-T-Shirts.

## FAIRTRADE IM AUFWIND

Aus der Solidaritäts-Initiative einiger weniger Menschen ist eine gut organisierte, weltumspannende Bewegung geworden. Und sie wächst kräftig weiter. Allein zwischen 2007 und 2008 ist der Umsatz fair gehandelter Produkte in Deutschland um 38 Prozent gestiegen – und zwar von 193 auf 266 Millionen Euro. In der Schweiz hat er um sieben Prozent (von 158,1 auf 168,7

13

Millionen Euro) und in Österreich um 24,3 Prozent (von 52,3 auf 65 Millionen Euro) zugelegt. Hinzu kommt, dass die Verbraucher heute mit dem Begriff Fairer Handel etwas anfangen können: Jeder zweite Bundesbürger kennt Produkte mit dem grün-blauen Fairtrade-Siegel. In der Schweiz und Österreich sind es sogar vier von fünf Konsumenten. Weltweit umfasst der Markt mit Waren, die das Fairtrade-Siegel tragen, mittlerweile ein Volumen von etwa 2,89 Milliarden Euro – gegenüber 2007 ein Zuwachs von 22 Prozent. Fair gehandelte Waren sind inzwischen in 58 Ländern erhältlich. Jedes Jahr kommen neue Produzenten aus Regionen wie beispielsweise Palästina oder neue Konsumenten wie etwa aus dem Baltikum hinzu.

## Die Ausgaben für Fairtrade-Produkte – ein Ländervergleich*

| In Euro | Pro-Kopf-Umsatz 2008 | 2007 | Jahresumsatz (in Mio Euro) 2008 | 2007 | + % |
|---|---|---|---|---|---|
| **Schweiz** | **21,90** | **21,06** | **168,7** | **158,1** | **+7** |
| Großbritannien | 14,29 | 11,57 | 880,6 | 704,3 | +43 |
| Finnland | 10,21 | 6,56 | 54,4 | 34,6 | +57 |
| Dänemark | 9,27 | 7,27 | 51,2 | 39,5 | +40 |
| Luxemburg | 8,54 | 6,72 | 4,2 | 3,2 | +33 |
| **Österreich** | **7,81** | **6,36** | **65,2** | **52,8** | **+23** |
| Schweden | 7,86 | 4,66 | 72,8 | 42,5 | +75 |
| Irland | 6,66 | 5,40 | 30,1 | 23,3 | +29 |
| Norwegen | 6,54 | 3,87 | 30,9 | 18,0 | +73 |
| Belgien | 4,25 | 3,31 | 45,7 | 35,0 | +31 |
| Frankreich | 3,98 | 3,31 | 255,5 | 210,0 | +22 |
| Kanada | 3,83 | 2,42 | 128,5 | 79,6 | +67 |
| Niederlande | 3,69 | 2,90 | 60,9 | 47,5 | +28 |
| **Deutschland** | **2,60** | **1,72** | **212,9** | **141,6** | **+33,8** |
| USA | 2,47 | 2,43 | 757,7 | 730,8 | +10 |
| Italien | 0,68 | 0,66 | 41,1 | 39,0 | +6 |
| Spanien | 0,11 | 0,09 | 5,4 | 3,9 | +40 |
| Japan | 0,07 | 0,05 | 9,5 | 6,2 | +44 |

* Quellen: Basis für die Pro-Kopf Berechnung sind die von der Fairtrade Labelling Organizations International (FLO) veröffentlichten Umsatzzahlen der jeweiligen Länder. Pro-Kopf Berechnungen 2007: »Fair Trade 2007: New facts and figures«; Jean Marie Krier, Dutch Association of Worldshops. Weitere Zahlen von TransFair; Fairtrade Österreich und Max Havelaar Schweiz

Die Gruppen und Interessen, die hinter dem Fairen Handel stehen, sind so breit gefächert wie sein Angebot. Früher waren es fast ausschließlich Hilfsorganisationen, Weltläden und Kirchen, die fair gehandelte Waren vertrieben haben. Das hat sich grundlegend geändert. Etliche Weltläden haben sich einen neuen Anstrich verpasst. Sie sind heute moderne, professionell aufgemachte Geschenkartikelläden und Fachgeschäfte mit entwicklungspolitischem Anspruch. Allerdings hat erst der Einzug in Supermärkte und Discounter den Fairen Handel massentauglich gemacht. Deren Angebot an Fairem ist zwar recht überschaubar. Aber das, was sie verkaufen, bringen sie in großen Mengen an den Käufer.

### Fairdächtige Wortspiele

Mit den Kampagnen zum Fairen Handel haben etliche Wortschöpfungen Einzug gehalten, von witzig bis nervig und inflationär: Wir wollen die Welt fairbessern, sind fairspielt, fairliebt, erliegen der Fairsuchung und der Fairlockung. Wir fairändern, fairkaufen, fairsammeln und fairbinden. Ist ja alles fairständlich, aber auch die besten Ideen fairbrauchen sich.

Die starke Kommerzialisierung und das schnelle Wachstum des Fairen Handels wecken Begehrlichkeiten. Global Player, also große Konzerne und Unternehmen, bemächtigen sich zunehmend der guten Idee, mit der viel Geld zu verdienen ist. Nicht immer ist erkennbar, wie ernst es den Unternehmen dabei ist, wirklich fair zu handeln, oder ob sie sich damit nur ein soziales Mäntelchen umhängen wollen. Denn was unter Fairem Handel konkret zu verstehen ist, bleibt vage. Anders als »Bio«, definiert über die EU-Ökoverordnung, ist der Begriff »Fair« rechtlich nicht geschützt.

Allerdings haben die wichtigsten Netzwerke des Fairen Handels für sich definiert, was sie unter Fairem Handel verstehen. Die European Fair Trade Association (EFTA), die Fairtrade Labelling Organizations International (FLO), das Network of European Worldshops (NEWS; 2009 aufgelöst) und die International Fair Trade Organization (IFAT) – heute World Fair Trade Organization (WFTO) – einigten sich 2001 auf folgenden Wortlaut:

## Sechs Jahrzehnte Fairer Handel

1946  Self Help Crafts (heute Ten Thousand Villages) verkauft in den USA Handarbeiten aus Puerto Rico

1958  In den USA eröffnet der erste Laden mit fair gehandelter Ware

1964  Die englische Hilfsorganisation Oxfam gründet mit Oxfam Trading eine eigene Handelsgesellschaft

1973  Die niederländische Stiftung S.O.S. Wereldhandel importiert den weltweit ersten fair produzierten Kaffee aus Guatemala

1988  Start der Siegelinitiative Max Havelaar in Holland. Fair gehandelter Kaffee wird zum ersten Mal in Supermärkten verkauft

1989  Gründung der International Fair Trade Association (IFAT)

1990  Gründung der European Fair Trade Association (EFTA)

1992  Der Verein TransFair nimmt in Deutschland seine Arbeit auf, ebenso wie TransFair in Österreich (heute Fairtrade Österreich) und die Max Havelaar Stiftung in der Schweiz

1994  Gründung des Netzwerkes europäischer Weltläden (NEWS!), (bis 2009)

1997  Gründung der Fairtrade Labelling Organizations International (FLO)

2000  Das englische Städtchen Garstang wird zur ersten Fairtrade-Town

2000  Acht Fairtrade- und Umweltschutzinitiativen, darunter FLO und die Rainforest Alliance, gründen die International Social and Environmental Accreditation and Labelling Alliance (ISEAL)

2001  EFTA, FLO, IFAT und NEWS! verabschieden eine gemeinsame Definition des Fairen Handels

2002  FLO präsentiert das internationale Fairtrade-Siegel (Fairtrade Certification Mark)

2004  IFAT präsentiert das Logo Fair Trade Organization Mark

2004  FLO teilt sich auf in: FLO (Standards und Produzentenunterstützung) und FLO-CERT (Inspektionen und Zertifizierung)

2007  Vertreter von Produzentengruppen treten dem FLO-Direktorium bei

2008  Mit Fairtrade-zertifizierten Produkten werden in Deutschland mehr als 213 Millionen Euro umgesetzt. (Schweiz 168, Österreich 65 Millionen Euro)

2009  IFAT wird in World Fair Trade Organization (WFTO) umbenannt

2009  Saarbrücken wird die erste deutsche Fairtrade-Town

»Fairer Handel ist eine Handelspartnerschaft, die auf Dialog, Transparenz und Respekt beruht und nach mehr Gerechtigkeit im internationalen Handel strebt. Durch bessere Handelsbedingungen und die Sicherung sozialer Rechte für benachteiligte ProduzentInnen und ArbeiterInnen – insbesondere in den Ländern des Südens – leistet der Faire Handel einen Beitrag zu nachhaltiger Entwicklung. Fairhandelsorganisationen (die von Verbrauchern unterstützt werden) sind aktiv damit beschäftigt, die Hersteller zu unterstützen, das Bewusstsein zu steigern und für Veränderungen bei den Regeln und dem Ausüben des konventionellen internationalen Handels zu kämpfen«.

## DER WELTHANDEL – EINE TICKENDE ZEITBOMBE

Über dem Atitlán-See funkeln auch jetzt, kurz vor fünf Uhr morgens, noch die Sterne am Firmament. Nur im Osten färbt sich der Himmel bereits rot. Doch die magische Morgenstimmung in Tzampetey, einem Dörfchen im Hochland Guatemalas, täuscht. Die Nacht war kühl, die Kinder frieren, und so hat Felipa Guarcax Tax bereits lange vor Tagesanbruch in der kleinen Küche das Feuerholz angezündet. Jetzt setzt sie Wasser auf. Zum Frühstück gibt es Maisfladen und schwarze Bohnen, dazu Kaffee. Allerdings würde niemand in Europa die dünne, stark gezuckerte braune Brühe, die Felipa, ihr Mann Antonio und die fünf Kinder trinken, als Kaffee bezeichnen. Felipas Kaffee besteht aus minderwertigen Bohnen, dem Ausschuss. Die gute Qualität bekommen andere. Davon lebt die Familie.

Guatemala, das kleine Land in Mittelamerika, ist berühmt für seinen Kaffee. Zwischen Oktober und März reifen die Kaffeekirschen auf Höhen zwischen 800 und 2.000 Metern. Antonios Parzelle liegt an einem Steilhang, oberhalb des pittoresken Atitlán-Sees. Auf diesem Land baut er Kaffee an – »den besten in ganz Guatemala«, wie Antonio stolz betont. Den ganzen Tag lang pflückt er die dunkelroten Kirschen von den mannshohen Sträuchern und sammelt sie in Plastiksäcken. Nachmittags helfen ihm auch seine Kinder dabei. Danach schleppen sie die prallen Säcke zur nächstgelegenen Sammelstelle an der Hauptstraße.

An der Straße herrscht bereits hektisches Treiben. Von überallher kommen schwer beladene Bauern zur Wiegestation. Hier regiert der schnauz-

## Konventioneller versus Fairer Handel – der Weg der Kaffeebohne

### Die konventionelle Kaffeeroute

**1**

**Anbau und Ernte**

Mehr als die Hälfte des weltweit konsumierten Kaffees wird von Kleinbauern angebaut. Der restliche Kaffee stammt von Plantagen, die Wanderarbeiter zur Ernte anheuern oder maschinell ernten. Geringe Löhne und schlechte Arbeitsbedingungen überwiegen.

**2**

**Weiterverarbeitung**

Viele Bauern schließen sich zu Produzentengenossenschaften zusammen. Sie verarbeiten die Kirschen weiter – vorausgesetzt, sie verfügen über eine Kaffeeschälmaschine.

**3**

**Verkauf**

Kleinbauern verkaufen die frisch geernteten Kaffeekirschen oftmals unter Wert an Zwischenhändler, um schnell an Bargeld zu kommen. Genossenschaften verkaufen ihren Kaffee direkt an Exporteure. Plantagenkaffee wird direkt über Importeure oder Exportorganisationen vermarktet.

**4**

**Export**

Bei den Exporteuren handelt es sich entweder um eigenständige Firmen oder um Tochtergesellschaften von international tätigen Konzernen. Sie kaufen den Rohkaffee auf und lassen ihn verschiffen.

**5**

**Börse**

Ein großer Teil des Kaffees wird an der Börse gehandelt. Händler spekulieren mit dem künftigen Wert des Kaffees. Die Börsenpreise dienen den Marktteilnehmern als Referenz für Preisverhandlungen.

**6**

**Importeure**

Importeure kaufen Rohkaffee aus verschiedenen Ländern und verkaufen ihn an die Kaffeeröstereien.

**7**

**Röster**

Während einige Röstereien den Kaffee direkt von den Exporteuren beziehen, kaufen ihn andere von den Importeuren. Nach dem Rösten, Mischen und Verpacken geht der Kaffee an den Großhandel.

**8**

**Handel und Gastronomie**

Der Kaffee gelangt über den Großhandel zu seinen Verkaufs- und Verbrauchspunkten wie beispielsweise Supermärkte, Coffee-Shops, Restaurants, Unternehmen, Institutionen.

**9**

**Verbraucher**

Ein Großteil des Kaffees wird im Supermarkt gekauft. Die Konsumenten erfahren in der Regel nicht, unter welchen Bedingungen der Kaffee angebaut und gehandelt wurde.

### Die faire Kaffeeroute

**1**

**Anbau und Ernte**

Genossenschaftlich organisierte Kleinbauern lassen ihren Kaffee zertifizieren, überwiegend von der Fairtrade Labelling Organizations International (FLO). Das garantiert ihnen einen Festpreis über Weltmarktniveau sowie eine Prämie. Sie verkaufen den Rohkaffee direkt an die Importeure und/oder Röstereien.

**2**

**Importeure**

Der ebenfalls zertifizierte Importeur verpflichtet sich, die Fairtrade-Regeln einzuhalten. Die Geschäftsbeziehungen zwischen Genossenschaften und Importeuren sind langfristig und partnerschaftlich.

**3**

**Handel und Gastronomie**

Fair gehandelter Kaffee ist in Deutschland außer in den 800 Weltläden und zahlreichen Internetshops in rund 30.000 Supermärkten, Bioläden und Lebensmittelgeschäften erhältlich. Inzwischen bieten auch über 10.000 Cafés, Kantinen, Mensen und Cafeterien Fairtrade-Kaffee an.

**4**

**Verbraucher**

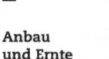

Die Verbraucher erfahren, unter welchen Bedingungen der Kaffee angebaut und gehandelt wurde – diese Info finden sie auf der Verpackung und im Internet.

*Grafik: copyright Andreas Brühl (www.ab-infografik.de)*

bärtige Zwischenhändler Miguel. Er lässt die Bauern Sack um Sack auf die rostige Waage hieven, die Ware wiegen und dann auf einen Lastwagen packen. Miguel greift in seine hintere Hosentasche, zieht ein dickes Bündel Geldnoten heraus. Er feuchtet den Daumen an, zählt ein paar Scheine vom Geldbündel ab. Antonio ist nicht gerade begeistert. Die Kaffeepreise liegen im Keller. Nur umgerechnet 16 Euro für 100 Pfund Kaffeekirschen? Egal, es ist Geld, bar auf die Hand. Antonio verlässt den Platz und kehrt mit seinen Kindern auf dem staubigen Feldweg nach Tzampetey zurück. Erschöpft sitzt er später beim Abendessen. Es gibt Mais und Kaffee. Das Geld hat er Felipa gegeben. Es wird die Familie ein paar Tage über die Runden bringen.

Wie Antonio leben Zehntausende Kaffee-Kleinbauern in Lateinamerika am Rande des Existenzminimums. In Kooperativen organisiert sind die wenigsten. Den meisten fehlt es an allem. Kredite, mit denen sie den Anbau von Kaffee finanzieren könnten, bekommen die Bauern nicht – die Banken verlangen Sicherheiten. Auch staatliche Unterstützung ist rar. Vermarktungskenntnisse hat ohnehin kaum einer der Bauern. Daher verkaufen viele von ihnen den Kaffee noch immer notgedrungen an Zwischenhändler, *die coyotes*. Damit sind sie nicht nur Leuten wie Miguel hoffnungslos ausgeliefert, sondern auch den Preisschwankungen auf den Weltmärkten. Überproduktion in Vietnam, Frost in Brasilien oder Spekulation in der Schweiz – auf all das haben sie keinen Einfluss.

Würde Antonio seine Kaffeekirschen hingegen über den Fairen Handel vermarkten, sähe seine finanzielle Lage deutlich besser aus: In einer Fairtrade-Kooperative organisiert, bekäme er mitunter mehr als den doppelten Preis. Er könnte seine Kaffeekirschen mit der Schälmaschine der Kooperative weiterverarbeiten und somit ein bisschen mehr Geld für seine Ernte erhalten. Den Kredit für den Kauf des Geräts hätte der Aufkäufer des Kaffees bereitgestellt. Statt sich dem Preisdiktat von Zwischenhändler Miguel zu beugen, könnte Antonio über seine Kooperative direkt mit einer Fairhandels-Importorganisation oder dem Vertreter einer Rösterei verhandeln. Antonio würde außerdem lernen, Bio-Kaffee anzubauen – über die Fairtrade-Prämie, die seine Kooperative für die braunen Bohnen erhält, werden solche Kurse finanziert. Und Antonios Frau Felipa könnte sich und die Kinder in der neu errichteten Gesundheitsstation behandeln lassen. Kurz: Antonio könnte endlich planen. Wer arm ist, so wie er, sorgt sich tendenziell eher um den nächsten Tag oder die nächste Woche, plant aber selten für das kommende Jahr. Der Faire Handel hingegen nimmt Rücksicht auf Menschen und Ressourcen. Er ist langfristig ausgelegt und er definiert für jeweils zwei bis drei Jahre Mindestpreis und Prämie für jedes Fairtrade-Produkt. Beides bekommt Antonio selbst dann, wenn die Kaffeepreise auf dem Weltmarkt mal wieder im Keller liegen.

Stellen wir uns weiter vor, Antonios Kooperative hätte die Produktqualität verbessert, Kontrollen bestanden und schließlich ihren Rohkaffee mit dem Fairtrade-Siegel in Deutschland verkauft. Dann wäre aus Antonio, dem einfachen Kaffeebauer, ein selbständiger Unternehmer geworden – ein wichtiger Schritt in Richtung globale Gerechtigkeit. Doch von der scheint sich die Welt zunehmend zu entfernen.

> TIPP:          Auf **www.worldmapper.org** sieht man die Welt, wie man sie noch nie zuvor gesehen hat. Bizarr verändern sich die Kontinente, wenn Sachverhalte wie Armut, Wirtschaftswachstum, Schulbildung, Militärausgaben oder ökologische Auswirkungen unseres Lebensstils den tatsächlichen Gegebenheiten entsprechend dargestellt werden.

**Globalisierung: Die Kluft zwischen arm und reich wird größer**

Die Welt wächst immer schneller zusammen. Diese Entwicklung hat uns überrumpelt. Zunächst sahen wir nur die rosa Seiten der Globalisierung. Kein Wunder: Der freie Welthandel bot Konsumenten viele Vorteile. Die Produkte wurden billiger, die Auswahl an Waren größer, die Energiepreise sanken und mit ihnen die Transportkosten. Im Grunde gab es keine Grenzen, keine Barrieren mehr – weder in der Kommunikation noch in der Logistik. Hinzu kam, dass Handels- und Wettbewerbsschranken fielen. Die Folge war ein globales Wirtschaftswachstum über Jahre hinweg – von dem auch in den aufstrebenden Entwicklungs- und Schwellenländern Menschen profitierten. Dort konnten Kinder besser als ihre Eltern leben. Politiker, Ökonomen, Unternehmer, Konsumenten – sie alle träumten den Traum von einem einzigen Wirtschaftsraum, zu dem die Staaten zusammenwachsen sollten. Der die Menschheit vor Spannungen und Konflikten schützt. Der für sozialen Frieden sorgt, indem er möglichst viele Menschen in möglichst vielen Ländern zu Wohlstand führt.

Inzwischen hat sich Ernüchterung breit gemacht. Heute sehen wir, dass der geschaffene Wohlstand so ungerecht verteilt ist wie selten zuvor – auch innerhalb der Länder. Das lässt sich an etlichen Zahlen festmachen. Während eine kleine, aber schnell wachsende Schicht sagenhafte Reichtümer anhäuft, lebt ein Großteil der Menschheit an oder unter der Armutsgrenze. Nach Angaben des Human Development Report 2005 des United Nations Development Programme (UNDP) besaßen die 500 reichsten Menschen zusammen ein höheres Einkommen als die weltweit ärmsten 416 Millionen Menschen. Rund 2,6 Milliarden Menschen, das sind 40 Prozent der Weltbevölkerung, müssen laut Weltbank mit zwei US-Dollar pro Tag auskommen. Ihr Anteil am Welthandel liegt gerade mal bei einem Prozent. Eine Milliarde von ihnen lebt sogar nur von einem US-Dollar pro Tag oder weniger. Sie sind per Weltbank-Definition extrem arm. Nach Angaben des »CIA-World Factbook« liegt das durchschnittliche Pro-Kopf-Einkommen in den 20 ärmsten Ländern unter 1.200 US-Dollar pro Jahr.

Für die reichsten 20 Nationen hingegen liegt dieser Wert bei 40.000 US-Dollar und mehr. »Die Effekte der Wohlstandssteigerung sind national und weltweit so asymmetrisch verteilt, dass sich die Armutszonen vor unser aller Augen ausgebreitet haben«, sagte der Philosoph und Sozialwissenschaftler Jürgen Habermas 2008 in einem Interview mit der Wochenzeitung »Die Zeit«. Und Dani Rodrik, Professor der Internationalen Wirtschaftspolitik an der Harvard Universität, wundert sich, wie gelassen die Menschheit eine solche Spaltung hinnimmt. »Niemals zuvor in der Geschichte war der Traum, die globale Armut zu beseitigen, so leicht erreichbar – und zugleich so schwer fassbar«, sagte er in einem Interview mit dem Nachrichtenmagazin »Der Spiegel«.

**Gefährlicher Bumerang**

Diese wachsende Kluft zwischen Arm und Reich erzeugt auch bei den Deutschen zunehmend Unbehagen. Laut einer Umfrage des Bundesverbandes Deutscher Banken zum Wirtschaftsstandort Deutschland von 2008 glaubt nur ein Fünftel der Bevölkerung, dass die Globalisierung für sie mehr Vor- als Nachteile mit sich bringt. Der überwiegende Rest bleibt skeptisch. Zu schnell, zu unausgewogen und zu unkontrollierbar gestaltet sich das Zu-

21

sammenwachsen der Welt für viele Menschen. Wir erleben am eigenen Leib, dass sich der unfaire Welthandel als gefährlicher Bumerang erweist: Der unfaire Wettbewerb aufgrund von Sozial- und Umwelt-Dumping gefährdet inzwischen auch die alten Industrieländer. Immer mehr Menschen erkennen, dass Konflikte oder Krisen, die entstehen, weil Menschen hungern und ausgebeutet werden oder weil an der Natur Raubbau getrieben wird, selten an Grenzen halt machen. Sie erkennen, dass solche Ungleichheiten auf den Verbraucher hierzulande zurückschlagen. Lohndumping und lebensgefährliche Arbeitsbedingungen, etwa in Fernost, haben zudem zur Folge, dass sich die Arbeiter weltweit erbarmungslos gegenseitig in den Boden konkurrieren. »Von einer menschlichen Globalisierung mit verlässlichen Regeln«, wie sie sich Deutschlands Bundespräsident Horst Köhler im Mai 2009 in einer Rede anlässlich seiner Wiederwahl wünschte, scheint die Welt daher noch weit entfernt zu sein.

Was heute im Welthandel abläuft, mag legal sein. Es bleibt dennoch höchst unfair. Wären alle Länder in etwa gleich groß, gleich stark und gleich entwickelt, könnte sich der Welthandel möglicherweise sogar tatsächlich frei entfalten. Doch die Realität sieht anders aus: Starke Nationen setzen schwache Nationen politisch, wirtschaftlich und notfalls auch militärisch unter Druck. Gleichzeitig errichten sie Handelsbarrieren gegen schwächere Handelspartner, schließen einseitig ausgerichtete Handelsabkommen ab, subventionieren ihre Landwirtschaft und Industrien und zwingen verschuldeten ärmeren Ländern ihre Sanierungskonzepte auf. Kurz: Der »freie« Welthandel ist weder frei noch fair – noch hat er sich ungesteuert in diese Richtung entwickelt. »Die zunehmende wirtschaftliche Verflechtung ist nicht einfach urwüchsig über die Welt gekommen, sie ist politisch aktiv herbei geführt worden«, brachte es Ernst Ulrich von Weizsäcker, 2002 Vorsitzender der Enquete-Kommission »Globalisierung der Weltwirtschaft« des deutschen Bundestages, auf den Punkt.

**Krise in der Krise – Auswirkungen der Finanzkrise auf arme Länder**

Wie global der Handel geworden ist, zeigt die Finanz- und Wirtschaftskrise seit Mitte 2008. Ihre Opfer finden sich überall auf dem Globus. Die Wirtschaftskrise vergrößert die Kluft zwischen Arm und Reich noch – und das weltweit. Die Prognosen sind düster: Für 2009 rechnet die Welthandelsorganisation (WTO) mit dem größten Einbruch des Welthandels seit dem

Zweiten Weltkrieg. Die Zahl der Hungernden werde erstmals eine Milliarde überschreiten, schreibt überdies der Internationale Währungsfonds (IWF) in seinem Weltentwicklungsbericht 2009. Das ist jeder sechste Mensch. Die Internationale Arbeitsorganisation (ILO) geht davon aus, dass allein im Jahr 2009 rund 50 Millionen Menschen ihren Arbeitsplatz verlieren – viele von ihnen in Entwicklungsländern. Dieser Jobabbau ist bereits in vollem Gange – sowohl bei der Rohstoffförderung, im Handel als auch in der verarbeitenden Industrie.

Das renommierte Institut für Ökonomie und Ökumene, kurz Südwind-Institut, betrachtet diese Entwicklung mit großer Sorge. Es forscht seit Jahren zum Thema gerechter Welthandel und meldete bereits Anfang 2009 Hundertausende von Entlassungen allein in der Diamantenindustrie Indiens, in der Rohstoffförderung des Kongos und in den Textilfabriken Kambodschas. Auch im Tourismus, dem weltweit größten Arbeitgeber, gehen derzeit nach Angaben der Welttourismusorganisation (UNWTO) in den Entwicklungsländern massiv Arbeitsplätze verloren. In Ländern wie China, die ihre Wirtschaft überwiegend auf den Export von Konsumgütern ausgerichtet haben, ist die Lage besonders katastrophal: Wo Bestellungen zurückgehen, werden Fabriken geschlossen. Im Frühsommer 2009, kein Jahr nach Beginn der akuten Finanzkrise, waren im Reich der Mitte bereits über 20 Millionen Wanderarbeiter arbeitslos geworden.

Hinzu kommt, dass vielen Betroffenen nach Schätzungen der Weltbank eine weitere wichtige Einkommensquelle wegbricht: Zahlreiche Familien in Schwellen- und Entwicklungsländern hängen nahezu vollkommen von den Überweisungen (remittances) ab, die ihnen Angehörige aus Europa, Japan oder den USA schicken. Die Zahlungen dieser Gastarbeiter und Arbeitsmigranten beliefen sich 2008 auf rund 282 Milliarden US-Dollar – das Dreifache der gesamten internationalen Entwicklungshilfe.

Alles deutet darauf hin, dass sich die ohnehin schwierige Situation vieler Menschen in armen Ländern weiter verschärfen wird. Bereits 2008 hatten Millionen Menschen unter der weltweiten Nahrungsmittelkrise gelitten: Ernteausfälle, explodierende Ölpreise und der Anbau von Pflanzen für Biosprit statt Mais und Weizen haben die Preise für Lebensmittel extrem in die Höhe getrieben. Kleinbauern, Fabrik- und Plantagenarbeiter in den Entwicklungsländern trifft das besonders hart. Der »freie« Welthandel bietet ihnen keinerlei Sicherheiten und auch keine menschenwürdige Entlohnung ihrer

## Subventionen: Etwas ist faul an der Agrarpolitik

Bauern in Entwicklungsländern treten in einigen Wirtschaftssektoren immer öfter in einen ungewollten und für sie verheerenden Wettbewerb mit hochindustrialisierten und stark subventionierten Farmern aus reichen Ländern. Der Norden schottet seine Landwirtschaft dort, wo es ihm gelegen kommt, gegen Agrarimporte aus der Dritten Welt ab. Doch gleichzeitig überschwemmt er die Länder des Südens mit Getreide, Milch, Zucker oder Fleisch zu Dumpingpreisen – die Mittel aus den Subventiontöpfen, die reiche Länder an ihre Bauern verteilen, sowie die daraus resultierende Überproduktion machen es möglich.

Mit diesen Billigimporten können die Bauern in den Entwicklungsländern jedoch nicht konkurrieren. So zerstören die Einfuhren aus dem Norden in den Zielländern Arbeitsplätze in traditionellen Handwerksbetrieben und in der kleinbäuerlichen Landwirtschaft. Beispiel Baumwolle: Bauern in Burkina Faso stehen im globalen Wettbewerb mit hochindustrialisierten Baumwollzüchtern in den USA. Nach Angaben des United Nations Development Programme (UNDP) zahlen ihnen die USA jährlich rund vier Milliarden US-Dollar an staatlichen Subventionen – eine Summe, die das gesamte jährliche nationale Einkommen von Burkina Faso übersteigt. Eine Summe auch, die »das Vierfache von dem ist, was die entwickelte Welt an Agrarhilfen für die Armen spendiert«, wie »Der Spiegel« kritisiert. Würden die US-Subventionen für Baumwolle abgeschafft, stiegen die Einnahme der Baumwollfarmer in Burkina Faso nach Angaben der britischen Hilfsorganisation Oxfam International um fünf bis 13 Prozent.

Arbeit – und das, obwohl die Menschen in vielen Entwicklungsländern bis zu 60 Wochenstunden und mehr schuften. Selbst dann, wenn die globale Wirtschaft floriert, liegen ihre Einkünfte am oder unter dem Existenzminimum. Mit umgerechnet 50 bis 100 Euro Monatseinkommen kann kein Kaffeebauer in Nicaragua, kein Fabrikarbeiter in Indien und kein Erntehelfer auf einer Plantage in der Elfenbeinküste seine Grundbedürfnisse und die seiner Familie decken. Auch dann nicht, wenn dort die Lebenshaltungskosten viel niedriger sind als in Europa.

Streikt die Wirtschaft jedoch in der Krise, fängt kein soziales Netz diese Ärmsten der Armen auf: Abfindungen, Arbeitslosengeld oder Sozialhilfe sind in den Ländern des Südens und des Ostens weitestgehend unbekannt. Einen neuen Job zu finden, ist so gut wie aussichtslos. Man reiht sich ein in das Heer derer, die auf der Straße Obst oder Haushaltsartikel anbieten, als Lastenträger arbeiten – oder betteln gehen.

**Ausweg Fairer Handel?**

Es wäre ein Irrtum zu glauben, dass wir mit diesen Arbeitern und Bauern nichts zu tun zu haben. Unsere Biografien sind miteinander verwoben. Denn was wir bei wem kaufen, hat heutzutage mehr denn je konkrete Auswirkungen auf Menschen auf der anderen Seite des Globus. Doch fragen wir viel zu selten, wer den Kaffee gepflückt, das Hemd genäht oder den Computer zusammengeschraubt hat. Was in Guatemala, Ghana oder Chinas Provinz Guangdong passiert, scheint für die meisten unter uns immer noch sehr weit weg.

Hier setzt der Faire Handel an. Er bringt uns diese Menschen in den Ländern des Südens und Ostens etwas näher. Er sagt uns, unter welchen Bedingungen sie Schnittblumen, Baumwolle & Co. anbauen. Woher diese Produkte kommen. Wer wie viel an ihnen verdient.

Der Faire Handel schafft mit festgelegten Spielregeln gerechtere Handelsstrukturen und schützt mit Kleinbauern, Plantagen- und Fabrikarbeitern die schwächsten Glieder in der Konsumkette. Dem Verbraucher hierzulande indessen bietet der Faire Handel inzwischen bei vielen Produkten eine konkrete Konsumalternative – und zwar in hoher Qualität.

Jenseits aller Lobgesänge und positiver Meldungen darf aber nicht vergessen werden: Der Faire Handel ist kein Allheilmittel für jahrzehntelang eingefahrene, internationale ungerechte Handelsstrukturen. Er kann die globalen Armutsprobleme auf der Welt nicht lösen. Dennoch trägt er dazu bei, die schlimmsten Auswüchse des Neoliberalismus zu lindern. Und er signalisiert Regierungen, Organisationen, Unternehmen und Konsumenten, dass eine andere, gerechtere Form des Warentauschs möglich ist.

Thomas Speck, Chef der GEPA, Deutschlands größtem Fair-Handelshaus, hat dazu eine klare Meinung: »Es gibt nur wenige Systeme, bei denen die gesamte Wertschöpfungskette gesehen wird und die auch in der Praxis funktionieren. Eines dieser Systeme ist der Faire Handel.«

## Bio und Fair – eine Traumkombination

Bio boomt. Allein in Deutschland haben die Konsumenten 2008 Bio-Lebensmittel im Wert von knapp sechs Milliarden Euro gekauft – das waren 10 Prozent mehr als 2007. Weil auch fair gehandelte Produkte mit Zuwachsraten glänzen, liegt es nah, »Fair« und »Bio« zu vereinen. Schon 2008 stammten rund 75 Prozent aller fair gehandelten Produkte aus kontrolliert biologischem Anbau – Tendenz steigend. »Bio und fair beflügeln sich gegenseitig und sind in der Kombination unschlagbar«, sagt Thomas Speck von der GEPA.

Von Bio und Fair profitieren Produzenten wie Konsumenten gleichermaßen. Neben den Vorzügen des Fairen Handels schützt ein Kleinbauer seine Umwelt und macht sich unabhängig von den Pflanzenschutzmitteln der Großkonzerne. Der Käufer erhält ein ökologisch unbedenkliches Produkt. Was viele nicht wissen: Erst der Faire Handel ermöglicht vielen Bauern in den Entwicklungsländern die Umstellung auf biologischen Anbau. Über den garantierten Festpreis können sie besser planen, sich mit dem Vorschuss Biodünger kaufen – und über die Fairhandels-Prämie plus den Bio-Bonus eventuelle Verluste in der Umstellungsphase ausgleichen.

Erkennen kann der Konsument biofaire Produkte, wenn sowohl das EU-Bio-Siegel als auch das Fairtrade-Siegel auf der Verpackung stehen. Das Angebot biofairer Lebensmittel wächst ständig: Während man bei der GEPA sogar Kaffeepads in Bio-Qualität bekommt, hat die Fairhandelsgenossenschaft dwp biofaire Fruchtgummis im Sortiment. Der Fair-Importeur EL PUENTE verkauft brasilianisches Guarana-Pulver in biofairer Qualität und die Schweizer gebana ebensolche Trockenmangos aus Burkina Faso.

Wenig ausgewogen ist der biofaire Anteil allerdings innerhalb der Produktgruppen. 2008 betrug der Bioanteil bei fair gehandelten Bananen nach Angaben von TransFair 96, bei Fruchtsäften hingegen lediglich 5 Prozent. Den Grund dafür sieht Maren Richter von TransFair in der Absatzpolitik der jeweiligen Unternehmen: »Die entscheiden sich entweder für die Kombination Bio plus Fairtrade oder eben für Konventionell plus Fairtrade«. Nachholbedarf im Bioanteil fairer Produkte besteht bei Rosen (0 Prozent), Textilien (5 Prozent), Honig (9 Prozent) und Zucker (15 Prozent). »Bio und Fair« ist auch das Thema der Weltleitmesse BioFach 2010 in Nürnberg.

# »Who is Who« im Fairen Handel

## Internationale Organisationen

Der Faire Handel wird von vielen Akteuren, darunter Produzenten, Handelsorganisationen und Verbrauchern, umgesetzt und mit Ideen gefüttert. Folgende vier große Verbände repräsentieren die Fairhandels-Bewegung und ihre Standards (s. S. 39) weltweit und auf europäischer Ebene:

### World Fair Trade Organization (WFTO) (www.wfto.com)

Die World Fair Trade Organization, bis 2009 unter dem Namen International Fair Trade Association (IFAT) bekannt, ist ein globales Netzwerk von rund 350 Organisationen aus 70 Ländern. Mitglieder der Organisation mit Sitz im holländischen Culemborg, die sich selbst als die »authentische Stimme des Fairen Handels« bezeichnet, sind Produzenten, Importeure, Exporteure und Einzelhändler der Nord- wie auch Südhalbkugel. In Deutschland sind das unter anderem die GEPA, EL PUENTE, Dritte Welt Partner Ravensburg (dwp) und CONTIGO. In der Schweiz gehören desweiteren claro fair trade, Caritas Fairtrade oder in Österreich EZA Fairer Handel GmbH der WFTO an. Zudem hat die WFTO regionale Ableger: Das Asia Fair Trade Forum (AFTF), die Cooperation for Fair Trade in Africa (COFTA) sowie die Asociación Latinoamericana de Commercio Justo (IFAT LA).

### Fairtrade Labelling Organizations International (FLO) (www.fairtrade.net)

Die Fairtrade Labelling Organizations International – kurz FLO – ist der Dachverband aller nationalen Fairtrade-Initiativen weltweit. Die in Bonn ansässige Organisation wurde 1997 von europäischen nationalen Siegel-Initiativen mit dem Ziel gegründet, die diversen Labels und Standards des Fairen Handels zu harmonisieren. Sie setzt sich aus einem Verein und einer GmbH zusammen: FLO e.V. entwickelt und aktualisiert die Standards für den Erhalt des Fairtrade-Siegels. Die FLO Certification GmbH (www.flo-cert.net) wacht darüber, dass diese Standards eingehalten werden.

Heute arbeitet FLO mit 20 nationalen Siegelinitiativen in 21 Ländern zusammen, die das Fairtrade-Gütesiegel im jeweiligen Land vergeben, darunter Mexiko, USA und Australien. In Deutschland ist das TransFair e.V.
(s. S. 29), in der Schweiz die Max Havelaar Stiftung (s. S. 29) und in Österreich Fairtrade Österreich (s. S. 29). Gleichberechtigte Mitglieder sind die
drei Produzenten-Netzwerke Coordinadora Latinoamericana y del Caribe
de Comercio Justo (CLAC), African Fairtrade Network (AFN) und Network of
Asian Producers (NAP). Sie repräsentieren die 870 zertifizierten Produzentengruppen in Lateinamerika, Afrika und Asien.

**EUROPEAN FAIR TRADE ASSOCIATION (EFTA)**
(www.european-fair-trade-association.org)
In der European Fair Trade Association EFTA mit Sitz in den Niederlanden
sind elf Fair-Handels-Importeure aus neun europäischen Ländern vereint.
EFTA wurde 1990 von den größten und ältesten Importorganisationen gegründet mit dem Ziel, besser zu kooperieren und Synergieeffekte zu nutzen. Die Mitglieder müssen den FLO-Standard erfüllen. EFTA hat Büros in
den Niederlanden und in Brüssel.

**FINE** (www.fairtrade-advocacy.org)
Um ihre Zusammenarbeit zu verbessern und gemeinsam Lobbyarbeit für
die Ziele des Fairen Handels zu leisten, haben die vier internationalen Verbände FLO, WFTO, NEWS (s. S. 16) und EFTA 2004 unter dem Namen FINE in
Brüssel ein Büro eröffnet.

## NATIONALE ORGANISATIONEN UND INITIATIVEN

Neben den internationalen Verbänden gibt es auch nationale Organisationen, Institutionen sowie politische und staatliche Einrichtungen, die den
Fairen Handel gestalten und fördern. Hinzu kommen eine Reihe von nationalen Plattformen, Foren oder Nichtregierungsorganisationen (NGO). Nachfolgend ein Auszug der wichtigsten Fairhandels-Akteure. Einzelne Organisationen, wie etwa die Fair Wear Foundation (s. S. 163), die Kampagne für
Saubere Kleidung (s. S. 153), WEED oder Inkota werden in den jeweiligen
Kapiteln vorgestellt.

**TRANSFAIR E.V.** (www.transfair.org)

TransFair ist die deutsche Siegelinitiative von FLO. Sie handelt nicht selbst mit Waren, fördert jedoch den Fairen Handel mit Produzenten in den Erzeugerländern und zeichnet Produkte seit 2003 mit dem Fairtrade-Siegel aus. Der gemeinnützige Verein mit Sitz in Köln wurde 1992 von großen deutschen Hilfsorganisationen, kirchlichen Werken und politischen Stiftungen gegründet. Inzwischen wird TransFair von 36 Mitgliedsorganisationen unterstützt, darunter die Verbraucher Initiative e.V., die Deutsche Welthungerhilfe oder die Konrad-Adenauer-Stiftung. 150 Lizenznehmer wie etwa die GEPA, Lidl oder Starbucks können gegen eine Lizenz-Gebühr das Zertifikat für ihre fair gehandelten Produkte übernehmen. Derzeit bieten in Deutschland 110 Partnerfirmen rund 800 mit dem Fairtrade-Siegel ausgezeichnete Produkte an. Hergestellt werden diese von 870 Produzentengruppen in 58 Ländern. Kontrolliert wird die Einhaltung der Standards von der Zertifizierungsstelle FLO-CERT GmbH (s. S. 45).

**MAX HAVELAAR-STIFTUNG SCHWEIZ** (www.maxhavelaar.ch)

Die Max Havelaar-Stiftung ist – wie der Verein TransFair für Deutschland – die nationale Siegelorganisation von FLO für die Schweiz. Die Stiftung wurde 1992 von den sechs großen Schweizer Hilfswerken Brot für alle, Caritas, Fastenopfer, HEKS, Helvetas und Swissaid gegründet.

**FAIRTRADE ÖSTERREICH** (www.fairtrade.at)

In Österreich vergibt Fairtrade Austria das Fairtrade-Siegel. Träger sind seit 1993 unter anderem die ARGE Weltläden, Bio Austria, Caritas, der WWF oder Südwind-Entwicklungspolitik. Lizenznehmer von Fairtrade Österreich sind unter anderem Eduscho, Nestlé oder die Alt Wien Kaffee KEG.

**FORUM FAIRER HANDEL** (www.forum-fairer-handel.de)

Das Forum Fairer Handel ist seit 2002 ein Netzwerk der wichtigsten deutschen Fairhandelsorganisationen. Es koordiniert heute von Berlin aus die Aktivitäten des Fairen Handels in Deutschland und formuliert Forderungen gegenüber Politik und Handel. Außerdem bietet das Forum dem Verbraucher eine sehr informative Webseite an. Die politische Arbeit und die Kampagnenarbeit sind wesentliche Aufgaben des Forums, das auch jeweils im September die Faire Woche (www.faire-woche.de) organisiert.

**WELTLADEN-DACHVERBAND** (www.weltladen.de)
In Deutschland gibt es derzeit etwa 800 Weltläden. Rund 500 davon sind im 1975 gegründeten Weltladen-Dachverband e.V. mit Sitz in Mainz organisiert. In Österreich (www.weltlaeden.at) gibt es rund 100 und in der Schweiz rund 300 Weltläden (www.claro.ch sowie www.mdm.ch). Die Weltläden verkaufen fair erzeugte Produkte, beziehen diese meist bei Importorganisationen des Fairen Handels (s. S. 58ff), aber auch direkt von Produzentenvereinigungen. Nicht alle Produkte, die in den Weltläden verkauft werden, tragen das Fairtrade-Siegel. Vielmehr haben die Weltläden eigene Richtlinien für den Fairen Handel entwickelt, die sogenannte »Konvention der Weltläden«: Nicht die einzelnen Produkte, sondern das Erzeugerunternehmen muss sich an Kriterien wie Transparenz, Sozial- und Umweltverträglichkeit messen lassen. Die Unterzeichnung der Konvention und das Erfüllen des entsprechenden ATO-Tüvs (www.ato-tuev.de), der die Einhaltung der Konvention prüft, ist Voraussetzung für eine Mitgliedschaft im Weltladen-Dachverband. Dafür erleichtert dieser seinen Mitgliedern, die Lieferanten auszuwählen.

> TIPP:  Sehr gute **Fairhandels-Kampagnen** führen die Eine-Welt Landesnetzwerke (http://www.agl-einewelt.de/eine-welt-landesnetzwerke) durch: Zu diesen haben sich rund 2.000 Eine-Welt-Initiativen in allen 16 Bundesländern zusammengeschlossen.

### BUND, LÄNDER UND KOMMUNEN

Die öffentliche Hand – also Bund, Länder und Kommunen – ist der größte und wichtigste Konsument im Land. Rathäuser, Ministerien, Schulen, Kasernen, Hospitale, Kindergärten, Universitäten, Stadtwerke, Heime, Bibliotheken, Museen – sie alle haben eine immense Kaufkraft. Die öffentliche Hand vergibt in Deutschland jährlich Aufträge im geschätzten Wert von 300 Milliarden Euro – etwa die Hälfte davon entfällt nach Angaben des Deutschen Städtetags auf die Kommunen. Eingekauft werden mit Steuergeldern Pflastersteine für Marktplätze, Kaffee für die Amtskantine, Uniformen für Polizei und Feuerwehr, Computer für Behörden oder Blumen fürs Rathaus.

Über ihr Beschaffungswesen könnte die Öffentliche Hand auf Unternehmen Druck ausüben, dass diese auf saubere Zulieferer achten. Doch dass Bund, Länder und Kommunen soziale Aspekte bei der Vergabe von Dienstleistungen und Aufträgen berücksichtigen, scheint eher die Ausnahme. In der Regel bekommt derjenige Anbieter den Zuschlag, der das günstigste Angebot machen kann – also meist mit Produkten aus Billiglohnländern. Anders die fairen Vorreiterstädte wie etwa Saarbrücken, München, Düsseldorf, Darmstadt, Neuss, Reutlingen oder Hamburg: Sie haben bereits in der Vergangenheit umgesetzt, was das neue deutsche Vergaberecht seit April 2009 allen Kommunen erlaubt: Nicht mehr allein der Preis ist ausschlaggebend für den Zuschlag. Vielmehr können Kommunen nun darauf dringen, dass der Lieferant oder Dienstleister soziale Kriterien erfüllt und seine Ware im Idealfall sogar ein faires Gütesiegel aufweist.

Das, sagt Barbara Meißner vom Deutschen Städtetag, sei auch »die moralische Pflicht« der öffentlichen Hand: »Wir können uns nicht hinstellen und sagen, die miesen Arbeitsbedingungen bei unseren Zulieferern in den Billiglohnländern interessieren uns nicht – zumal die Dumpingpreise ja wieder dazu führen, dass bei uns Jobs verloren gehen und Kommunen für die Sozialhilfeleistungen aufkommen müssen.« Auch deswegen hat der Städtetag einen Leitfaden für Kommunen entwickelt, die künftig stärker auf eine faire Vergabe setzen wollen. Er kann im Internet unter www. staedtetag.de heruntergeladen werden.

Dass ein sozial verantwortungsvoller Konsum der Kommunen hierzulande gar nicht immer so einfach ist, zeigt der bizarre Streit um die Friedhofssatzungen der Städte München und Andernach. In beiden Fällen hatten die Stadträte beschlossen, auf dem kommunalen Friedhof nur noch Grabsteine zuzulassen, die garantiert ohne Kinderarbeit gefertigt wurden. Die Steinmetze sahen darin eine Benachteiligung, klagten – und gewannen im Frühjahr 2009: Es liege nicht in der Kompetenz der Kommunen, ein Verbot von Kinderarbeit in ihre Friedhofssatzung aufzunehmen, urteilten die Richter. Kommunen könnten daher nicht verlangen, dass auf den eigenen Friedhöfen nur noch gesiegelte Grabsteine angeboten werden dürfen. In beiden Städten sind nun die Verbraucher am Zug: Je lauter sie diese Grabsteine aus nachhaltiger Produktion fordern, desto mehr Steinmetze in Andernach und München werden diese anbieten.

## Die Fairtrade-Towns

Über 600 Städte in 18 Ländern engagieren sich für den Fairen Handel. Neben London, Rom, Brüssel und Kopenhagen ist das auch Saarbrücken. Die 180.000 Einwohner zählende Stadt darf sich seit März 2009 als erste deutsche Stadt mit dem Titel Fairtrade-Town (www.fairtrade-towns.de) schmücken. Saarbrücken hat alle Kriterien der weltweiten Kampagne Fairtrade-Towns erfüllt: Stadträten wird während der Sitzungen Fairer Kaffee ausgeschenkt und ein Teil der Einzelhändler, Restaurants und Supermärkte muss fair gesiegelte Produkte im Sortiment haben. Zudem muss das Thema in Schulen, Vereinen oder Kirchen eine wichtige Rolle spielen. Die meisten Gemeinden konnte die Fairtrade-Towns-Kampagne bislang in Großbritannien gewinnen: Etliche Universitäten, Schulen, Sportvereine oder Kirchgemeinden servieren dort nur noch Tee oder Orangensaft aus Fairem Handel, und tausende Schüler, Polizisten oder Gärtner tragen nur noch Uniformen oder Kittel aus fair erzeugter Baumwolle.

Noch weiter ist die Regierung der Niederlanden gegangen: Bis 2010 will sie hundert Prozent der von ihr zu beschaffenden Waren und Güter nach ökologischen und sozialen Kriterien einkaufen. Die Stadt London plant überdies, Sportler und Gäste der Olympischen Spiele 2012 mit Waren und Produkten aus Fairem Handel zu versorgen.

## ENTWICKLUNGSZUSAMMENARBEIT

EUROPÄISCHE UNION (www.europa.eu)
Über den Stand des Fairen Handels hat die EU-Kommission am 5. Mai 2009 das EU-Parlament und den Rat in einem »Beitrag zu einer nachhaltigen Entwicklung: Die Rolle des Fairen Handels« informiert – und damit »auf das wachsende Interesse reagiert, das sich sowohl in politischen Kreisen als auch bei den Verbrauchern in der EU zeigt, die immer mehr fair gehandelte Produkte kaufen.« Bereits 2006 hat das EU-Parlament einen Bericht zu Fairem Handel und Entwicklung vorgelegt (»Schmidt-Bericht«, 2005/2245 INI). Laut dem aktuellen EU-Bericht von 2009 kaufen die

Verbraucher in der EU jährlich zertifizierte Waren aus Fairen Handel im Wert von 1,5 Milliarden Euro – fast 70 mal so viel wie noch 1999. Europa sei »die Hochburg des fairen Handels«: 60 bis 70 Prozent der weltweiten Verkäufe finden hier statt. Große Unterschiede bestehen zwischen dem am schnellsten wachsenden Markt – Schweden – und jüngeren EU-Mitgliedern. Die EU-Kommission fördert den Fairen Handel und andere nachhaltige Handelskonzepte in erster Linie über den Etatposten Entwicklungszusammenarbeit. Zwischen 2007 und 2008 hat die EU hierfür nichtstaatlichen Organisationen und Aktionen rund 19,5 Millionen Euro zur Verfügung gestellt – vor allem für »Sensibilisierungsmaßnahmen innerhalb der EU«, aber auch über konkrete Entwicklungshilfeprojekte. Für die Etatjahre 2008 und 2009 hat die EU zusätzliche Mittel in Höhe von jeweils einer Million Euro speziell für Projekte bereitgestellt, die den Fairen Handel fördern. Nach eigenen Angaben will sich die Kommission nicht in die Festlegung von Regulierungskriterien für einen Fairen Handel oder für Nachhaltigkeits-Siegel einmischen. Die Kommission fordert die Privatwirtschaft allerdings auf, ihre Nachhaltigkeitskonzepte von einer unabhängigen Stelle überwachen zu lassen.

**BMZ** (www.bmz.de)

Das deutsche Bundesministerium für wirtschaftliche Zusammenarbeit und Entwicklung – kurz BMZ – fördert den Fairen Handel, um Produzenten aus Entwicklungsländern einen Weg aus der Armut zu ebnen und ihnen Wege eines nachhaltigen Wirtschaftens aufzuzeigen – wesentliche Punkte der Milleniumsziele. »Der Faire Handel ergänzt unsere Entwicklungspolitik«, sagt Bundesentwicklungsministerin Heidemarie Wieczorek-Zeul. Vieles davon läuft über das GTZ-Programmbüro Öko- und Sozialstandards. In diesem Rahmen wurden etwa Standardinitiativen wie beispielsweise das Forest Stewardship Council (www.fsc.org) oder Standards wie der Common Code for the Coffee Community (s. S. 99f) entwickelt. Auch hat sich das BMZ für ein soziales Beschaffungswesen der Öffentlichen Hand stark gemacht. Das BMZ unterstützte ferner von 2003 bis 2007 eine bundesweite Informationskampagne zum Fairen Handel – »fair feels good« – mit 4,3 Millionen Euro. Initiatoren waren die Verbraucher Initiative e.V., TransFair und der Weltladen-Dachverband. Insgesamt beläuft sich die Unterstützung für den Fairen Handel durch das BMZ seit 2003 auf 8,3 Millionen Euro. Daneben fördert das Bundesministerium Internetportale der Verbraucherinitiative mit Informationen zu Standardinitiativen und Labels wie www.oeko-fair.de oder www.label-online.de.

## DED (www.ded.de)

Der Deutsche Entwicklungsdienst (DED) arbeitet weltweit mit mehr als 60 Partnerorganisationen im Bereich der Vermarktung von landwirtschaftlichen Rohstoffen zusammen. Diese konzentrieren sich mit 63 Prozent in Lateinamerika und der Karibik. Befähigt werden sollen die Bauern vor allem darin, organisch zertifiziert zu produzieren. Die Aspekte des Fairen Handels sind nach Angaben des DED nachrangig, werden innerhalb der Projekte allerdings immer wichtiger. Ein Beispiel ist das ugandische Unternehmen Biofresh Ltd: Es exportiert wöchentlich sechs Tonnen biofaire Ananas und andere tropische Früchte nach Deutschland. Damit erhalten die Kleinbauern den fünffachen des lokal üblichen Preises. Die Prämie, die Biofresh zahlt, fließt in soziale Gemeinschaftsprojekte vor Ort.

## GTZ (www.gtz.de)

Die Deutsche Gesellschaft für Technische Zusammenarbeit (GTZ) unterstützt weltweit Produzentengruppen bei der Entwicklung einer nachhaltigen Produktion, von Sozialstandards und einer entsprechenden Vermarktung über den Fairen Handel – immer mit dem Ziel, dass die Partner höhere Erlöse für ihre Produkte erzielen. In der indonesischen Provinz Aceh beispielsweise hat die GTZ, dessen Hauptauftraggeber das Bundesministerium für wirtschaftliche Zusammenarbeit und Entwicklung (BMZ) ist, eine Kakao-Kooperative unterstützt. Diese lässt ihren Kakao heute Fairtrade-zertifizieren. Die GTZ kooperiert darüber hinaus über Public Private Partnership-Projekte (PPP) mit Handelskonzernen wie Mars oder Nestlé: Beide Multis verpflichteten sich, Teile ihrer Rohstoffe bei nachhaltig arbeitenden Produzenten im Süden zu kaufen. Im Rahmen dieser Zusammenarbeit wurde 2003 beispielsweise der Einstiegsstandard 4C für eine nachhaltige Kaffeeerzeugung entwickelt (s. S. 99f).

## OXFAM (www.oxfam.org)

Die weltweit aktive Hilfs- und Entwicklungsorganisation Oxfam International ist ein Verbund bestehend aus 13 nationalen Oxfam-Organisationen,

## Die Milleniumsziele

Die Welt steht vor einer immensen Herausforderung: Bis zum Jahr 2015 soll der Anteil der Weltbevölkerung, der unter extremer Armut und Hunger leidet, halbiert werden – gemessen an 1990. Darauf haben sich 189 Staats- und Regierungschefs im Jahr 2000 bei der Vollversammlung der Vereinten Nationen geeinigt. Auch die Kindersterblichkeit soll deutlich reduziert werden. Zudem sollen alle Kinder eine Grundschulausbildung erhalten. Ferner werden die Gleichstellung der Geschlechter und die politische, wirtschaftliche und soziale Beteiligung von Frauen gefördert. Aids, Malaria und andere übertragbare Krankheiten sollen stärker bekämpft werden. Angestrebt wird zudem ein besserer Schutz der Umwelt.

Um die Millenniums-Entwicklungsziele zu erreichen, müssten die führenden Industrieländer allerdings ihre Entwicklungshilfe merklich erhöhen. Im Jahr 2005 vereinbarten die G8-Länder USA, Japan, Deutschland, Kanada, Frankreich, Großbritannien, Italien und Russland im schottischen Gleneagles, bis zum Jahr 2010 die Entwicklungshilfe auf 50 Milliarden US-Dollar pro Jahr aufzustocken. Mindestens die Hälfte der Erhöhung sollte in afrikanische Länder südlich der Sahara fließen. Die EU hat daraufhin einen Stufenplan verabschiedet: Bis 2010 soll jeder Mitgliedsstaat 0,51 Prozent und im Jahr 2015 genau 0,7 Prozent seines Bruttoinlandsprodukts für Entwicklungshilfe ausgeben. Von diesem Ziel ist Deutschland noch weit entfernt: 2008 flossen nach BMZ-Angaben gerade einmal 0,38 Prozent des BIP in die Entwicklungshilfe (knapp 14 Milliarden US-Dollar). Zum Vergleich: 2007 waren es 0,37 Prozent.

Weitere Infos unter www.millenniumcampaign.org

die in über 100 Ländern mit mehr als 3.000 lokalen Partnern zusammenarbeiten. Oxfam International hat auch eine deutsche Sektion in Berlin (www.oxfam.de). Eines ihrer Ziele ist ein fairer Welthandel sowie die Stärkung sozial engagierter Kräfte vor Ort. Oxfam hat die Kampagne »Make Trade Fair« (www.maketradefair.com) ins Leben gerufen. Diese richtet sich gegen die Subventionspolitik des Nordens und an Entscheidungsträger in Politik und Wirtschaft. Über einen Online-Shop bietet Oxfam unter anderem fair gehandelten Tee, Kaffee, Schokolade an.

**WELTHUNGERHILFE** (www.welthungerhilfe.de)
Die Welthungerhilfe leistet Nothilfe und unterstützt über Projekte langfristig Produzentenfamilien in Afrika, Asien und Lateinamerika. Im Osten von Sierra Leone und in Peru berät die Welthungerhilfe, die auch TransFair-Mitglied ist, beispielsweise Kooperativen, die eine Zertifizierung nach dem Fairtrade-Standard anstreben. Damit können die Kleinbauern ihren Kaffee, Kakao, Rohrzucker oder Marmeladen besser vermarkten.

**KIRCHEN**
Die Kirchen zählen zu den wichtigsten Förderern des Fairen Handels. Hilfswerke der Kirche wie etwa Brot für die Welt (www.brot-fuer-die-welt.de), Misereor (www.misereor.de) sowie der Evangelische Entwicklungsdienst (EED) unterstützen etliche Organisationen des Fairen Handels in armen Ländern. Brot für die Welt, eine Hilfsaktion der evangelischen Landes- und Freikirchen in Deutschland, hat gemeinsam mit dem EED die Aktion »Fairer Kaffee in die Kirchen« (www.kirchen-trinken-fair.de) ins Leben gerufen. Ziel ist, dass in Kirchengemeinden der Konsum fair gehandelter Produkte wächst. Auf ein ökologisch und fair ausgerichtetes kirchliches Beschaffungswesen zielt außerdem das ökumenische Projekt »Zukunft einkaufen« (www.zukunft-einkaufen.de). Allein die Einkaufsmacht der katholischen und der evangelischen Kirche in Deutschland wird auf rund 70 bis 100 Milliarden Euro geschätzt. Als Paradebeispiel gilt die Kampagne »Eine Welt fairstärken« des Bistums Limburg (www.eine-welt-fairstaerken.de).

**EED** (www.eed.de)
Der Evangelische Entwicklungsdienst e.V. (EED) ist ein Entwicklungswerk der evangelischen Kirchen in Deutschland. Seit über 30 Jahren setzt sich der EED über Bildungsarbeit in Deutschland wie auch über weltweite Projekte für den Fairen Handel ein. Der EED wirkt bei der GEPA mit, hat die Siegelinitiative TransFair mit gegründet, gibt die Zeitschrift »Welt & Handel« heraus und arbeitet mit bei dem Projekt www.fair4you-online.de, das sich an Jugendliche richtet. In den Partnerländern fördert der EED Projekte des Internationalen Dachverbands FLO International, und EED-Fachkräfte bereiten beispielsweise Kleinbauernorganisationen in Costa Rica und Honduras auf ihren Einstieg in den Fairen Handel vor. Außerdem engagiert sich der EED gemeinsam mit ökumenischen Partnern für einen nachhaltigen,

sozial verantwortlichen und umweltverträglichen Tourismus und gibt den Informationsdienst »TourismWatch« (www.tourism-watch.de) heraus.

**MISEREOR** (www.misereor.de)

Misereor ist das Hilfswerk der katholischen Kirche und begleitet den Fairen Handel seit fast 40 Jahren. Misereor hat das Handelshaus GEPA als Gesellschafter sowie die deutsche Siegelorganisation TransFair mit gegründet. Das Hilfswerk ist weltweit aktiv und hat beispielsweise Produzentengruppen im Süden Mexikos dabei unterstützt, Bio-Kaffee über den Fairen Handel zu verkaufen.

**POLITISCHE STIFTUNGEN**

Politische Stiftungen wie die Konrad Adenauer Stiftung (KAS, www.kas.de) und die Friedrich Ebert Stiftung (FES, www.fes.de) zählen zu den Gründungsmitgliedern von TransFair. Die KAS ist dort seit 1997 Mitglied; Anlass war die Förderung des KAS-Projektpartners FEDEPMA, einer indianischen Kaffeekooperative von Kleinbauern in Guatemala. Diese beliefert den Fairen Handel heute mit Kaffeebohnen aus biologischem Anbau. Die FES hat vor allem in der Gründungsphase des Vereins mehrere Kaffee produzierende Kleinbauernkooperativen in Zentralamerika unterstützt. Beide Stiftungen treten für die Idee eines fairen Handels ein und arbeiten auch intensiv mit Gewerkschaften zusammen.

## WORAN ERKENNT DER KUNDE FAIRE PRODUKTE?

Mehrere hundert verschiedene Produkte mit dem Fairtrade-Siegel oder anderen Soziallabels liegen in Supermarktregalen oder Weltläden aus, können im Internet oder über Versandhäuser bestellt werden. Wöchentlich finden interessierte Kunden neue Waren, deren Hersteller damit werben, ökologisch sauber und auch fair erzeugen zu lassen.

Dass immer mehr Produzenten und Händler auf diesen Gewinn versprechenden Zug aufspringen, hat einen einfachen Grund: Es lohnt sich für sie. Der ethisch korrekte Handel kommt beim Verbraucher gut an – und beschert den Unternehmen Umsätze in Millionenhöhe. Und so sind eine Flut neuer Gütesiegel, Logos und Marken entstanden, die versuchen, über die

Einhaltung von sozialen und ökologischen Standards mit dem Fairtrade-Standard zu konkurrieren. Daneben gibt es noch produktspezifische Siegel (S. 38), unternehmenseigene soziale Gütezeichen (z. B. Naturland, Rapunzel) oder Siegel von Organisationen (z. B. WFTO) und Kontrollinstanzen (z. B. ECOCERT). Sie stehen für Standards, die oftmals schwammiger definiert sind als bei der größten Siegelorganisation, der Fairtrade Labelling Organizations International (FLO). Die meisten dieser Gütezeichen enthalten sowohl soziale als auch ökologische Komponenten. Diese sind allerdings je nach Zeichen und Prüfinstitut unterschiedlich gewichtet. Es gibt keine einheitlichen Regeln – jeder definiert die Kriterien für »Fairen Handel« nach eigenen und damit unterschiedlichen Kriterien und Anspruchniveaus.

> TIPP:     **Produktspezifische Siegel und Gütezeichen:** Neben den allgemeinen Gütesiegeln sind weitere Labels auf dem Markt, die in der Regel nur für ein einziges Produkt verwendet werden. Informationen zu vertrauenswürdigen produktspezifischen Gütezeichen finden sich in den entsprechenden Kapiteln: *Bananen (s. S. 74), Baumwolle (s. Seite 168ff), Blumen (s. S. 77), Fisch (s. S. 86f), Kaffee (s. S. 98f), Kunsthandwerk (s. S. 104), Natursteine (s. S. 108ff), Spielzeug (s. S. 124), Teppiche (s. S. 141)*

Dieser Label-Dschungel verunsichert den Verbraucher zusehends. Ist wirklich immer fair drin, wo fair draufsteht? Skepsis ist durchaus angebracht. Denn während »Bio« durch die EU-Ökoverordnung klar definiert wird, ist wie bereits erwähnt der Begriff »Fair« nicht geschützt. Im Grunde ist nur eines sicher: Je unübersichtlicher der Markt ist und je mehr Akteure sich darin tummeln, desto größer ist das Risiko des Missbrauchs. Dennoch können sich Verbraucher an einigen seriösen Siegeln orientieren. Einen Überblick liefern die nachfolgenden Seiten.

### DAS FAIRTRADE-SIEGEL (www.fairtrade.net)

Das von der Fairtrade Labelling Organizations International (FLO; s. S. 27) entwickelte Fairtrade-Siegel ist nach Einschätzung des Forums Fairer Handel das bekannteste und auch eines der strengsten Gütezeichen des Fairen Handels. 2003 weltweit vereinheitlicht, kennzeichnet das blau-grüne Siegel einen Großteil der fair erzeugten Produkte – vor allem aber Lebensmittel wie Kaffee, Tee, Bananen sowie Baumwolle oder Blumen. Das Gütezeichen garantiert dem Verbraucher, dass die Produzenten über einen festgelegten, längeren Zeitraum einen garantierten Mindestpreis für ihre Produkte bekommen. Dieser soll zumindest die Kosten einer  nachhaltigen Produktion decken und dem Bauern das Existenzminimum garantieren. Darüber hinaus bekommen die Bauernkooperativen und Plantagenarbeitervertretungen von ihren Abnehmern eine Fairtrade-Prämie. Diesen Mehrpreis dürfen die Gruppen nach einer Mehrheitsentscheidung frei verwenden. Das Geld kann etwa in eine Schule, eine Krankenstation oder in den Bau von Häusern fließen. Auch eine Kaffee-Schälmaschine kann die Kooperative sich damit anschaffen, wenn diese der wirtschaftlichen Entwicklung der Gruppe und der Wertschöpfung des Produktes dient. Manche Kooperativen finanzieren mit der Prämie die Umstellung auf Bioanbau. Denn für organisch erzeugte Produkte bekommen sie einen weiteren Zuschlag. Im Gegenzug verpflichtet sich die Kooperative, Sozial- und Umweltstandards einzuhalten. Kontrolliert wird die Einhaltung durch den Zertifizierer FLO-CERT (s. S. 45).

**Die wichtigsten Fairtrade-Standards von FLO:**

- Garantierte, kostendeckende Mindestpreise für Produzentengruppen meist über dem lokalen Marktpreis, oftmals über Weltmarktpreis. Bei Tee, Reis, Fußbällen nur ein »kostendeckender« Mindestpreis
- Zahlung der Fairtrade-Prämie
- Einhaltung der internationalen Arbeitsstandards (www.ilo.org)
- Langfristige Handelsbeziehungen
- Teilweise Vorfinanzierung der Ernte oder Produktion (bis zu 60 Prozent)
- Keine illegale Kinder- oder Zwangsarbeit
- Sichere und gesunde Arbeitsbedingungen
- Aufschlag für biologisch produzierte Lebensmittel
- Recht auf Gewerkschaftsbildung
- Mitentscheidungsrecht in demokratisch organisierten Kooperativen oder Arbeiterkomitees auf Plantagen
- Umweltschonendes Management

**DAS FAIR TRADE ORGANIZATION MARK** (www.wfto.com)
Anders als beim Fairtrade-Label handelt es sich beim Logo
der World Fair Trade Organization (s. S. 27) nicht um ein Produktsiegel, sondern um ein Organisationszeichen. Fair produzierende Betriebe dürfen damit lediglich in ihrer Korres-
pondenz werben, es jedoch nicht am Produkt selbst anbringen. Entwickelt
wurde das Zeichen 2004 von dem 2009 in der WFTO aufgegangenen internationalen Dachverband IFAT in Ergänzung zu den Siegelinitiativen. Denn
nicht für alle fair gehandelten Produkte gibt es eine Fairtrade-Zertifizie-
rung oder wurden produktspezifische Standards entwickelt. Zwar kann der
Verbraucher heute im *non-food*-Bereich bereits gesiegelte Grabsteine oder
Teppiche aus einer Werkstatt kaufen, die faire Löhne zahlt und sich um
die Gesundheitsversorgung der Arbeiter kümmert. Doch das Gros der Produkte, wie etwa Kunsthandwerk, bleibt ungesiegelt – denn Ziegenledertaschen, Batiktücher oder Tonvasen lassen sich nicht in einen gemeinsamen
Standard pressen. Für solche Branchen hatte der WFTO-Vorgänger IFAT eigene Standards entwickelt. Neun Kernstandards umfasst das Reglement,
die Zahlung von fairen Preisen oder sozialverträgliche Arbeitsbedingungen
eingeschlossen. Allerdings verzichtet es – anders als der Standard des Fairtrade-Siegels von FLO – auf garantierte Mindestpreise oder eine Fairhandels-Prämie. Bei Produzenten, die mit dem Fair Trade Organization Mark
werben, kann sich der Verbraucher jedoch sicher sein, dass sie sich dem
Monitoring-System unterzogen und anhand von externen Prüfungen belegt
haben, dass sie den Code of Practice der WFTO einhalten – auch wenn ihre
Produkte nicht gesiegelt sind.

**Die WFTO-Kriterien für Fair-Handels-Organisationen:**

- Chance für wirtschaftlich benachteiligte Produzenten
- Transparenz und Verantwortlichkeit
- Stärkung der Produzenten-Organisationen
- Werbung für den Fairen Handel
- Faire Preise
- Geschlechtergleichheit
- Sozialverträgliche Arbeitsbedingungen
- Keine ausbeuterische Kinderarbeit
- Schutz der Umwelt

**Rainforest Alliance** (www.rainforest-alliance.org)
Die Rainforest Alliance ist eine Nichtregierungsorganisation mit Sitz in den USA. Sie hat einen umweltpoli-
tischen Ursprung und verfolgt einen anderen Ansatz als
der Faire Handel. Ihr Schwerpunkt liegt auf der Förderung einer effizienten, nachhaltigen Landwirtschaft und
Artenvielfalt. Hierfür hat sie gemeinsam mit SAN, dem Netzwerk für nachhaltige Landwirtschaft, etwa hundert ökologische und soziale Standards
definiert, nach der heute etliche große Bananen- und Kaffeeplantagen arbeiten. Das Gütezeichen – ein grüner Frosch – klebt auf Chiquita-Bananen,
dem Jacobs-Kaffee »Nachhaltige Entwicklung«, auf Teebeuteln von Lipton
oder dem Kaffee in deutschen Mc Donalds-Filialen. Allerdings zahlt Rainforest Alliance den Bauern weder einen festen Mindestpreis noch einen
Vorschuss auf die Ernte oder einen Entwicklungszuschlag für soziale Projekte. Jedoch tragen bei RA/SAN ausschließlich die Lizenznehmer die Zertifizierungskosten. FLO hingegen wälzt diese auf die Kooperativen ab.

**Die wichtigsten Kriterien von Rainforest Alliance**

- Berücksichtigung der ILO-Kernarbeitsnormen (s. S. 129)
- Umweltmanagement
- Faire Behandlung der Arbeiter und gute Arbeitsplatzbedingungen
- Gesundheit und Sicherheit am Arbeitsplatz
- Gewässer- und Tierschutz

> TIPP:          **Der Fairtrade-Code.** Wer wissen möchte,
> von welcher Plantage beispielsweise der Kakao und der
> Zucker der Fairtrade-zertifizierten Schokoladentafel
> stammen, kann dies mithilfe des Fairtrade-Codes her-
> ausfinden. Hierfür muss der Kunde nur eine Zahlen-
> kombination, die er auf der Verpackung des Produkts
> findet, auf der Webseite www.fairtrade-code.de ein-
> geben – schon erhält er alle wichtigen Informationen
> rund um das Produkt.

**NATURLAND** (www.naturland.de)

Bei Produkten, die mit dem Naturland-Label und dem Fairtrade-Siegel gekennzeichnet sind, kann der Verbraucher davon ausgehen, dass sie unter ökologisch wie auch sozial einwandfreien Bedingungen hergestellt worden sind. Der Ökoanbauverband Naturland lässt einen Teil

seiner internationalen Produkte – das entspricht etwa 70 Prozent des Sortiments – auch nach dem Fairtrade-Standard zertifizieren. Seit 1986 arbeitet Naturland beispielsweise bei Kaffee, Tee oder Schokolade sehr eng mit der GEPA, mit dwp oder banafair zusammen. Eine eigene Fair-Zertifizierung von Naturland für internationale Produkte ist nach Angaben des Verbands vorerst nicht vorgesehen. Auch gibt es keine garantierten Mindestpreise. Heute zertifiziert Naturland über 200 Kooperativen in den Ländern des Südens.

**Die wichtigsten Naturland-Richtlinien**

- Soziale Verantwortung in der Erzeugung und Verarbeitung gegenüber den Produzenten
- Längerfristige Handelsbeziehungen sowie gemeinsame Jahresplanung
- Erzeugerpreise über dem durchschnittlichen Marktpreis

**RAPUNZEL** (www.rapunzel.de)

Seit über 20 Jahren handelt die Naturkost-Firma Rapunzel mit Bio-Produkten aus aller Welt. Zusätzlich tragen heute Kakao, Nüsse oder Getreide das firmeneigene Hand in

Hand-Siegel für fair gehandelte Produkte – vorausgesetzt, deren Rohstoffe stammen zu mindestens 50 Prozent von Hand in Hand-Partnern. Insgesamt macht das Unternehmen mit Hand in Hand-Produkten rund 10 Prozent seines jährlichen Gesamtumsatzes (100 Millionen Euro). Die deutsche Rapunzel Naturkost AG hat nach einer Studie des Forums Fairer Handel im Vergleich mit anderen Anbietern durch sein Förderprogramm für Kleinbauernkooperativen noch am ehesten direkte Verbindungspunkte zum Fairtrade-System von FLO. Aber Rapunzel zahlt den Erzeugern keinen garantierten Mindestpreis. Zwar weist das Unternehmen auf »langfristige« Handelsbeziehungen mit den Produzenten hin, gibt darüber jedoch keine konkrete Auskunft. Allerdings garantiert Rapunzel dem Verbraucher durch das Hand in Hand-Logo, dass die Arbeiter sozial abgesichert sind, Kinderarbeit auf den Plantagen verboten und Gewerkschaftsfreiheit gesichert ist – und dass die Produkte Bio-Qualität haben. Hinzu kommt, dass Rapunzel einen Fond gegründet hat, mit dem soziale und ökologische Projekte gefördert werden.

**Die wichtigsten Hand in Hand-Kriterien:**

- Langfristige Handelsbeziehungen
- Abnahmegarantien
- Zahlung von Produktpreisen über dem Weltmarktniveau
- Bio-Prämie
- Hand in Hand-Fonds, verwaltet von der Deutschen Umwelthilfe (in der Regel ein Prozent des Einkaufvolumens). In den zurückliegenden zehn Jahren flossen damit 370.000 Euro an 86 Projekte.
- Vorfinanzierung auf Anfrage
- Kontrolle alle zwei Jahre gemäß den Leitlinien für Soziale Gerechtigkeit und Fairen Handel der IFOAM (internationaler Dachverband aller Organisationen des ökologischen Landbaus) sowie dem Sozialstandard SA 8000 (Social Accountability) durch das Schweizer Auditinstitut IMO. Die Zertifizierungskosten übernimmt Rapunzel.

## Max Havelaar

Max Havelaar war die erste Siegelinitiative überhaupt. Gegründet wurde sie 1988 in den Niederlanden, nachdem immer mehr Supermärkte Interesse zeigten, fair erzeugte Produkte in ihr Sortiment aufzunehmen. Sie verlangten jedoch einen Nachweis, dass der fair gehandelte Kaffee wirklich zu einem Preis eingekauft worden ist, der Bauern wirtschaftlich, sozial und ökologisch mehr bietet. Der gewählte Name war bezeichnend: »Max Havelaar« ist eine Figur aus einem 1865 erschienenen Roman, die sich gegen die Ausbeutung der Arbeiter auf Kaffeeplantagen in den holländischen Kolonien wehrte. Der niederländischen Initiative folgten mit TransFair in Deutschland weitere Siegel. Erst 2003 gingen die einzelnen Logos in dem einheitlichen Fairtrade-Siegel auf. In der Schweiz oder Frankreich beispielsweise haben die nationalen Siegelorganisationen von FLO den Organisationsnamen Max Havelaar beibehalten.

# WER KONTROLLIERT DEN FAIREN HANDEL?

Beim Fairen Handel dreht sich alles um Glaubwürdigkeit. Wer den Röst-kaffee mit dem Fairtrade-Label aus dem Supermarkt kauft, möchte sicher sein, dass der Bauer in Nicaragua wirklich einen höheren Erlös für seinen Rohkaffee erzielt, er kein verbotenes Spritzmittel in der Garage lagert oder Bohnen vom Nachbarn zumischt. Wie empfindlich der Verbraucher auf ei-nen handfesten Betrugsskandal im Fairen Handel reagieren würde, wissen die seriösen Erzeuger, Händler und Importorganisationen genau – und le-gen entsprechend großen Wert auf eine strenge Kontrolle der sozialen und ökologischen Standards.

Eine solche Kontrolle wird umso wichtiger, je mehr Akteure am positiven Image des Fairen Handels und seinen Umsatzzuwächsen im zweistelligen Bereich teilhaben möchten. Fair kommt beim Kunden gut an, ist aber kein geschützter Begriff. Und so sind in den vergangenen Jahren neue Siegel, Zei-chen und Marken entwickelt worden, die nicht selten falsche Hoffnungen wecken. Sie verunsichern den Verbraucher eher, statt ihm Orientierung zu bieten. Diese neuen Siegelinitiativen oder Marken versuchen, über die Ein-haltung von sozialen Standards mit dem Fairtrade-Siegel des Marktführers Fairtrade Labelling Organizations International (FLO) zu konkurrieren.

Das Geschäft mit der Kontrolle des guten Gewissens hat sich zu einer Boombranche entwickelt. Allein FLO-CERT, weltweit größter Zertifizierer von Sozialstandards, konnte im Geschäftsjahr 2008 einen Umsatz von 6.2 Millionen erwirtschaften – eine Steigerung von 64,5 Prozent gegenüber 2007. Mit den neuen Siegeln und Zeichen sind neue Überwachungs- und Kontroll-Systeme samt einer Vielzahl von Audit-Gesellschaften und Wirt-schaftsprüfer entstanden. Diese bieten den Erzeugern und Händlern an, ihre Produkte zu zertifizieren, ihnen Nachhaltigkeitsberichte zu schreiben oder mehr oder weniger strenge Standards abzunicken. Aber auch aner-kannte und erfahrene Zertifizierer aus dem Bio-Bereich haben sich neue Geschäftsfelder im Fairen Handel erschlossen: Das Schweizer Institute for Marketecology IMO beispielsweise hat 2006 mit dem Programm »Fair for Life« (www.fairforlife.net) ein Zertifizierungssystem entwickelt, das auf den FLO-Standards aufbaut. Es kontrolliert faire Anbieter wie etwa Rapunzel (s. S. 42f). Ähnliche Fair Trade Standards hat der Bio-Zertifizierer ECOCERT aus Frankreich (www.ecocert.de, s. S. 101ff) eingeführt.

Generell lässt sich sagen: Die Kontrollen der seriösen internationalen Siegelorganisationen leisten viel, sind meist unabhängig – aber sie könnten noch besser werden. Eine häufig kritisierte Schwachstelle ist, dass die Kontrollen oftmals angekündigt werden. Das lässt Kooperativen oder Unternehmern in der Regel Zeit, sich auf die Inspektionen vorzubereiten. Arbeiterinnen auf einer fair erzeugenden Blumenplantage in Kolumbien berichteten etwa, dass vor der Inspektion die Kontrolllisten für Chemikalien aktualisiert und die Toiletten gereinigt wurden. Eine Blumenpflückerin musste am Tag der Kontrolle als Krankenschwester auftreten. Auch wurde die Belegschaft auf mögliche Fragen der Inspekteure vorbereitet. Wer nicht mitspielt, riskiert seinen Job. Nur wenn Kontrollen öfter unangemeldet stattfinden, werden schwarze Schafe ertappt.

### FLO-CERT (www.flo-cert.net)

Wer seine Kaffeebohnen, Baumwolle, Schnittblumen oder Fußbälle mit dem Fairtrade-Gütesiegel in den Handel bringen möchte, muss zuvor durch eine Zertifizierung belegen, dass er auf der Plantage oder in der Fabrik tatsächlich nach den Fair Handels-Standards von FLO produziert und handelt. Die internationale Zertifizierungsgesellschaft FLO-CERT GmbH ist eine hundertprozentige Tochter von FLO. Sie hat ihre Zentrale in Bonn, jedoch auch Standorte in Costa Rica, Indien, Südafrika sowie Vertretungen in Paris, Tansania und Kolumbien. 100 Mitarbeiter und 130 selbständige Inspekteure, die meist in den Partnerländern leben, arbeiten für das 2004 gegründete Unternehmen, das als weltweit größter Zertifizierer von Sozialstandards gilt.

FLO-CERT überprüft nicht nur Kooperativen, sondern auch internationale Im- oder Exporteure. Sie wie auch die Produzenten müssen die Zertifizierungskosten selbst tragen – anders als die dritte Gruppe: Lizenznehmer aus dem Einzel- oder Großhandel in den Konsumentenländern. Diese zahlen eine Lizenzgebühr an den nationalen Ableger von FLO, wenn sie Fairtrade-zertifizierte Produkte verkaufen wollen. Außerdem müssen sie FLO-CERT einen Einblick in ihre Bücher gewähren. Über diese Kontrolle stellt FLO-CERT sicher, dass Lizenznehmer wie etwa der Discounter Lidl oder die Kaffeehaus-Kette Starbucks nur solche Produkte mit dem Fairtrade-Siegel verkaufen, die tatsächlich aus einer fairen Produktion stammen.

45

# »Wer sich nicht daran hält, fliegt raus«

*Interview mit Rüdiger Meyer, Managing-Direktor
der FLO-CERT GmbH, über den Versuch, über Kontrollen
die schwarzen Schafe im Fairen Handel herauszufiltern*

*Herr Meyer, was muss ein Kaffeebauer aus Guatemala unternehmen, der
seinen Kaffee über FLO-CERT in den Fairen Handel bringen möchte?*

Zunächst einmal muss die Kooperative des Kaffeebauern einen An-
trag auf Zertifizierung des Kaffees stellen. Nur wer diesen Prozess
schafft, bekommt das Fairtrade-Siegel. Wir schicken der Kaffeekooperative einen Fragebogen, checken Dinge wie: Wer sind die Mitglieder? Wird die Buchhaltung dokumentiert? Welche Rechtsform
hat die Kooperative? Werden die Protokolle der Versammlungen
in Spanisch verfasst, was viele guatemaltekische Bauern gar nicht
verstehen, oder in einer der 21 Maya-Sprachen? Eine solche erste
Rückmeldung sagt uns schon viel über die Fähigkeit der Gruppe
aus, am Markt überhaupt zu bestehen. Passen die Eckdaten mit
den FLO-Standards überein, schickt FLO-CERT der Kooperative eine
Aufstellung der Zertifizierungskosten, die auf sie zukommen.

*Wie hoch sind die Zertifizierungskosten?*

Zwischen 30 Cent und 30 Euro pro Bauer oder Arbeiter – je nachdem, wie groß die Kooperative, die Plantage oder der Importeur ist,
und je nach Umfang der Kontrolle. Denn unter unseren Kunden
befinden sich kleine Kooperativen mit 50 Bauern ebenso wie große
Kollektive von fast 50.000 Mitgliedern. Etwas anders sehen die Kosten aus, die Lizenzträger wie Lidl oder Starbucks im Konsumenten-
land zu tragen haben. Dafür, dass sie Kaffee mit dem Fairtrade-Siegel verkaufen dürfen, müssen sie keine Zertifizierungskosten, aber
eine Lizenzgebühr zahlen.

*FLO wälzt die Zertifizierungskosten auf die Produzenten ab. Hat das nicht
zur Folge, dass kleine und finanzschwache Gruppen oder kleine Bauernge-
nossenschaften, die sich diese Ausgabe gar nicht leisten können, keinerlei
Möglichkeit haben, am Fairen Handel teilzunehmen?*

Das stimmt so nicht ganz. Je nach Handelsvolumen rechnet sich
das Prozedere für die Produzenten durchaus. Denn wer von uns
zertifiziert worden ist, erzielt höhere Einnahmen für sein Produkt

– und kann sich die Zertifizierungskosten leisten. Hinzu kommt, dass Produzenten, die nicht in der Lage sind, die Zertifizierungssumme aufzubringen, über einen FLO-Fördertopf drei Jahre lang 75 Prozent der Kosten erstattet bekommen können. Allein 2008 wurden über diesen Topf 52 Produzentengruppen unterstützt. Ich gebe auch zu bedenken, dass eine Kooperative, die so schwach und so klein ist, dass sie diese Gebühr nicht stemmen kann, auf dem Markt sehr wahrscheinlich ohnehin nicht bestehen könnte.

*Wie läuft die Überprüfung vor Ort ab?*

Unsere Auditoren – meist einheimische Experten, die die Sprache und die Kultur des Landes verstehen und kennen – arbeiten vor Ort Anforderung für Anforderung des FLO-Standards ab und prüfen, ob die Kriterien eingehalten werden. Sie checken Dokumente, sprechen mit Arbeitern oder Erntehelfern, nehmen gegebenenfalls Umweltproben und kontrollieren, ob der Kaffee, den die Kooperative von Guatemala nach Deutschland schickt, tatsächlich aus einer Kaffeeplantage stammt, die sich den Regeln der Fairen Produktion verschrieben hat. Bei Zweit- und Drittprüfungen schauen die Inspektoren zudem, ob der Mehrwert, den die Erzeuger über den höheren Fairtrade-Preis und die Fairtrade-Prämie erzielen, in soziale, ökologische oder wirtschaftliche Projekte der Kooperative investiert worden ist und den Erzeugern auch wirklich zugute kommt.

*Was passiert, wenn Sie merken, dass der Produzent schummelt? Arbeiten Sie mit Sanktionen?*

Ja. Denn einige Kriterien muss der Anwärter sofort und immer erfüllen. Kinderarbeit wird FLO-CERT in Betrieben oder Plantagen nie akzeptieren. Auch muss ein Händler, der etwa Fairtrade-gesiegelten Kaffee in den Umlauf bringen möchte, dem Produzenten immer die Fairtrade-Prämie bezahlen. Wer sich nicht daran hält, bekommt erst gar keine Zertifizierung oder fliegt aus dem Fairtrade-System. Bei anderen Kriterien hingegen gewährt FLO-CERT dem Anwärter durchaus eine bestimmte Frist, innerhalb derer er die Auflagen umsetzen muss. Zertifizierung ist ja immer auch ein Lern- und ein Entwicklungsprozess. Es kann bis zu sechs Jahren dauern, bis eine Kooperative in einem Entwicklungsland den strengen Standard von FLO gänzlich erfüllt. Das heißt: Stellen die Inspektoren beispielsweise fest, dass die Protokolle der Generalversammlungen nur in

Spanisch und nicht in der Sprache der Bauern geschrieben sind, gibt es zwar zunächst einmal nur einen negativen Bericht samt Aufforderung an den Erzeuger, doch bitte nachzubessern. Aber wer unsere Verwarnung mehrfach in den Wind schlägt, wird von FLO-CERT dezertifiziert, verliert also das Recht, auf seinen Waren das Fairtrade-Produktsiegel anzubringen. Das kommt etwa zwei bis dreimal im Jahr vor.

*Wie lange dauert eine Zertifizierung durch FLO-CERT?*

Das ist ganz unterschiedlich und kann zwischen einem und 20 Tagen dauern – je nach Prüfumfang und auch Reiseaufwand. Einige Kooperativen sind nur schwer über Schlamm- oder Holperpisten zu erreichen, einige Plantagen außerdem riesig.

*Wird während so einer Überprüfung auch mal gestritten?*

Klar. Nachdem die Auditors die Checkliste abgearbeitet haben, sitzen die Vertreter der Kooperative oder des Betriebs und die FLO-CERT-Inspektoren zusammen und sprechen die Prüfergebnisse durch. Natürlich wird dann mitunter über unterschiedliche Einschätzungen der Prüfergebnisse heftig diskutiert. Letztendlich müssen ja beide Partner hinter dem Bericht stehen, der dann an die FLO-CERT-Zentrale oder eines unserer Regionalbüros geht. Dort wird er evaluiert und gegebenenfalls noch mit Auflagen versehen. Meist bekommen alle Anwärter das Zertifikat. Damit können Produzenten dann Abnehmer und Importeure des Fairen Handels kontaktieren. Wer einmal zertifiziert wurde, bekommt übrigens mindestens einmal im Jahr von uns Besuch, auch unangemeldet. Nur bei langjährigen Partnern, die über Jahre eine hervorragende Arbeit geleistet haben, kontrollieren wir nur noch alle drei Jahre.

*Sind Sie als hundertprozentige Tochter von FLO überhaupt unabhängig? Darf derjenige, der Produzenten berät, sie auch gleichzeitig überprüfen und zertifizieren?*

FLO-CERT zertifiziert nach den FLO-Standards, ist aber organisatorisch und finanziell völlig unabhängig von FLO e.V. Diese Unabhängigkeit wird durch den FLO-CERT Vorstand, das FLO-CERT Zertifizierungskomitee, das aus unabhängigen Dritten zusammengesetzt ist, und letztendlich auch durch die DAP Akkreditierung garantiert.

*Bitte wagen Sie einen Ausblick: Welche neuen Produkte werden die nächs-*
*ten drei Jahre durch FLO-CERT zertifiziert werden?*
Wir testen derzeit die Möglichkeiten, unsere Standards auf Holzprodukte, Fisch und Meeresfrüchte sowie auf Schmuck auszuweiten. ■

## Unternehmenskodizes – nur ein Lippenbekenntnis?

Immer mehr Unternehmen entdecken ihre soziale Ader: Der Scho-
koladenfabrikant Ritter Sport kauft den Rohstoff Kakao teils zu
fairen Preisen in Nicaragua ein, Ikea liefert Schulmaterial an UNI-
CEF-Projekte, Otto fördert den Anbau von Bio-Baumwolle – und der
Reisekonzern TUI fliegt Hilfsgüter für das Deutsche Rote Kreuz in
den Sudan. Es ist weniger Selbstlosigkeit, die Firmen dazu bringt,
Gutes zu tun. Vielmehr lässt sich mit guten Taten und mit dem
Etikett sozial verantwortlicher Unternehmensführung – zu neu-
deutsch Corporate Social Responsibility (CSR) – auch hervorragend
werben und der Umsatz steigern. Denn Kunden entscheiden im Laden immer häufiger nach ethischen Kriterien.

Dass Unternehmen Sportvereine oder Theater unterstützen, ist
nichts Neues. Doch die Idee der freiwilligen »Unternehmensverantwortung« geht über Sponsorship oder einzelne »gute« Produkte im
Sortiment hinaus: Heute definieren zahlreiche Unternehmen soziale und ökologische Standards in einem Verhaltenskodex, dem
*Code of Conduct.* Verbraucher finden diese firmeneigenen Regeln auf
den Webseiten der Unternehmen. Fast immer verpflichten sich die
Firmen in den Verhaltenskodizes, Minimalstandards wie das Verbot von Zwangs- und Kinderarbeit sowie von Diskriminierung jeder
Art einzuhalten – ebenso wie die Menschenrechte in der gesamten
Lieferkette eines Produktes zu beachten.

Leider sieht die Unternehmenspraxis häufig anders aus. Mitunter besteht eine Kluft zwischen den vollmundigen Versprechen der
Kodizes und den Arbeitsbedingungen, die dann wirklich in den Zu-
liefererfabriken des produzierenden Niedriglohnlandes oder teilweise auch in den europäischen Verkaufszentralen herrschen. Da
werde beispielsweise nur ein einzelner Öko-Kühlschrank oder eine
faire Mode-Kollektion hergestellt, während das alte schmutzige

Kerngeschäft weiterläuft, kritisiert etwa Friends of the Earth, ein Internationaler Zusammenschluss von Umweltorganisationen, die CSR-Schwindler. »Ernst gemeinte Unternehmensverantwortung ist eine Minderheitenveranstaltung«, schreibt auch der Journalist und CSR-Experte Hannes Koch in seinem Buch »Soziale Kapitalisten«. »Die wenigsten Unternehmen und Konzernvorstände interessieren sich wirklich dafür, ihre Firmen auf den Pfad der Ökologie und des sozialen Ausgleichs zu lenken. Die es doch tun, sind Ausnahmen.«

Ob stimmt, was das Unternehmen verspricht, kann der Verbraucher ohnehin nicht überprüfen. Mit der Transparenz ihrer CSR-Bemühungen nehmen es viele Konzerne nicht so genau: Einen mehr oder weniger klaren Umwelt- oder Sozialbericht publizieren die wenigsten – nach Angaben des Bundesumweltamtes in Dessau legt überhaupt nur ein winziger Bruchteil der Unternehmen tatsächlich einen aussagekräftigen CSR-Report vor. Hinzu kommt, dass Unternehmen die oftmals wachsweich formulierte Selbstverpflichtung in den seltensten Fällen von externen Kontrolleuren oder unabhängigen Nichtregierungsorganisationen prüfen lassen. Doch ohne ein wirksames Kontrollsystem verkommt CSR zu einem reinen PR-Instrument, zu einer reinen Absichtserklärung.

Was fehlt, sind strenge und einheitliche Regeln, die definieren, was genau bei der Unternehmensführung im Sinne von CSR unter »sozial« oder »umweltverträglich« zu verstehen ist. Solange es kein verlässliches CSR-Gütezeichen gibt, können und werden die meisten Unternehmen ihre sozialen Aktivitäten in Grenzen halten. Das befürchtet auch Gerd Billen, Chef des Verbraucherzentrale Bundesverbandes in Berlin. Er fordert ein »zweites Preisschild«, ein Label für sozialverantwortliche Produkte sowohl für Waren als auch für Dienstleistungen. »Kunden müssen im Laden sofort verstehen, unter welchen sozialen oder ökologischen Bedingungen das Produkt hergestellt und in den Handel gebracht worden ist«, sagt Billen. Nur wer die vergleichbaren Kriterien von unabhängigen Zertifizierern überprüfen lässt, soll mit CSR werben dürfen. Billen: »Es reicht nicht aus, sich auf die freiwilligen Anstrengungen der Unternehmen zu verlassen.«

# Wo bekommt man Produkte aus Fairem Handel?

Noch vor 20 Jahren bekamen Verbraucher in Deutschland ausschließlich im Weltladen Produkte aus dem Fairen Handel. Zwar hatte das erste formelle Fairhandelsgeschäft in den USA schon 1958 seine Pforten geöffnet. Doch erst 1969 machte in Europa, genauer in Holland, der erste Weltladen auf. Inzwischen hat der Kunde die Wahl: Schokolade, Kaffee oder Tee aus Fairer Produktion kann er nicht nur in einem der europaweit rund 3.000 Weltläden kaufen, sondern auch in zehntausenden von konventionellen Supermärkten, Warenhäusern, Naturkostläden, Biomärkten oder Online-Portalen und Versandhäusern – sowie in Coffee Houses oder Fast Food Ketten. Selbst Kantinen, Hotels oder Caterer bieten Produkte an, die in einem Entwicklungs- oder Schwellenland unter fairen Bedingungen produziert worden sind. Auf den nächsten Seiten finden Sie einen Überblick über die konventionellen und alternativen Anbieter.

## Supermärkte, Discounter und Coffee Houses

Fair verkauft sich gut. Zu gut, um von Kaufhäusern, Supermärkten oder Coffee Houses ignoriert zu werden. Deswegen zeigen konventionelle Unternehmen ein immer stärkeres Interesse daran, in ihren Filialen Produkte aus fairer Erzeugung anzubieten. Denn die Lebensmittelbranche leidet seit Jahren unter stagnierenden, eher sogar rückläufigen Umsätzen. Nun will sie am Boom fair erzeugter Ware teilhaben.

In den Regalen von Tengelmann, Karstadt, Kaufland, Metro oder auch vielen Edeka-Filialen stehen heute Lebensmittel mit dem Fairtrade-Siegel. Nach Angaben des Forums Fairer Handel wird bereits jedes zweite Fairtrade-gesiegelte Produkt über diese Schiene vertrieben. Edeka hat bereits 1992 den ersten Kaffee aus Fairem Handel verkauft. Heute listet das marktführende Unternehmen, das in Deutschland einen Marktanteil von 25 Prozent hält und im Geschäftsjahr einen Jahresumsatz im Lebensmitteleinzelhandel in Höhe von 32 Milliarden Euro erwirtschaftete, nach eigenen Angaben rund 50 faire Produkte. Weitere sind geplant: »Wir müssen das Sortiment ausbauen, das erwartet der Kunde«, sagt Duschan Gert, Marketingleiter bei Edeka Südwest.

TIPP: Wer Produkte mit dem **Fairtrade-Siegel** verkauft, nennt die Organisation TransFair auf ihrer Webseite www.transfair.org, Rubrik: News & Service, Rubrik: Fair kaufen bei. Für Österreich findet man die entsprechende Information unter www.fairtrade.at, Rubrik: Produkte/Shops, Rubrik: Bezugsquellen und für die Schweiz unter www.maxhavelaar.ch, Rubrik: Produkte & Kaufen, Rubrik: Bezugsquellen.

In der Schweiz verkauft der Konzern Migros mit seinen 84.000 Mitarbeitern und einem Jahresumsatz in 2008 von rund 25,7 Milliarden Schweizer Franken unter anderem Fairtrade-gehandelte Blumen oder Schokolade. Der Konzern setzt dabei »vor allem auf Genuss und Convenience«, wie Andreas Allenspach sagt, Leiter des Catering-Managements Obst & Gemüse. Der Migros-Konkurrent Coop führt bereits seit 1992 fair zertifizierte Produkte im Sortiment – heute rund 70, davon über ein Drittel in Bio-Qualität. Bei Lebensmitteln verzeichnete Coop 2008 einen Gesamtumsatz in Höhe von 10,2 Milliarden Schweizer Franken. Der Umsatz mit Fair Trade Produkten lag im gleichen Jahr bei 135 Millionen Franken – er machte bei Coop demnach einen Anteil von 0,7 Prozent aus. Am besten kommen beim Kunden nach Coop-Angaben faire Rosen, Bananen, Reis und Ananas an.

Auch die Coffee House-Kette Starbucks ist ein Lizenznehmer von Trans-Fair, der Siegelorganisation in Deutschland. Starbucks bietet über den Café Estima Blend in seinen bundesweit 140 Filialen immerhin einen kleinen Anteil Fairtrade-gesiegelten Kaffee an. In Deutschland könnte Starbucks durchaus noch mehr fair gehandelten Kaffee ausschenken – immerhin ist der Konzern nach Angaben von FLO-CERT inzwischen weltweit größter Abnehmer von Fairtrade-Kaffee. Einen ähnlich geringen Anteil hat Fairtrade-gesiegelter Kaffee auch bei anderen Kaffeeröstern. Bei J.J. Darboven liegt der Fair-Anteil bei etwa zwölf Prozent. Wenig transparent ist diesbezüglich der Kaffeeröster Tchibo. Er hat über seine Marke Vista zwar diverse Fairtrade-gesiegelte Kaffees im Sortiment. Welchen Anteil diese am Gesamtumsatz ausmachen, darüber hüllt sich Tchibo allerdings in Schweigen.

Selbst die Discounter, bei denen mittlerweile die Hälfte aller Lebensmittel gekauft wird, sind auf den immer schneller fahrenden Fair Trade-Zug aufgesprungen. In den über 2.300 Filialen von Penny (REWE Group) findet der Kunde heute fair gehandelten Kaffee, Tee, Honig, Orangensaft oder Bananen. Billigheimer Lidl hat 2006 sogar gemeinsam mit TransFair die Eigenmarke Fairglobe entwickelt. Seitdem hat Lidl bei Kaffee, Zucker, Orangensaft, Tee, Reis, Wein, Schokolade und Bananen je ein Produkt in sein Sortiment aufgenommen, auf der nicht nur das Fairglobe-, sondern auch das Fairtrade-Siegel klebt. Noch liegt der Fairglobe-Anteil am Gesamtumsatz des Discounters niedrig – bei Bananen im Oktober 2008 beispielsweise gerade einmal bei fünf Prozent. Dennoch prüft Lidl nach Konzernangaben, weitere Produkte ins Fairglobe-Sortiment aufzunehmen – nicht aus karitativen, sondern aus rein wirtschaftlichen Gründen: »Wir haben Produkte aus Fairem Handel im Regal, weil der Kunde sie nachgefragt hat«, sagt Robin Goudsblom, Geschäftsleitung Einkauf International von Lidl. »Das war der Hauptgrund.« Lidl-Konkurrent Aldi hat im August 2009 bei Kaffee mit der Eigenmarke One World nachgezogen.

Dass die Großen aus dem klassischen Lebensmitteleinzelhandel heute Produkte aus dem Fairen Handel anbieten, hat durchaus Vorteile für die Produzenten in Afrika, Asien oder Lateinamerika. Immerhin wird im klassischen Lebensmitteleinzelhandel jeder zweite Euro ausgegeben. Rund 70 Prozent des Umsatzes mit dem Fairen Handel werden heute in konventionellen Lebensmittelgeschäften, Supermärkten und Discountern erzielt – der Rest in Weltläden oder Naturkostläden. Handelskonzerne kaufen den Produzenten in Ländern der Dritten Welt zudem größere Mengen ab. Und sie erreichen eine Zielgruppe, die bislang wenig Interesse zeigte, nach ethischen Kriterien einzukaufen. »Letztendlich«, sagt TransFair-Sprecherin Claudia Brück, »ist es den Produzenten egal, wo ihre Ware in Europa verkauft wird – Hauptsache, sie wird verkauft«.

Allerdings, und das müssen auch die Befürworter des Deals einräumen, ist die Palette an Fairem im Sortiment der großen konventionellen Anbieter derzeit noch sehr klein. In der Regel bieten sie nur ein einziges oder einige wenige fair zertifizierte Produkte an – das Gros der Waren im Sortiment wird konventionell hergestellt und eingekauft. Das bestätigt Stefan Genth, Hauptgeschäftsführer des Hauptverbands des Deutschen Einzelhandels (HDE): »Fair Trade macht gerade mal 0,05 Prozent des gesamten Einzelhandelsumsatzes aus«, räumte Genth anlässlich einer Tagung zum Thema »Fairtrade im Handel« im September 2008 ein.

## Fairtrade im Discounter: eine unheilige Allianz?

Die einen sehen den Einstieg der großen Handelsketten in den Verkauf von zumindest einzelnen fair erzeugten Produkten als einen ersten Schritt in die richtige Richtung. Über Verbraucherdruck würden die Konzerne endlich in Zugzwang geraten, ihr Sortiment und ihre Beschäftigungspraxis allmählich mehr und mehr auf Fair umzustellen, so ihr Argument.

Andere wiederum kritisieren die Kooperation von Siegelorganisationen wie TransFair mit Discountern wie Lidl massiv. Lidl als Partner zerstöre den guten Ruf des Fairen Handels, befürchteten vor allem die traditionellen Akteure des Fairen Handels. Der Discounter Lidl steht dabei stellvertretend für die Diskussion in der Szene, ob der Faire Handel eher Masse oder Klasse fördern sollte. Erhitzt hat sich die Debatte bereits 2006, als TransFair bereit war, mit dem wegen seiner Spitzelaffairen und miesen Arbeitsbedingungen in Verruf geratenen Discounter die Marke Fairglobe zu entwickeln. Lidl versuche nach mehreren Skandalen nur, sein ramponiertes Image aufzupolieren – »geadelt mit dem TransFair-Siegel«, wie die linksalternative Tageszeitung »taz« 2007 wetterte. Das sieht Sigrid Vester anders. Sie war bei TransFair mit dafür zuständig, den Fairen Handel aus dem Nischendasein der Weltläden herauszuholen. Vester weist die Kritik der Fair Trade-Bewegung an der Zusammenarbeit mit Lidl zurück: »Auf welchem hohen Ross sitzen wir, dass wir die Käufer in Discountern außen vor lassen könnten?«, fragte sie 2007 in einem Gespräch mit der »Süddeutschen Zeitung«.

Doch der Vorwurf der taz scheint berechtigt, solange Handelskonzerne nur ein kleines Sortiment fair gehandelter Produkte ins Regal stellen. Denn dieselben Konzerne, die vordergründig den Fairen Handel umarmen – und damit auch offensiv werben –, drücken im Einkauf ihres konventionellen Hauptsortiments bei den Erzeugern die Preise. Ihre Marktmacht üben sie dem Milchbauern hierzulande gegenüber ebenso aus wie gegenüber Produzenten in Entwicklungsländern. Um ihren Kunden in Deutschland Milch, Bananen, Ananas oder Kaffee zu Schleuderpreisen anbieten zu können, »setzen Supermärkte und Discounter ihre Einkaufsmacht massiv dazu ein, die Lieferanten im Preis zu drücken«, kritisiert die Hilfsorganisation Oxfam die Einkaufspolitik der großen Filialisten in den Erzeugerländern. Ketten wie Edeka, REWE, Aldi, Lidl oder

Metro, die zusammen 75 Prozent des deutschen Marktes beherr-
schen, trügen demnach wesentlich dazu bei, dass sich die Arbeitsbedingungen in den Billigproduktionsländern – und auch hierzulande – noch verschlechtern.

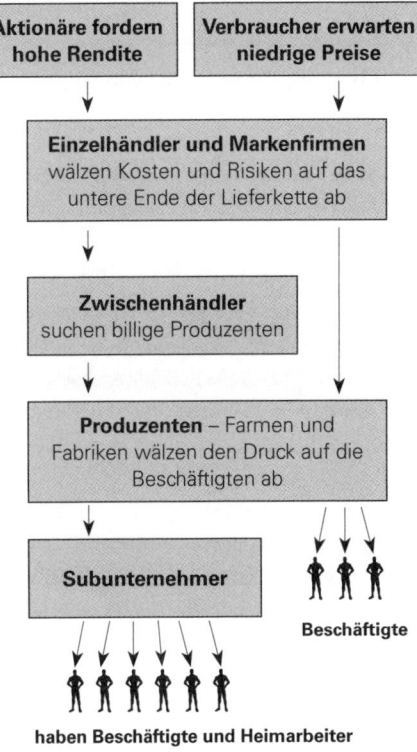

## Druck in globalen Lieferketten verursacht unsichere Arbeitsverhältnisse

**Aktionäre fordern hohe Rendite**

**Verbraucher erwarten niedrige Preise**

**Einzelhändler und Markenfirmen**
wälzen Kosten und Risiken auf das untere Ende der Lieferkette ab

**Zwischenhändler**
suchen billige Produzenten

**Produzenten** – Farmen und Fabriken wälzen den Druck auf die Beschäftigten ab

**Subunternehmer**

**Beschäftigte**

haben Beschäftigte und Heimarbeiter

**Einzelhändler und Markenfirmen fordern:**
- niedrigere Einkaufspreise
- schnelle und flexible Produktion
- hohe technische und Qualitäts-standards
- bessere Arbeitsbedingungen ohne langfristige Abnahme-verpflichtungen

**Produzenten als Arbeitgeber:**
- beschäftigen Frauen und Migrant/innen
- schließen Kurzzeitverträge und umgehen Sozialversicherungs-leistungen
- setzen Beschäftigte unter Druck
- untergraben die Interessen-vertretung der Beschäftigten
- vertuschen Arbeitsrechts-verletzungen

**Beschäftigte in unsicheren Arbeitsverhältnissen, meist Frauen und Migrant/innen:**
- haben unsichere Arbeitsverträge mit geringen Sozialleistungen
- sind erschöpft aufgrund langer Arbeitszeiten und überhöhter Vorgaben
- werden daran gehindert, sich zu organisieren und ihre Rechte einzufordern

*Quelle: Oxfam*

# »Discounter und Fair –
# das passt einfach nicht zusammen«

*Interview mit Thomas Speck, Chef von Europas größtem Fairhandelshaus GEPA, über seine Kritik an Trittbrettfahrern in der Fairhandels-Branche*

*Herr Speck, Fair boomt. Wo Geld verdient wird, tummeln sich auch bald schwarze Schafe. Müssen wir demnächst mit den ersten Skandalen in der Fairhandels-Branche rechnen?*

Ich hoffe nicht! Aber Sie haben Recht: Je erfolgreicher, je gewinnträchtiger ein Markt ist und je mehr Akteure sich darin tummeln, desto größer ist die Gefahr des Missbrauchs. Deswegen ist es so wichtig, dass die Kontrollen auch auf einem wachsenden Markt gründlich bleiben. Und dass seriöse Zertifizierer wie FLO-CERT angesichts des Marktdrucks künftig nicht plötzlich anfangen zu schludern, weil sie sonst mit der Kontrolle nicht mehr hinterherkommen. Wichtig ist aber auch, dass die Standards des Fairen Handels nicht verwässert werden.

*Aber zeichnet sich eine solche Verwässerung nicht gerade ab? In den vergangenen Jahren sind Sozialsiegel wie Pilze aus dem Boden geschossen. Sie alle suggerieren dem Verbraucher doch: Dieses Produkt wurde fair oder ökologisch sauber hergestellt – ohne dieses Versprechen immer zu halten.*

Diese Gefahr der Verwässerung besteht durchaus. Es treten immer mehr Zertifizierer auf die Bühne, die neue Sozialstandards anbieten. Einige davon sind extrem lasch. Unternehmen wählen diese weichen Standards dennoch gerne: Damit können sie eine hübsche Marketing-Fassade aufbauen, mit vermeintlich fairen Projekten werben, ohne dass sie das wirklich faires Engagement kostet. Sie schmücken sich mit ein paar fairen Produkten im Sortiment, doch beim Einkauf des restlichen, des überwiegenden Sortiments handeln sie weiter wie bisher – kaufen also vor allem billig ein und üben Druck auf die Lieferanten aus.

*Sie warnen immer wieder vor Trittbrettfahrern, die nur am wachsenden fairen Umsatz teilhaben wollen – ohne wirklich fair zu sein. Wen meinen Sie damit?*

Es gilt unter den konventionellen Unternehmern zunehmend als chic, sich mit Kriterien wie faire Löhne oder Verzicht auf Kinderarbeit ein soziales Mäntelchen umzuhängen. Mit Trittbrettfahrern meine ich konkret diejenigen, die sagen, Mensch, das ist ja ein interessanter Markt, ich bringe jetzt ein eigenes Produktlabel auf den Markt, das auch noch was Gutes rüberbringt. Chiquita macht das beispielsweise mit seiner Bio-Banane und dem Rainforest Alliance-Siegel: Nutzt ähnliche Formulierungen, macht aber vor allem um eines einen großen Bogen: das Preissystem. Doch fair zu produzieren ist teuer, das kostet Geld – anders als schöne Worte.

*Sind Sie immer noch gegen eine Kooperation mit Discountern wie Lidl?*

Ja. Die GEPA hat für sich entschieden, keine Hard-Discounter wie Lidl oder Aldi zu beliefern.

*Über die Discounter mit ihrem dichten Filialnetz laufen heute rund 40 Prozent des deutschen Lebensmittelumsatzes. Wäre das nicht eine klasse Absatz-Chance für GEPA-Produkte?*

Mag sein. Aber wie Fair Trade mit Lieferanten umgeht und wie die Discounter üblicherweise mit ihren Lieferanten umgehen, um Billigpreise zu halten, das ist ein schreiender Gegensatz. Diesen miesen Umgang gibt es natürlich teils auch im konventionellen Einzelhandel; da sind die Grenzen fließend. Aber bei den Hard-Discountern ist die Einkaufspolitik »auf Kosten der Lieferanten und Mitarbeiter, zum Wohle der Verbraucher«, welche ja die Geiz-ist-geil-Mentalität bedient, doch am ausgeprägtesten. Und das passt mit dem Fairen Handel einfach nicht zusammen. Ich denke, es würde uns auch nicht gut tun, sich in einem solchen Umfeld zu bewegen. Da würde viel Glaubwürdigkeit verloren gehen

*Die deutsche Siegelorganisation TransFair zeigt da weniger Berührungsängste. Sie zertifiziert für Lidl seit 2007 eine hauseigene Fair-Handels-Produktreihe mit dem Namen Fairglobe.*

TransFair macht seine eigene Politik. Wir können eine andere Linie fahren. Im Fairen Handel wird ja nur das Produkt zertifiziert, nicht aber das Unternehmen, das Produkte vermarktet. Das ist eine Grauzone. Ich kann beispielsweise bei Lidl noch immer nicht wirklich erkennen, dass es sich um einen ernst gemeinten Versuch des Unternehmens handelt, soziale Verantwortung zu übernehmen. Ich bin da eher skeptisch. ■

# FAIRE HANDELSHÄUSER, IMPORTEURE UND WELTLÄDEN

Einige anerkannte und lang etablierte Importeure kaufen fair gehandelte Produkte direkt von den Produzenten und vertreiben diese über eigene Geschäfte, Weltläden, den Handel oder über Online-Shops. Zu diesen zählen in Deutschland das Fairhandelshaus GEPA, dwp und EL PUENTE. Sie sind Mitglied der internationalen Dachorganisation World Fair Trade Organization (WFTO), ehemals IFAT (s. S. 27). Das heißt: Sie befolgen die Standards dieses Dachverbands und lassen diese auch regelmäßig über ein Monitoring-System überwachen. Diese Fair-Handels-Importeure gewähren den Produzenten darüber hinaus einen Vorschuss auf die Produktionskosten und beraten die Kooperativen und Kleinbetriebe auch. Fair-Handels-Importeure bieten dabei nicht nur Produkte mit dem Fairtrade-Siegel an, sondern auch zahlreiche andere fair gehandelte Produkte, für die es (noch) keinen internationalen Produktstandard gibt. Hier ein Überblick über alternative Handelshäuser, die auf Dialog und Fairness setzen – statt auf das Diktat von Niedrigpreisen:

**GEPA – THE FAIR TRADE COMPANY GMBH** (www.gepa.de)

Das alternative Handelshaus GEPA ist mit einem Jahresumsatz auf Großhandelsebene von 53,6 Millionen Euro im Geschäftsjahr 2008/2009 nach eigenen Angaben Europas größte Fair Handels-Organisation. Seit über dreißig Jahren arbeitet das Unternehmen mit Sitz in Wuppertal mit 140 Genossenschaften und Vermarktungsorganisationen in

Afrika, Asien und Lateinamerika zusammen und berät diese auch. Im Sortiment befinden sich 300 Lebensmittel und rund tausend Handwerksartikel. Gesellschafter sind unter anderem Misereor, der Evangelische Entwicklungsdienst EED und Brot für die Welt. GEPA-Produkte werden in Weltläden und im eigenen Onlineshop, aber auch in vielen Supermärkten, Drogeriemärkten und Naturkostläden vermarktet. Beim GEPA-Firmenlogo handelt es sich nicht um ein Produktsiegel. Für die Einhaltung der Standards des Fairen Handels steht jedoch das Fairtrade-Siegel, das GEPA als TransFair-Lizenznehmer auf einen Großteil der GEPA-Produkte wie Kaffee, Tee, Kakao, Schokolade, Bonbons, Honig, Reis, Wein, Datteln, Fußbälle und Orangensaft drucken kann.

**EL PUENTE GMBH** (www.el-puente.de)
Die Handelsorganisation EL PUENTE sieht sich
seit 1972 als Brücke zwischen Nord und Süd.
Das WFTO-Mitglied fördert und berät Klein-
betriebe und Genossenschaften in armen Ländern, indem das Unternehmen deren Produkte direkt nach Deutschland importiert und diese europaweit über Weltläden, Aktionsgruppen, Kirchengemeinden sowie einen
Online-Shop vertreibt. Rund 5.000 Artikel bietet EL PUENTE an, darunter zu
65 Prozent Lebensmittel wie Kaffee, Wein oder Gewürze sowie zu 35 Prozent Kunsthandwerk wie Musikinstrumente, Schals oder Korbwaren. Damit
macht der Direktimporteur einen Jahresumsatz von etwa sechs Millionen
Euro. Das Fairtrade-Siegel findet sich nicht auf allen Produkten von EL PU-
ENTE. Für den Importeur hat das den Vorteil, dass er auch mit Kooperativen
zusammenarbeiten kann, die nicht FLO-zertifiziert sind.

**DRITTE-WELT-PARTNER EG** (www.dwp-rv.de)
Seit 1988 importiert die Fairhandels-Genossenschaft
dwp Lebensmittel und Kunsthandwerk zu fairen Prei-
sen und Konditionen. Sie gewährt ihren Produzenten-
partnern in Ländern der Dritten Welt Bio- und Sozial-
zuschläge sowie einen Vorschuss. Die Genossenschaft beliefert als Groß-
händler Welt- und Naturkostläden in ganz Deutschland und Österreich und
macht nach eigenen Angaben einen Umsatz von etwa 4,3 Millionen Euro im
Jahr. Das Fairtrade-Siegel trägt keines dieser Produkte. Dwp unterzieht sich
jedoch dem ATO-Tüv (s. S. 30) und kauft direkt von den Produzenten.

**CONTIGO FAIR HANDELSGRUPPE** (www.contigo.de)
Die CONTIGO Fair Handelsgruppe hat 1994 den ersten La-
den in Göttingen eröffnet – heute sind es elf in Städten wie
Bremen, Bonn oder Dresden. Gegründet wurde das Unternehmen von Ex-GEPA-Geschäftsführer Ingo Herbst: Er wollte einen neuen Typ von Weltladen – »schön und sinnig und
mit attraktivem Sortiment«. Heute setzt das WFTO-Mitglied
auf Genuss- und Geschenkartikel und machte 2008 mit selbst geröstetem
Kaffee, Schmuck, Leder oder Kunsthandwerk einen Jahresumsatz von rund
drei Millionen Euro. CONTIGO beliefert auch Weltläden in Österreich, arbei-

tet aber ohne eine externe Zertifizierung, sondern setzt auf langjährigen Kontakt zu den Produktionspartnern.

### EZA FAIRER HANDEL GMBH (www.eza.cc)

Seit den siebziger Jahren importiert die österreichische EZA Fairer Handel GmbH faire Produkte nach Europa. Sie ist heute nach eigenen Angaben Österreichs größte Fair Trade Importorganisation. Das Sortiment umfasst Lebensmittel, Bekleidung, Kunsthandwerk und Natur- NATÜRLICH FAIR kosmetik. Die Produkte stammen von rund 140 Partnerorganisationen aus 40 Ländern. Ein Großteil des Sortiments trägt das Fairtrade-Gütesiegel. Im Geschäftsjahr 2007/2008 erzielte EZA einen Umsatz von 12,6 Millionen Euro. EZA gibt die Zeitschrift »natürlichFAIR« heraus.

### CLARO FAIR TRADE AG (www.claro.ch)

Das Schweizer Unternehmen claro fair trade AG handelt seit 30 Jahren mit Spezialitäten aus dem Weltsüden. Im Sortiment finden sich etwa 370 Lebensmittel (50 Prozent tragen das Fairtrade-Gütesiegel von Max Havelaar Schweiz) und etwa 1.750 Handwerksartikel wie Kunsthandwerk, Geschenkartikel oder Schmuck. Claro vertreibt die Produkte überwiegend über die 140 claro-Vertragsläden, über das Internetportal, aber auch über Weltläden, Bio-Supermärkte oder Reformhäuser sowie über das Züricher Bio-Fair-Handelshaus gebana (www.gebana.de). Damit erzielte claro im Geschäftsjahr 2007/2008 einen Umsatz von 27,2 Millionen Schweizer Franken. Auf die Belieferung von konventionellen Supermärkten verzichtet claro bewusst.

### GEBANA AG (www.gebana.com)

Die gebana AG ist eine Pionierin des Fairen Handels in der Schweiz. Hervorgegangen aus der Bananenfrauen-Bewegung in den siebziger Jahren, importiert und vertreibt das Unternehmen seit dreißig Jahren biologisch und fair erzeugte Lebensmittel aus Ländern des Südens. Gebana arbeitet nach eigenen Angaben nur mit Kleinbauern-Kooperativen, nicht aber mit Plantagen zusammen. Wo immer möglich, sind die Produkte, die in Deutschland zu 95 Prozent und in der Schweiz zu 80 Prozent Bio sind, auch FLO-zertifiziert. Das WFTO-Mitglied machte im Direktversand 2007 einen Umsatz von etwa zwei Millionen Schweizer Franken. Gebana beliefert Endkonsumenten in ganz Europa auch via Onlineshop.

**WELTLÄDEN** (www.weltladen.de)
Die Weltläden waren in den siebziger Jahren neben den Kirchen die ersten Anbieter von fair erzeugten Produkten überhaupt. In Deutschland gibt es derzeit etwa 800, in Österreich (www.  weltlaeden.at) rund 100 und in der Schweiz (www.claro.ch sowie www. mdm.ch) rund 300 Weltläden. Sie verkaufen Vasen aus Kenia ebenso wie Räucherstäbchen aus Indien. Das Niveau der oftmals von Ehrenamtlichen geführten Weltläden ist sehr unterschiedlich: Einige weisen ein hervorragendes Sortiment vor, andere wiederum sind sehr bescheiden ausgestattet. Ihre Produkte beziehen die Weltläden meist bei Importorganisationen des Fairen Handels (s. S. 58ff), aber auch direkt von Produzentenvereinigungen. Heute stehen die Weltläden vor der Aufgabe, von ihrem altbackenen Image wegzukommen – zumal (eine Ausnahme ist Österreich) der Verkauf in den Weltläden stagniert, seitdem der herkömmliche Handel fair gehandelte Produkte in seine Regale stellt. Modernisieren wollen die Weltläden auch ihren Standort: So finden sie sich immer häufiger in Fußgängerzonen – mit kundenfreundlichen Öffnungszeiten.

## Lizenznehmer des Fairtrade-Siegels

In Deutschland haben rund 150 Firmen mit TransFair, der deutschen Siegelorganisation von FLO, einen Lizenzvertrag abgeschlossen – darunter etwa das Fairhandelshaus GEPA, der Discounter Lidl, der Nestlé-Konzern oder die Kaffeehauskette Starbucks. Diese dürfen damit auf dem deutschen Markt Produkte anbieten, die sie zuvor zu den Bedingungen des Fairtrade-Standards (s. S. 39) bei einer FLO-Produzentengruppe eingekauft haben.
Fairtrade ist ein Produktsiegel, und kein Unternehmenssiegel. Das heißt, dass bei Lizenznehmern, die nur einen Teil ihres Sortiments fair produzieren – etwa Lidl oder Starbucks – FLO-CERT nur den Bereich unter die Lupe nimmt, der fair erzeugte Ware betrifft – konkret im Fall

von Lidl die Discountereigenmarke Fairglobe oder beim Kaffeeröster J.J. Darboven nur den Kaffee Intención, den der Kaffeeröster aus Fairtrade-Kooperativen bezieht. Damit auf dem Kaffeepäckchen von Lidl/Fairglobe auch das Fairtrade-Siegel prangen darf, muss der Discounter eine Lizenzgebühr von elf Cent pro Pfund Kaffee an TransFair zahlen. Hundertprozentige Fairtrader, wie etwa die GEPA, erhalten Sonderkonditionen: Die GEPA zahlt auf die meisten Produkte nur 50 Prozent der Lizenzgebühren. Derzeit wird international an einem einheitlichen Rabattsystem gearbeitet.

Das Fairtrade-Lizenzgebührsystem bleibt nicht ohne Kritik: Kleine Anbieter in Deutschland, die ihren Kunden gerne Fairtrade-gesiegelten Kaffee offerieren wollen, jedoch die Kosten scheuen, seien damit im Nachteil. Kritisiert wird zudem, dass die Lizenznahme den Multis wie Nestlé, Kraft Foods oder Mc Donalds Schweiz (Mc Donalds Deutschland verkauft von der Rainforest Alliance zertifizierten Kaffee) die Möglichkeit gebe, sich mit fairem Engagement zu schmücken – ohne das gesamte Unternehmen oder die ganze Produktpalette fair aufzustellen.

## WAS SIE SONST NOCH ÜBER DEN FAIREN HANDEL WISSEN SOLLTEN

Beim Fairen Handel prallen die unterschiedlichsten Interessen aufeinander. Differenzen und Diskussionen sind daher vorprogrammiert. Fairtrade-Puristen und Weltläden sind beispielsweise wenig erbaut darüber, dass fair gehandelte Produkte bei Discountern auftauchen. Kleinbauern ärgern sich darüber, dass große Plantagen, die dasselbe Produkt erzeugen, ohne große Schwierigkeiten Fairtrade-zertifiziert werden. Konsumenten wird im Siegel-Dschungel ganz schwindelig, und immer mehr Unternehmen nutzen den Fairen Handel als Feigenblatt für soziales Engagement. Kurz: Auch im Fairen Handel läuft nicht immer alles rund. Das ist solange akzeptabel, wie Zahlen nicht beschönigt werden, Kritik als Verbesserung angesehen und der Verbraucher transparent auf dem Laufenden gehalten wird.

**Zwölf Antworten auf zwölf unbequeme Fragen**

**1** *Warum sind fair gehandelte Produkte oftmals teurer als konventionell ge-handelte?* Weil eine soziale und umweltfreundliche Herstellung höhere Kosten verursacht. So ist etwa das handgearbeitete Tischtuch aus Afrika aufwendiger in der Produktion als das in chinesischer Massenproduktion gefertigte Teil. Diese höheren Herstellungskosten, aber auch die Kosten, die den Fairhandels-Organisationen für Verwaltung und Kampagnen entstehen, werden über den Endverkaufspreis auf den Verbraucher umgelegt.

**2** *Polieren konventionelle Unternehmen mit dem Fairen Handel nur ihr Image auf?* Ja, zumindest solange faire Produkte nur einen kleinen Teil ihres Sortiments ausmachen. Glaubwürdig nachhaltig und fair handelt ein Unternehmen erst dann, wenn es insgesamt transparent arbeitet, sich strenge Selbstverpflichtungen auferlegt und einhält, das Ganze unabhängig kontrollieren lässt – und allmählich die Menge und das Angebot fair gehandelter Produkte auf das gesamte Sortiment ausweitet.

**3** *Der Faire Handel garantiert dem Produzenten einen gerechten Preis. Aber bekommt auch der Kunde im Laden einen fairen Preis?* Nicht immer. Wie viel der Lebensmittelgroß- und Einzelhandel, aber auch die Importorganisationen und Weltläden, auf fair gehandelte Produkte aufschlagen, darüber schweigen sich viele Anbieter aus. Außerdem wissen gerade Supermarktketten, dass Käufer bereit sind, für fair Gehandeltes etwas tiefer in die Tasche zu greifen. Auch wenn Faires meist teurer produziert wird, müssen diese Kosten nicht zwangsläufig auf den Endverbraucher abgewälzt werden. Daran hält sich zum Beispiel die französische Fairhandelsgenossenschaft Ethiquable. Sie hat sich eine Beschränkung der Handelsspanne auferlegt. Und die empfiehlt sie auch den Supermärkten, die sie beliefert.

**4** *Warum greifen Engländer im Supermarkt öfter zu fair Gehandeltem als die Deutschen?* Weil britische Supermärkte weitaus mehr Produkte aus Fairem Handel anbieten – und diese auch besser präsentieren und offensiver bewerben. Hat ein britischer Supermarkt durchschnittlich 120 faire Produkte im Sortiment, sind es in Deutschland nach Angaben von TransFair im Schnitt lediglich fünf bis acht Produkte. Anders sieht es aus, sobald ein GEPA-Regal im Supermarkt steht: Dann erhöht sich der Anteil auf bis zu 40 Produkte.

5 *Ist der Faire Handel transparent genug?* Nein. Nicht immer erfährt der Verbraucher, wie viel Geld des von ihm gekauften Fairtrade-Produkts letztendlich beim Produzenten landet. Nur für wenige Produkte – meist Kaffee – veröffentlichen die Anbieter fairer Produkte aussagekräftige und vor allem verständliche Kalkulationen darüber, wie sich der Endpreis zusammensetzt.

6 *Wo stehen die Deutschen im europäischen Vergleich, was fairen Konsum betrifft?* Die Deutschen zählen zu den Schlusslichtern. Pro Kopf haben sie 2008 lediglich 2,60 Euro für Fairtrade-Produkte ausgegeben. Unsere Nachbarn sind da weiter: In Österreich waren es 7,81 Euro, und im Fairtrade-Musterland Schweiz sogar 21,90 Euro.

7 *Welche Rolle spielt der Faire Handel im Welthandel?* Eine minimale. Zwar wächst die Zahl fair gehandelter Produkte beständig, dennoch bleibt sein Anteil am Welthandel verschwindend gering. Offizielle Zahlen gibt es keine – auch nicht von der Fairtrade Labelling Organizations International (FLO). Zahlen der Welthandelsorganisation (WTO), die als Berechnungsgrundlage den weltweiten Handel landwirtschaftlicher Produkte und Nahrungsmittel als Basis nehmen, ergeben einen Anteil des Fairen Handels am Welthandel von weniger als 0,5 Prozent. Auch die Organisation für wirtschaftliche Zusammenarbeit und Entwicklung (OECD) kommt in ihren Berechnungen auf einen Wert unter einem Prozent.

8 *Findet der Faire Handel nur von »Nord nach Süd« statt?* Nein, sondern inzwischen auch von Süd nach Süd. In Ländern wie Mexiko, Brasilien oder Vietnam werden faire Produkte nicht nur für westliche Märkte, sondern auch zunehmend für einheimische Konsumenten erzeugt – Tendenz steigend. Überdies gibt es in einigen Staaten des ehemaligen Ostblocks wie zum Beispiel in Estland erste Fairtrade-Initiativen.

9 *Darf man angesichts des Klimawandels noch Fairtrade-Produkte aus Ländern des Südens kaufen?* Die Siegelorganisation TransFair gibt dazu auf ihrer Webseite eine eindeutige Antwort: »Klimaschutz darf nicht auf Kosten der Armutsbekämpfung gehen«.

10 *Besteht die Gefahr, dass Bauern aus dem Fairtrade-System aussteigen, wenn der garantierte Fairhandels-Festpreis phasenweise nicht mehr die*

*aktuellen Produktionskosten deckt oder die Weltmarktpreise für ihre Produkte über dem garantierten Mindestpreis des Fairen Handels liegen?* Ja, das kann passieren, wenn die Bauern plötzlich auf dem freien Weltmarkt mehr Geld für ihre Rohstoffe bekommen als auf dem Fairen Markt. Zu beobachten war das 2007 in Ecuador: Damals verließen etliche Bananenbauern ihre Produzentenorganisation und verkauften ihre Bananen wie früher über den konventionellen Handel. Die Kosten für Düngemittel waren explodiert, was die Produktionskosten der Bauern massiv verteuerte. Hinzu kam, dass ihnen der Weltmarkt für ihre Bananen plötzlich mehr zahlte als der Faire Markt. Ähnliches passierte 2008: Missernten, Fehlplanungen und der Boom von Energiepflanzen hatten weltweit Lebensmittel knapp werden und die Preise dafür steigen lassen. Fairtrade-zertifizierte Kooperativen konnten ihre Rohstoffe zeitweise auf dem Weltmarkt zu einem höheren Preis verkaufen als auf dem Fairen Markt – einige von ihnen sprangen daher ab. Die FLO, der Dachverband aller Fairtrade-Initiativen, steht jetzt vor der Herausforderung, die garantierten Mindestpreise schneller an den Markt anzupassen.

**11** *Ist es sinnvoll, neben Kleinbauern auch Plantagen zu zertifizieren?* Das kommt darauf an. Etwa 70 Prozent der FLO-zertifizierten Produkte stammen von Kleinbauern, der Rest – etwa Blumen oder Orangensaft – von Plantagen. Dass zunehmend Plantagen in den Fairen Handel einsteigen, hat durchaus Vorteile: Sie können größere Mengen als Kleinbauern produzieren. Will der Faire Handel weiter wachsen, kommt er nicht um Plantagen herum. Gerade beim Kaffee oder Reis ist das Angebot an qualitativ guten Rohstoffen in den letzten Monaten eher knapp geworden. Dass Plantagen zertifiziert werden, hat aber auch Nachteile: Plantagen sind in der Praxis schwerer zu kontrollieren. Eigentümer oder Manager der Plantagen versuchen immer wieder, die in einem Joint Body, eine Art Betriebsrat, vertretenen Mitglieder einzuschüchtern. Anders als bei einer demokratisch organisierten Kleinbauerkooperative hat häufig noch immer der Besitzer oder Manager der Plantage das Sagen.

**12** *Hilft der Faire Handel den Kleinbauern oder Plantagenarbeitern, ihre Armut zu überwinden?* Um diese Frage mit einem klaren ja oder nein zu beantworten, fehlen aussagekräftige Studien. Fakt ist aber, dass der Faire Handel dazu beiträgt, die Lage vieler Menschen in armen Ländern zu verbessern. Wenn der Faire Handel – rein monetär bewertet – die Bauern und Arbeiter auch nicht komplett aus der Armut befreit, so ermöglicht er ihnen doch neue Perspektiven. Dank der Einnahmen aus Fairem Handel können sie sich weiterbilden, ihre Felder auf Bioanbau umstellen oder damit Hilfsmittel wie Fahrzeuge, Maschinen oder Werkzeuge, aber auch Gesundheitsposten oder Schulen finanzieren. Und vor allem ermöglicht der Faire Handel ihnen, erstmals selbstbestimmter zu leben und zu arbeiten – und eigene Entscheidungen zu fällen.

## Die Macht der Verbraucher

Von Verzicht hält die neue Generation von Verbrauchern wenig. Im Gegenteil: Sie liebt es zu shoppen, will reisen, gut essen, gut leben. Doch die neuen Verbraucher wollen auch die Welt verändern, und zwar durch den richtigen, den nachhaltigen Konsum. Sie achten auf Qualität, und darunter verstehen sie nicht nur, dass das Steak besser schmeckt oder die Bluse mehr als zehn Waschgänge übersteht. Nein, Qualität bedeutet für sie immer öfter auch, dass ein Produkt unter menschenwürdigen, umwelt- und tierfreundlichen Bedingungen hergestellt worden ist.

»Der Trend geht zum Guten«, verkündete denn auch das Magazin »Wirtschaftswoche« und hat dabei den neuen Verbraucher im Visier. Der trinkt weniger aus altruistischen als vielmehr aus ganz pragmatischen Gründen fair erzeugten Kaffee oder fährt Autos, die weniger Dreck in die Luft schleudern. Denn der bewusste Konsument weiß, dass auch er von einem nachhaltigen Konsum profitiert. Trendforscher haben der neuen Konsumentenschar rasch den Namen LOHAS verpasst. Die Abkürzung steht für »Lifestyle of Health and Sustainability«, also für einen gesunden und nachhaltigen Lebensstil. Glaubt man Marktforschern, zählt bereits jeder vierte Bundesbürger zu dieser Gruppe – und zwar bei weitem nicht nur Gutverdiener. Wie stark diese Gruppe ist, wie einflussreich und auch bewusst sie ihre Macht per Einkaufskorb ausübt, hat in den zurückliegenden Jahren der Bio-Boom gezeigt: Selbst große Supermarktketten, einer ethischen Motivation eher unverdächtig, haben plötzlich auf Druck der Konsumenten hin ihr Sortiment verändert. Haben Bio-Ketten, Hofläden oder Naturkostgeschäfte eifrig kopiert

und ökologisch Erzeugtes in die Regale gestellt – weil sie um diese neue Zielgruppe gar nicht mehr herumkommen. Damit wurde
ein ganz neues Angebot geschaffen, das bei immer mehr Kunden
gut ankommt – und manch herkömmliche Marke verdrängte. Ein
ähnlicher Trend zeichnet sich jetzt bei Fair ab – das zeigen die Umsatzzahlen. Die neue Verbraucher-Generation hat mit ihrem strate-
gischen Konsum den Herstellern eines klar signalisiert: Ihr könnt
mit uns wunderbar ins Geschäft kommen – vorausgesetzt, Ihr produziert umweltfreundlich und fair!

Links:

www.utopia.de: Servicereiches Internetportal für den nachhaltigen
Konsum, www.ethicalconsumer.org: Webseite des gleichnamigen
Magazins mit vielen Tipps, Tests und Anregungen zum Thema,
www.karmakonsum.de: Magazin zum Thema nachhaltiger Konsum von Mode bis Mobilität.

## Nachhaltigkeit und nachhaltige Entwicklung

*Georg Carl von Carlowitz* war ein weitsichtiger Mann: In einem Wald
dürfe man nur so viele Bäume fällen, wie nachwachsen, schrieb der
kursächsische Oberforstmeister schon 1713 in seiner Abhandlung
»Sylvicultura Oeconomica«. Knapp drei Jahrhunderte später sind
seine klugen Worte aktueller denn je: Weil die Weltbevölkerung
weiter wächst und Ressourcen immer knapper werden, ist nachhaltiges Wirtschaften wichtiger denn je. Was darunter zu verstehen ist, hat 1987 die Brundtland-Kommission, die Weltkommission
für Umwelt und Entwicklung, in ihrem Bericht »Our Common Future« so definiert: »Nachhaltige Entwicklung ist eine Entwicklung, die
die Bedürfnisse der Gegenwart befriedigt, ohne zu riskieren, dass
künftige Generationen ihre eigenen Bedürfnisse nicht befriedigen
können«. Auch die Agenda 21, 1992 von 172 Staaten auf der Konfe-
renz für Umwelt und Entwicklung der Vereinten Nationen (UNCED)
in Rio de Janeiro beschlossen, setzt auf dieses Prinzip: Künftiges
Wirtschaften müsse ökonomische, ökologische und soziale Dimen-
sionen berücksichtigen. Dreißig weitere Definitionen des Begriffs
Nachhaltigkeit finden sich im Internet unter www.nachhaltigkeit.
info/artikel/definitionen_897.htm.

# 2-FAIR GEHANDELTES VON A-Z

*Jedesmal, wenn Sie ein Produkt aus Fairem Handel*
*kaufen, helfen Sie nicht nur sieben Millionen Bauern*
*und ihren Familien. Sondern Sie geben auch ein Zei-*
*chen, dass Sie mit dem gegenwärtigen System nicht*
*einverstanden sind.*
Harriet Lamb, Executive Director der britischen
Fairtrade Foundation

## BÄLLE

Rahila Shahzadi fällt es nicht schwer, sich die Welt vorzustellen. Eigentlich benötigt sie dafür nur einen Fußball: rund wie die Erde, zusammengesetzt aus vielen Sechsecken. Auf einem der Fleckchen, die sie, die Näherin, Tag für Tag mit festem Garn zusammenfügt, liegt Deutschland. Dreht sie den Ball ein bisschen, trifft ihr Zeigefinger auf eine andere Wabe. Dort liegt Pakistan, Rahila Shahzadis Heimat, und das Städchen Sialkot, im Nordosten Pakistans. Kaum größer als Dresden oder Hannover ist die Stadt. Nur viel ärmer. Sie ist das Zentrum der Sportartikelindustrie. An der Hauptstraße reiht sich eine Fabrik an die andere. Hier werden per Hand, nicht etwa maschinell wie in China oder Thailand, etwa 40 Millionen Fußbälle produziert – das sind etwa 80 Prozent aller Bälle weltweit. Jeder fünfte Erwerbstätige in Sialkot arbeitet in einer Werkstatt oder einem Hinterhof für einen Zulieferer der ganz Großen. Für Sportartikel-Könige wie Nike oder Adidas. Markenfirmen, die im Ort leichtes Spiel haben: Unter den Zulieferern herrscht ein knallharter Wettbewerb. Die Chinesen produzieren noch billiger. Preise können gedrückt, Arbeiter gegeneinander ausgespielt werden.

Arbeiter wie Rahila Shahzadi. Zehn Stunden sitzt sie an sechs Wochentagen in der Hitze auf einem kleinen Schemel. Drückt mit den Knien einen Holzspanner zusammen. Zieht Fäden durch die einzelnen Waben aus synthetischem Leder. Das erfordert Geschick – und Kraft. Die Nadel dringt nur schwer durch den dicken Kunststoff. Rahila Shahzadi klagt nicht. Sie ist flink, schafft an manchen Tagen vier bis fünf Bälle. Und sie hat Glück, gehört zu den wenigen tausend Nähern in Sialkot, die für sozial engagierte Familienunternehmen arbeiten. Zulieferer wie Talon Sports, die Verträge geschlossen haben mit Fair-Handelsorganisationen. Und so bekommt Rahila Shahzadi für ihren »fairen« Fußball mit 47 Rupien, umgerechnet etwa 70 Cent, fast doppelt so viel wie für andere Bälle. Davon kann sie auf dem bunten, staubigen Markt von Sialkot für sich, den Mann und acht Kinder die doppelte Menge an Reis kaufen. Oder, wenn sie oder einer aus der Familie krank ist, einen Arzt aufsuchen.

> TIPP: Wie ernst **Nike & Co** das Thema soziale Unternehmensverantwortung nehmen, hat die Stiftung Warentest in ihrem Heft 06/2006 anhand von Fußbällen und im Heft 06/2009 anhand von Sportschuhen untersucht (www.test.de).

1996 hatten Medienberichte die großen Markenhersteller ins Abseits befördert. Indem sie – ausgerechnet zur Europameisterschaft in England – Bilder von Kindern sendeten, die für Ballzulieferer schufteten, statt Lesen und Schreiben zu lernen. Der Imageschaden war enorm. Und fair hergestellte Bälle waren eine Alternative. Adidas und Co. haben schnell nachgezogen. Sie arbeiten heute zwar nicht mit Dritte-Welt-Initiativen zusammen. Aber immerhin finden sich auch fair produzierte Bälle in ihrem Sortiment. Puma etwa hat im November 2008 erstmals per Lizenzvertrag mit der deutschen Siegelinitiative TransFair e.V. Bälle mit dem Fairtrade-Siegel verkauft – bislang 5.000.

141.000 Sportbälle mit dem Fairtrade-Siegel wurden 2008 nach FLO-Angaben weltweit verkauft. In erster Linie in Deutschland (17.500 Stück), aber auch in der Schweiz (7.560), in Österreich (4.200), Kanada, Frankreich, Italien, Schweden, Großbritannien und Australien. Zu sagen, dass das Geschäft mit dem Ball, der das schlechte Gewissen beruhigt, boomt, wäre also maßlos übertrieben. Gerade mal fünf Prozent der in Sialkot genähten runden Leder gehen in den Fairen Handel. Ohne WM und andere Großevents ist die Nachfrage gering. Umso mehr hoffen Näherinnen wie Rahila auf die Fußball-WM 2010 in Südafrika.

**Faire Bälle**

**Deutschland:** Es gibt nicht nur Fußbälle mit dem Fairtrade-Siegel, sondern auch fair hergestellte Volley-, Basket- und Rugby-Bälle. Fairtrade-Bälle werden allesamt in der Sialkot-Region hergestellt. Eine Liste der Produzenten findet sich im Internet unter www.flo cert.net. Faire Bälle gibt es in Deutschland im Weltladen, bei Derbystar (www.derbystar.de), Karstadt und im Sportfachgeschäft; bei www.kaisershop.de; im GEPA-Onlineshop (www.gepa.de) sowie bei EL PUENTE (www.el-puente.de) Puma-Bälle gibt es über den Online-Shop von Missio (www.shop.club-der-guten-hoffnung.de) sowie den Puma Online Store zu kaufen. Bälle von Fair Deal Trading (www.fairdealtrading.com; www.ethletic.com; www.fairdealtrad ing.de) werden über das Fair Trade Center Breisgau GmbH (www. fairtradecenter.info) vertrieben. Sie sind Fairtrade- und FSC-zertifiziert!

**Österreich:** Dort bekommt man Fairtrade-gesiegelte Sportbälle in den Weltläden, bei der Eine Welt Handel AG (www.eine-welt-handel.com), der EZA Fairer Handel GmbH (www.eza.cc) und bei der Organisation Jugend eine Welt – Don Bosco Aktion Austria (www. jugendeinewelt.at)

**Schweiz:** Die Bälle sind im Helvetas fair shop (www.helvetas.biz) erhältlich.

# BANANEN

Bananen sind der Deutschen zweitliebstes Obst. 14 Kilo der EU-genormten Sorte Cavendish verzehrt jeder Bundesbürger im Jahr. Bananen sind auch jederzeit verfügbar. Doch kaum ein Konsument macht sich Gedanken darüber, dass es sich bei Bananen um eine exotische Frucht handelt, deren Anbau kompliziert, deren Ernte hart und deren Transport aufwendig und teuer ist. »Solange wir die Frucht als billige Normalität hinnehmen, werden die Bauern keine großen sozialen Fortschritte erzielen«, schreibt der US-Wissenschaftler Dan Koeppel in seinem aktuellen Buch »Banana. The Fate of the Fruit that changed the world«.

71

## Banane in Zahlen

Obwohl Indien der weltweit größte Bananenproduzent ist, gebührt Ecuador der Titel als größter Exporteur. Rund 400.000 Tonnen Bananen verlassen das südamerikanische Land im Schnitt jeden Monat. Davon sind rund 7.200 Tonnen fair gehandelt – also weniger als 2 Prozent. Die drei größten Konzerne im Bananenhandel sind die US-Fruchtunternehmen Dole (Marktanteil 26 Prozent), Chiquita (25 Prozent) und Del Monte (16 Prozent). Chiquita lässt seit 2005 seine gesamte Bananenproduktion von der hinsichtlich der fairen Standards weniger strengen Umweltorganisation Rainforest Alliance (s. S. 98) zertifizieren.

»Musa paradisiaca« lautet der lateinische Name der Banane. Doch die Produktion der gelben Tropenfrucht ist alles andere als paradiesisch. Noch immer herrschen auf Bananenplantagen erschreckende Zustände: Beschäftigte, darunter oftmals auch Kinder, sind laut der Hilfsorganisation Oxfam nach wie vor giftigen Pestiziden ausgesetzt. Nach Angaben von Greenpeace Österreich werden jährlich pro Hektar fünfzig Kilogramm Pestizide in konventionellen Bananenplantagen gespritzt – so viel wie bei keinem anderen Anbau von Lebensmitteln. Eine Studie von Oxfam aus dem Jahr 2008 stellt darüber hinaus fest, dass in Ecuador und Costa Rica auf den Bananenplantagen Pflanzenschutzmittel eingesetzt werden, die in Europa verboten sind – etwa das Unkrautvernichtungsmittel Paraquat, hergestellt vom Schweizer Chemie- und Agrarkonzern Syngenta. Dieses Mittel könne unter anderem Augenschäden und Verätzungen verursachen. Außerdem sind auf konventionellen Bananenplantagen die Löhne sehr niedrig, und Gewerkschaften werden weiterhin mit allen Mitteln bekämpft. Beispiel Guatemala: Nach Angaben der englischen Organisation BananaLink (www.bananalink. org.uk) wurden auch 2008 zahlreiche Gewerkschaftsführer und Aktivisten bedroht, eingeschüchtert und sogar ermordet. Beispiel Ecuador: Einem Bericht der Hilfsorganisation Oxfam Deutschland (www.oxfam.de) zufolge waren 2006/2007 die Arbeiter lediglich auf sieben von 212 ecuadorianischen Bananenplantagen mit mehr als 100 Hektar Anbaufläche gewerkschaftlich organisiert. »Diejenigen, die versuchen, sich zu organisieren, verlieren ihren Arbeitsplatz und werden auf schwarze Listen gesetzt«, heißt es in dem Bericht.

> **TIPP:**         **Reise zu den Fairtrade-Bauern in Ecuador.** Wer wissen möchte, wie Bananenbauern in Ecuador leben und arbeiten, kann über den österreichischen Reiseveranstalter Ruefa oder den Schweizer Veranstalter Kuoni eine interessante Reise buchen. Mit im Reiseprogramm steht der Besuch einer Kooperative, die fair gehandelte und organisch angebaute Bananen produziert. Mehr Infos auf S. 203ff.

Gesünder und menschlicher sind die Arbeitsbedingungen auf Bananenplantagen, die »Fair« und »Bio« produzieren. Das wissen auch die europäischen Verbraucher inzwischen immer öfter zu schätzen. Allerdings sind die Unterschiede von Land zu Land enorm. Während der Marktanteil fairer Bananen in Deutschland bei mickrigen zwei Prozent dümpelt, stammt in England jede vierte und in der Schweiz sogar jede zweite angebotene Banane aus Fairem Handel. Ein Grund für den hohen Nachholbedarf der deutschen Konsumenten ist sicherlich, dass faire Biobananen hierzulande nicht selten doppelt so viel kosten wie konventionell erzeugte Bananen. Liegen die beiden dann auch noch nebeneinander im gleichen Supermarktregal, »will kaum ein Konsument den Mehrpreis zahlen«, sagt Mike Port vom Hamburger Fruchtgroßhändler Port International.

Anders sieht das in europäischen Nachbarländern aus: Zum einen fallen dort die Preisunterschiede zwischen fair, bio und konventionell wegen eines teils geringeren Wettbewerbdrucks im Einzelhandel weniger stark aus. Zum anderen bieten Supermärkte wie Sainsbury's in England ausschließlich fair gehandelte Bananen an oder befinden sich zumindest im Umstellungsprozess dorthin. Doch es gibt auch Rückschläge: So sah sich der Schweizer Lebensmittelkonzern Coop, der komplett auf Fairtrade-Bananen umgestellt hatte, aus Wettbewerbsgründen gezwungen, wieder konventionell produzierte Bananen in sein Sortiment aufzunehmen. Und in Deutschland haben sich große Ketten wie Edeka, REWE oder Kaiser's Tengelmann ganz aus dem Verkauf von Fairtrade-Bananen zurückgezogen – bis auf REWE ohne weitere Begründung. Der Verein TransFair ist überzeugt, dass die Lebensmittelkonzerne dem immensen Preisdruck nachgegeben haben, welche die Discounter angesichts der großen Verfügbarkeit von Billigbananen ausüben.

**Faire Bananen**

**Deutschland:** In Deutschland wurden 2008 rund 12.000 Tonnen fair gehandelte Bananen verkauft. Das bedeutete nach Angaben von TransFair im Vergleich zum Vorjahr einen Rückgang um 11 Prozent. Erfreulich: 96 Prozent der fair gehandelten Bananen sind inzwischen bio-zertifiziert. Die Non-Profit-Organisation Banafair (www.banafair.de) vertreibt fair gehandelte Biobananen aus Ecuador und zahlt den Bauern nach eigenen Angaben höhere Preise als die Fairtrade-Mindestpreise. Alle Bananen sind von Naturland zertifiziert.

Unter dem Namen »Fairnando« vertreibt der Hamburger Frucht-Großhändler Port International (www.port-international.com) Fairtrade-zertifizierte Bananen unter anderem bei Lidl. Fairtrade-zertifizierte Bananen sind auch bundesweit bei Karstadt, Globus St. Wendeln, Lidl und Penny sowie bei Aldi Süd erhältlich. Regional bekommt man fair gehandelte Bananen auch in Naturkostläden und Reformhäusern.

**Österreich:** Der Markt für fair gehandelte Bananen, die auch hundert Prozent »bio« sind, boomt. 2008 wurden rund 10.600 Tonnen abgesetzt, ein Plus von 51 Prozent im Vergleich zum Vorjahr. Eine Liste von Geschäften mit fair gehandelten Bananen findet sich unter www.fairtrade.at / Produkte/Shops / Frische Früchte.

**Schweiz:** Dass inzwischen rund die Hälfte aller Bananen in der Schweiz aus Fairem Handel stammen, ist nicht zuletzt dem unermüdlichen Einsatz der »Bananenfrauen« zu verdanken. Die Frauengruppe zog in den siebziger Jahren mit Leiterwagen durch die Straßen und verkaufte Bananen zu gerechteren Preisen. Dank der Initiative bieten die großen Schweizer Supermarktketten Migros und Coop heutzutage fair gehandelte Bananen an. Darüber hinaus sind Fairtrade-Bananen bei Claro, Freshbox, Jelmoli, Manor, Spar und Volg erhältlich. 2008 wurden 28.019 Tonnen fair gehandelte Bananen in der Schweiz verkauft, mehr als doppelt so viele wie in Deutschland. Ihr Bioanteil beträgt 41 Prozent.

## BLUMEN

Von Montag bis Samstag schneidet Aida Patiño mit einem scharfen Messer Nelken. Rote, gelbe, weiße, violette, orangen- oder cremefarbene – rund 350 Stück pro Stunde. Sie arbeitet zügig; überall auf der kolumbianischen Blumenfarm Colibri Flowers herrscht hektische Betriebsamkeit. Hände in schwarzen Gummihandschuhen klassifizieren die Nelken, die in weißen Baumwollhandschuhen übernehmen die Qualitätskontrolle und in gelbe Arbeitshandschuhe gehüllte Hände verpacken die Blumen für den Export. Es muss schnell gehen. Schnittblumen verderben rasch.

Die meisten Schnittblumen landen in Deutschland, dem mit Abstand wichtigsten Blumen-Abnehmerland der Welt. Rund 3,4 Milliarden Euro geben die Bundesbürger nach Angaben des Blumen-Groß- und Importhandelsverbands (BGI) jährlich für Rosen, Nelken und Co. aus. Auf Produzenten- und Händlerseite wird der Markt von den Niederlanden dominiert. Seit den achtziger und neunziger Jahren erzeugen verstärkt auch Entwicklungsländer Schnittblumen. Zu den wichtigsten Exportnationen unter ihnen zählen

| Wer verdient an einer Rose aus Kenia? | |
|---|---|
| Lohnkosten: | 1,0 % |
| Pestizide/Dünger: | 1,5 % |
| Jungpflanzen: | 2,0 % |
| Verdienst Produzent: | 3,5 % |
| Abschreibung: | 3,0 % |
| Verpackung: | 1,5 % |
| Transport zum Airport: | 2,0 % |
| Flugkosten: | 7,0 % |
| Kommission: | 3,5 % |
| **Importpreis gesamt:** | **25,0 %** |
| Kosten Importeur: | 6,0 % |
| Transport zum Großhändler | 3,0 % |
| Kosten Großhändler | 16,0 % |
| Aufschlag Einzelhandel: | 50,0 % |
| **Verkaufspreis:** | **100,0 %** |

*Quelle: www.vamos-muenster.de*

Kolumbien, Kenia, Ecuador, Simbabwe und Tansania. Inzwischen drängen weitere Länder wie China oder Indien in den lukrativen Markt.

Obwohl der arbeitsintensive Anbau von Schnittblumen in den vergangenen Jahrzehnten Zehntausende von Arbeitsplätzen in Entwicklungsländern geschaffen hat, sind die Arbeitsbedingungen auf den Plantagen alles andere als fair. Die Löhne liegen meist nur auf dem Niveau des Mindestlohns oder sogar darunter. In der Regel verdient eine Blumenarbeiterin in Kenia am Tag weniger, als eine Rose bei uns im Laden kostet. Zudem liegen die Wochenarbeitsstunden mit bis zu 52 Stunden auf den Blumenplantagen sehr hoch. Um die Zahlung vorgeschriebener Sozialleistungen zu umgehen, bekommen Arbeiter von den Plantagenbesitzern oftmals nur Kurzzeitverträge. Oder sie werden über externe Agenturen angestellt.

Eine Studie der Gesellschaft für Technische Zusammenarbeit (GTZ) aus dem Jahr 2004 macht überdies auf die gesundheitlichen Gefahren aufmerksam, denen Arbeiter auf den Blumenfeldern durch den hohen Einsatz von Pflanzenschutzmitteln ausgesetzt sind. 2007 wurden in Kolumbien jährlich durchschnittlich 97 Kilogramm Pestizide pro Hektar eingesetzt. Der Direktor von Flor Verde, dem kolumbianischen Öko-Gütesiegel des Unternehmerverbands ASOCOLFLORES, räumte ein, dass »immer noch 36 Prozent der von Flor Verde-Betrieben verwendeten chemischen Substanzen von der Weltgesundheitsorganisation (WHO) als äußerst giftig oder hochgiftig eingestuft werden«. Da es oft an ausreichender Schutzkleidung fehlt, sind Allergien, Hautkrankheiten und Erkrankungen der Atemwege unter den Arbeitern weit verbreitet. Besonders hoch ist die Fehlgeburtenrate laut der GTZ-Studie auf Blumenfarmen.

### Faire Schnittblumen

1998 entstand in Zusammenarbeit von der Blumenkampagne, entwicklungspolitischen Organisationen und dem internationalen Gewerkschaftsverband (IUF) der Internationale Verhaltenskodex für die sozial- und umweltverträgliche Schnittblumenproduktion (ICC). Ein Jahr später führten der Blumen-Groß- und Importhandelsverband (BGI), der Fachverband der Floristen Deutschlands (FDF), die Industriegewerkschaft Bauen-Agrar-Umwelt (IG BAU) und die »Blumenkampagne« auf Basis des ICC-Verhaltenskodex das gemeinsame Siegel Flower Label Programm (FLP, www.fairflowers. de) ein. Inzwischen haben sich nach Angaben von FLP 61 Blumenzuchtanla-

## Klimabilanz in der Blumenproduktion

Schnittblumen halten nicht lange. Sie müssen innerhalb weniger Tage zum Verbraucher gelangen. Dabei ist der Transport per Flugzeug für Blumen aus Entwicklungsländern unumgänglich. Aber erzeugen Schnittblumen aus Ecuador oder Kenia mehr $CO_2$-Emissionen als Blumen aus Holland? Eine Studie der britischen Cranfield University 2007 kommt zu dem umgekehrten Schluss, dass in den Niederlanden produzierte Rosen mehr $CO_2$ produzieren als Rosen aus Kenia. Im Jahresbericht 2008 der Siegelorganisation TransFair heißt es:»Trotz der Luftfracht ist die Klimabilanz der Fairtrade-Rosen gegenüber Rosen aus europäischen, beheizten und beleuchteten Gewächshäusern positiv«. Die Hauptgründe sind der hohe Energiebedarf der holländischen Gewächshäuser und die höheren Erträge der kenianischen Plantagen.

gen in Ecuador, Kenia und Portugal mit rund 15.000 Arbeitern dem Program angeschlossen.

Seit 2006 sind auch Rosen mit dem Fairtrade-Gütesiegel erhältlich. Deutschlandweit wurden 2008 rund 47 Millionen Fairtrade-zertifizierte Rosen verkauft. Die rund 20.000 Rosen des Wiener Opernballs 2009 stammten von einer FLP-zertifizierten Blumenfarm in Ecuador. Und beim 87. Wiener Blumenball wurden ausschließlich Pflanzen mit dem »Fair Flowers Fair Plants«-Siegel verwendet.

Das seit 2006 auf dem deutschen Markt existierende Konsumenten-Siegel »Fair Flowers Fair Plants« (FFP, www.fairflowersfairplants.com) basiert auf den Kriterien des holländischen Zertifizierungssystems »Milieu Programma Sierteelt« (MPS-SQ). Das FFP-Siegel unterscheidet sich vom FLP-Siegel durch niedrigere Sozial- und Umweltstandards. So werden unter MPS-SQ beispielsweise die Inspektionsberichte nicht an die Arbeitervertretungen weiter gereicht. Auch verbietet das System nur rund ein Fünftel der giftigsten Pestizide. Auf der Webseite von FIAN (www.fian.de) findet sich ein Vergleich beider Siegel.
**fair flowers fair plants**

**Faire Blumen**

**Deutschland:** Neben fair gehandelten Rosen werden auch faire Nelken, Lilien, Hortensien, Ornithogalum, Sonnenblumen, Gladiolen, Eucalypthus, Calla, Limonium (Statize) und verschiedene Sorten Schnittgrün angeboten. Schnittblumen aus ausländischer Bioproduktion gibt es bislang noch nicht. Im Jahr 2008 wurden bundesweit rund 47 Millionen Rosen mit dem Fairtrade-Siegel verkauft – ein sattes Plus von 138 Prozent gegenüber dem Vorjahr. Erhältlich sind Fairtrade-Schnittblumen – überwiegend Rosen – bundesweit bei REWE, Penny, toom-Märkten und regional bei der Kaiser's Tengelmann AG in Bayern, der Edeka Südwest in Baden-Württemberg, der Edeka Bayern, tegut (Hessen) und in den Blumenfachgeschäften von Blumen Risse (zumeist NRW) und Blume 2000 (Norddeutschland & Berlin). Auf der Webseite des Flower Label Program FLP, www.fairflowers.de, sowie auf der Webseite www.transfair.org/news-service/blumen-finder.html findet sich zudem eine Suchmaschine aller deutschen Floristen, die fair gehandelte Blumen anbieten.

**Österreich:** Der Absatz von Rosen mit dem Fairtrade-Siegel ging 2008 um 24 Prozent auf 5,6 Millionen Blumen zurück. Zunehmendes Interesse an fairen Blumen zeigten hingegen Großverbraucher. Floristen, die fair gehandelte Blumen anbieten, findet man ebenfalls über die Suchmaschine des FLP (www.fairflowers.de) oder über folgende Liste: http://www.fian.at/3/333_handler.html. Seit März 2009 vertreibt der Florist Weibel (www.waibel.co.at) Fairtrade-gesiegelte Rosen aus Lateinamerika und Ostafrika.

**Schweiz:** Dort hat sich der Marktanteil fair gehandelter Blumen zwischen 2001 und 2004 auf 89 Millionen Stück vervierfacht, ist inzwischen aber leicht rückläufig und erreichte 2008 nach Angaben von Max Havelaar Schweiz etwa 88 Millionen Stück. Die Handelsketten Migros und Coop bieten Blumen mit dem Fairtrade-Siegel an. Eine Liste von Anbietern und Online-Shops findet sich unter www.maxhavelaar.ch / Produkte / Blumen / Bezugsquellen.

# ELEKTRONIK

Modern und kultig – das sind nur zwei Attribute, die man gerne mit dem neuesten internettauglichen Handy oder dem Computer mit der tausend Gigabyte-Festplatte verbindet. Dasselbe Image pflegt die IT-Branche – sie präsentiert sich gerne sauber und innovativ. Doch das Hochglanzimage hat Kratzer bekommen und passt so gar nicht in das Bild, das sich Vertreter von Menschenrechtsorganisationen in Fabrikhallen des chinesischen Pearl River Delta oder der Provinz Guangdong machen konnten: Dort bauen Arbeiter – meist junge Frauen – nach Angaben der Berliner Menschenrechtsorganisation Weed (www.weed-online.org) für Dumpinglöhne 15 Stunden lang iPods oder MP3-Player für die großen Hersteller von Unterhaltungselektronik sowie Leiterplatten für Computerkonzerne wie etwa den Weltmarktführer Hewlett-Packard, für Dell oder Lenovo zusammen.

Einige dieser eklatanten Arbeitsrechtsverletzungen, die selbst gegen chinesisches Recht verstoßen, das eine 40-Stunden-Woche vorsieht, haben Weed und die Wiener Südwind Agentur (www.suedwind-agentur.at), eine entwicklungspolitische Nichtregierungsorganisation, im Dezember 2008 mit der Studie »The dark side of Cyberspace« ans Licht gebracht: So bekommen die Angestellten der Firma Excelsior Electronics in Dongguan, ein wichtiger Zulieferer für Fujitsu Siemens, Apple, Sony, Intel und AMD, keine 100 Euro im Monat für bis zu 380 Stunden Arbeit. Begehen die nach langen Schichten erschöpften Arbeiter einen Fehler, wird ihnen der ohnehin karge Lohn gekürzt. »Wir fühlen uns wie in einem Gefängnis«, klagte eine junge Frau gegenüber Weed. Auch herrsche ein autoritäres Regime: Gespräche während der Arbeitszeit sind verboten, und wer zur Toilette muss, hat um Erlaubnis zu fragen. Die Fabrik verlassen die meisten selbst nachts nicht: 14 Erwachsene teilen sich einen kleinen Schlafraum mit sieben Doppelstockbetten. Auch Verätzungen der Haut und Lunge sind an der Tagesordnung, weil Arbeiter ohne Schutzkleidung mit giftigen, oft undeklarierten Stoffen hantieren oder Leiterplatten mit übel riechenden Chemikalien reinigen müssen – und die Abluftanlagen immer wieder versagen. Missstände wie diese passen keineswegs mit der Selbstdarstellung der größten Markenhersteller von Handys oder PCs zusammen: In ihren Verhaltenskodizes haben die Konzerne solchen Zuständen, wie sie Weed seit Jahren vorfindet, angeblich abgeschworen. Das belegt erneut, was die unabhängige Ratingagentur Oekom Research aus München bereits anlässlich der Cebit 2008 kritisiert hatte: Soziale Mindeststandards, die Markenfirmen formuliert haben, existieren in den meisten Fällen nur auf dem Papier.

### Die Kehrseite von »Geiz ist geil«

Die Missstände nehmen durch den wachsenden Preisdruck und die Kampfpreisangebote von Media Markt, Saturn, Lidl, Aldi & Co. noch zu: Immer mehr Menschen wollen ständig erreichbar sein oder im World Wide Web surfen, kaufen Handys und Rechner – und zwar in immer kürzeren Abständen und zu einem immer günstigeren Preis. Allein in Deutschland sind nach Angaben des Hightech-Verbands Bitkom rund 27 Millionen Handys in Betrieb, stehen Computer in fast jeder Wohnung und jedem Büro. Entsprechend hoch sind die Wachstumsraten der IT-Branche: 2008 verkaufte sie bundesweit mit rund zwölf Millionen PCs 15 Prozent mehr als im Vorjahr – und kam trotz eines Preisverfalls bei Computern von bis zu 25 Prozent auf einen Umsatz von 6,7 Milliarden Euro. Weltweit soll 2009 der zweimilliardenste Computer verkauft werden. Kein Wunder – gelten doch angesichts der rasenden Entwicklung im IT-Bereich schon das Handy nach zwei, die Digitalkamera nach drei und der PC nach vier Jahren als heillos veraltet.

Hergestellt werden die Geräte kaum noch in Europa und den USA. Vielmehr haben die großen Markenhersteller die Produktion fast vollständig in Billiglohnländer ausgelagert: Dort lassen sie von taiwanesischen Firmen wie etwa Compeq Manufacturing, die wiederum in China produzieren, die aus aller Welt stammenden Teile zu einem Handy oder Notebook zusammenschrauben. Unter welchen Arbeitsbedingungen das geschieht, weiß kaum ein Verbraucher hierzulande. Nicht einmal Konsumenten, die beim Kauf eines Kühlschranks auf Energiesparzeichen achten oder fairen Kaffee einkaufen, machen sich viel Gedanken um Umwelt- und Sozialschäden, die ein Laptop verursacht.

Dabei wäre ein fair erzeugtes Gerät für den Endverbraucher in Europa kaum teurer, hat das Ökoinstitut Freiburg errechnet. Der Anteil der Arbeitskosten in Fernost an den gesamten Herstellungskosten ist so gering, dass es trotz des höheren Kontrollaufwands »nicht sehr viel mehr kosten würde, ein faires Produkt anzubieten«, sagt auch Cornelia Heydenreich. Sie setzt sich bei Germanwatch (www.germanwatch.org), einer für Nord-Süd-

Gerechtigkeit kämpfenden NGO, für die Einführung von »fairen« Handys und Laptops ein. Laut einer Umfrage ihrer Organisation wäre jeder zweite Verbraucher durchaus bereit, zehn Prozent mehr zu zahlen, wenn ihm garantiert würde, dass das Gerät unter sozialen und ökologischen Bedingungen hergestellt worden ist. Diese Alternative haben Verbraucher bislang jedoch nicht. Das faire Handy oder den fairen Computer gibt es noch nicht. Bislang berücksichtige keine IT-Markenfirma sozialverträgliche Standards in der Produktion, kritisiert der Bundesverband der Verbraucherzentralen in Berlin. Ein Label für faire Elektronik wird es auch so bald nicht geben, ist Florian Butollo von Weed überzeugt: »Sozial saubere Platinen oder Chips – davon sind wir noch ein ganzes Stück weit weg.« Für eine glaubhafte Zertifizierung, die eine faire Herstellung bescheinigt, ist der Produktionsprozess einfach zu unübersichtlich: Selbst ein Laptop besteht aus hunderten Einzelteilen, die ebenso viele Zulieferer produzieren.

## Blutiger Rohstoff Coltan

Ohne Coltan, aus dem das hitze- und säurebeständige Edelmetall Tantal für Mikroprozessoren gewonnen wird, würde kein Handy, kein Computer, kein Musicplayer, keine Spielkonsole funktionieren. Doch das seltene Erz Coltan wird bis heute vornehmlich aus der zentralafrikanischen Demokratischen Republik Kongo gefördert – und mit dem Verkauf des begehrten Rohstoffes finanzieren die Kriegsparteien – Rebellen, Milizen und Armee – seit Jahren ihren blutigen Bürgerkrieg im Osten des Landes. End-Nutzer sind in erster Linie Unternehmen aus Westeuropa, Asien oder den USA – wenngleich die meisten Konzerne negieren, Coltan aus dem Kriegsgebiet zu beziehen. Das Geld für Waffenkäufe geht den Kriegstreibenden nicht aus, obgleich heute als Folge der Proteste verschiedener Menschenrechtsgruppen auch Australien Coltan liefert. Doch das Geschäft mit dem schwarzen Sand bleibt ein lukratives – immerhin steigt die Nachfrage nach Handys und PCs weltweit.

Dennoch können sich Verbraucher heute schon für bessere Arbeitsbedingungen in Niedriglohnländern einsetzen. Indem sie etwa den »Hersteller unter Druck setzen, endlich tätig zu werden«, sagt Volkmar Lübke von der

Verbraucher Initiative, die die Kampagne »makeitfair« in Deutschland mitträgt. Per Mausklick können Besucher der Webseite www.makeitfair.org/take-action/email-action-2 Protest-E-Mails an IT-Unternehmen schicken und sie auffordern, für faire Löhne und Arbeitsschutz im Job zu sorgen. Oder Konsumenten – und die Organisation Weed hat hier vor allem Großabnehmer von Computern oder Telefonsystemen wie staatliche Einrichtungen, Kirchen oder Firmen im Auge – können von den Herstellern Transparenz fordern, immer wieder nachhaken, unter welchen Bedingungen sie produzieren lassen. Kommt keine zufriedenstellende Antwort, wird nicht gekauft – oder diejenige Firma belohnt, die soziale Belange stärker berücksichtigt. »Wenn Verbraucher ökonomischen Druck ausüben«, ist Florian Butollo von Weed überzeugt, »dreht sich jede Branche.« In wenigen Jahren, sagt er, werden Konsumenten mehr Klarheit darüber haben, welcher Anbieter relevante Schritte zur Besserung eingeleitet hat – und welcher nicht.

Dass Konsumenten durch ihr Kaufverhalten und ihre Forderungen Unternehmenspolitik durchaus beeinflussen können, hat die Diskussion um die von der Elektronikbranche verursachten Umweltschäden gezeigt: Green IT, also umweltverträgliche Informationstechnologie wie stromsparende Rechner oder Solarladegeräte für Handys, waren 2009 auf der weltweit größten Computermesse Cebit das Schwerpunktthema. Und auch die Vorwürfe, wie jene aus der Weed-Studie, haben erreicht, dass die IT-Branche die Arbeitsbedingungen auf die Tagesordnung setzen muss: Hewlett-Packard beispielsweise will sich künftig von seinen Rohstoff-Zulieferern die Einhaltung von Mindeststandards bescheinigen lassen.

 **Faire Elektronik**

**Deutschland, Österreich** und **Schweiz:** Mitte 2009 waren fair gehandelte Computer, Laptops oder Handys in keinem der drei Länder erhältlich.

# FISCH

Gesund und lecker – Fisch wird gerne als gute Alternative zum Schweinesteak oder Brathähnchen empfohlen. Dem Verbraucher schmeckt's: Fast 17 Kilo verspeist jeder Bundesbürger jährlich, 20 Prozent mehr als noch vor zehn Jahren. Die Kehrseite des weltweit zunehmenden Fischkonsums sind leer gefischte Weltmeere. Nach Angaben der UN-Welternährungsorganisation, der Food and Agriculture Organization (FAO), sind 77 Prozent der Meere nahezu leergefischt. Konkret schätzt die FAO, dass von den weltweit kommerziell genutzten Fischbeständen 52 Prozent bis an ihre Grenze genutzt, 18 Prozent überfischt und 7 Prozent bereits erschöpft sind. Die Folgen: Ausbleibender Fischnachwuchs und tote Meere. Kleinfischer, die nichts mehr zu fangen und damit nichts mehr zu verkaufen haben. Und wachsender Hunger in vielen Ländern des Südens. Für etwa ein Sechstel der Menschheit ist Fisch häufig die einzige Proteinquelle. Und Fischfang die einzige Einkommensquelle.

Fischfang wird heute größtenteils industriell und oftmals auch illegal betrieben: Riesige Fischkutter ziehen ihre Schleppnetze über den Meeresboden und nehmen alles mit, was ihren Weg kreuzt. Etwa hundert Millionen Tonnen Wildfisch werden weltweit jährlich aus den Meeren geholt. Fast die Hälfte davon landet nach einer Studie der Umweltstiftung World Wide Fund for Nature (WWF; www.wwf.de) unerwünscht in den Fischernetzen – darunter Wale, Delfine, Haie, Schildkröten, Seevögel und vor allem Jungfische. Beifang nennen das die Seemänner. Dieser Beifang oder Wegwerf-Fisch wird meist noch auf See als toter oder sterbender Müll zurück ins Meer gekippt. Nur ein geringer Teil davon wird zu Fischmehl verarbeitet oder in armen Ländern auf Märkten angeboten. »Wer Scholle, Seezunge oder Krabben isst, muss sich klar sein, dass in den Netzen ein Vielfaches an anderen Meerestieren verendet und weggeschmissen wird«, sagt WWF-Expertin Heike Vesper. Allein in der Nordsee landeten etwa jährlich eine Million Tonnen Fisch und andere Meerestiere als Beifang – ein Drittel des Fangs. Pro Kilo Seezunge auf dem Teller gingen bis zu sechs Kilogramm Babyschollen wieder als Abfall über Bord, so Vesper.

Weil die Ozeane nicht mehr genug hergeben, boomt die Aquakultur – eine Art Massentierhaltung unter Wasser. Diese Fischfarmen finden sich vor allem in Fernost und Südamerika, aber auch in Norwegen. Von dort werden Garnelen oder Süßwasserfische wie Pangasius und Tilapia, aber auch Lachs nach Deutschland importiert. Viele Ernährungsexperten sehen Aquakulturen als die einzige Möglichkeit, die Menschen weltweit zu ernähren: Im Jahr 2050 werde es deswegen 80 Millionen Tonnen Aquakultur-Fisch pro Jahr brauchen, hat die FAO berechnet. Bereits heute stammt weltweit jeder zweite Frisch- oder Tiefkühlfisch aus einem Zuchtbetrieb.

Doch selbst die Aquakultur ist für die Umwelt nicht unproblematisch: Für Lachs aus Chile würden ganze Küstenstriche zerstört, für Shrimps-Zuchtanlagen großflächig Mangrovenwälder abgeholzt, kritisiert der WWF. Verbraucherschützer äußern zudem Bedenken wegen der mästenden Antibiotika- und Hormon-Behandlung beim herkömmlichen Zuchtfisch – nicht umsonst waren Garnelen aus Vietnam lange als »schwimmende Antibiotika-Packungen« verrufen. Ein weiterer Kritikpunkt: Konventioneller Zuchtfisch wird mit Fischmehl und aus Beifang gefüttert. Um ein Kilo Aquakulturfisch zu züchten, werden drei Kilo Fischfutter verfüttert – oftmals aus Tieren, die nicht nachhaltig gefangen wurden. Bei der Thunfischmast sind es sogar bis zu 22 Kilo. Das wiederum trägt zur Überfischung der Meere bei – ein Teufelskreis.

**Fair-fish soll bald auf den Tisch**

Überfischung und Nahrungsknappheit sind für Verbraucher zunehmend wichtige Themen. Entsprechend reagiert die Lebensmittelbranche: Der Konzern Edeka etwa, nach Angaben des WWF Deutschlands größter Fischhändler, will bis Ende 2011 nur noch Fisch aus nachhaltiger Fischerei anbieten – das heißt Fisch aus einer Fischerei, bei der nur so viel gefangen wird, wie nachwachsen kann. Dass das Fischsortiment deutscher Handelsketten derzeit jedoch nicht immer nachhaltig ist, zeigt das Supermarktranking von Greenpeace: Die Umweltschutzorganisation hat diesbezüglich im Dezember 2008 elf Supermarktketten getestet. Das Ergebnis: Bei Norma und Kaufland finden Kunden ein gutes Angebot an nachhaltig erzeugtem Fisch. Auch REWE, Metro und Lidl befinden sich laut Greenpeace »auf dem richtigen Weg«. Aldi Nord, Edeka, Bünting (Famila, Combi, Markant), Kaiser's Tengelmann und Netto bildeten die Schlusslichter.

Derzeit können sich Verbraucher, die nachhaltig konsumieren wollen, nur am blauen MSC-Siegel des Marine Stewardship Council orientieren. Fisch aus fairem Handel finden sie in noch keinem Laden. Dabei ist die

Situation der Menschen in den Fanggebieten vor allem in Entwicklungsländern verheerend. »Wenn die Meere abgefischt sind, haben die Kleinfischer nichts mehr zu fangen und Milliarden von Menschen nichts mehr zum Essen«, mahnt Heinzpeter Studer vom Schweizer Verein fair-fish (www.fairfish.ch). Erst, sagt er, habe der Norden seine eigenen Gewässer leer gefischt. »Und nun nehmen wir auch noch den Menschen im armen Süden das Essen weg.«

Studer hat mit seinem Verein fair-fish bis vor etwa zwei Jahren in kleinem Rahmen fair gehandelten Fisch aus dem Senegal für den Schweizer Markt importiert, unter anderem für einzelne Restaurants und Händler. Im Senegal, sagt Studer, gebe es weder Schonzeiten noch Fangquoten. Das trifft im Grunde auf alle afrikanischen Küstengewässer zu. Allein im Senegal haben sich die Einkommen der Fischer nach Angaben des Evangelischen Entwicklungsdienstes (EED) in den zurückliegenden acht Jahren glatt halbiert. Damit sind auch viele Frauen, die früher den Fisch weiterverarbeitet haben, noch tiefer in die Armutsfalle gerutscht. Besser ging es den Partnern von fair-fish: Der Verein konnte den Fischern faire Preise und eine Fairhandelsprämie von zehn Prozent des Preises zahlen – sowie auf Nachfrage einen Vorschuss.

> TIPP: Auf dem **Online-Beifangrechner** des WWF (www.wwf.de) des WWF können Verbraucher sich anzeigen lassen, wie viel Beifang durchschnittlich für eine bestimmte Menge Fisch aus dem Meer gezogen wird.

Das Projekt endete, weil die Liefermenge von fair-fish aus dem Projekt im Senegal zu klein war. Befürchten sie Lieferengpässe, steigen die großen Händler erst gar nicht ein. Die Max Havelaar Stiftung Schweiz und der EED in Deutschland halten dennoch weiterhin engen Kontakt zu Studer: Fair-fish hat viel praktisches Know-how im Bereich Fischfang und Fischverarbeitung. Das könnte auch die Siegelorganisation Fairtrade Labelling Organizations International (FLO) nutzen: Der Dachverband prüft derzeit die Möglichkeit, Standards für den Fischfang zu entwickeln, um eines Tages Fisch und Meeresfrüchte mit dem Fairtrade-Siegel anbieten zu können. In einem ersten Schritt will FLO Kriterien für faire Aquakulturen entwickeln, in einem zweiten Schritt auch für Wildgewässer. Auch Studer von fair-fish hält an seinem Projekt fest: Bis Jahresende 2009 will er fair gehandelten Fisch mit dem fair-fish-Siegel auf dem deutschen Markt anbieten. Diese Ware sei, schätzt er, dann etwa 30 bis 40 Prozent teurer als konventionell gehandelter Fisch.

Allerdings ist die Zertifizierung von Fisch extrem schwierig. Bei der Kleinfischerei handelt es sich um einen informellen Sektor. Viele Fischer in Westafrika sind ehemalige Bauern, die vor der Dürre im Landesinneren an die Küsten geflohen sind und sich nun dort auf den Booten verdingen. Was beim Kaffee oder Bananen gut funktioniert, scheitert beim Fisch: »Kooperativen sind zwar sinnvoll«, sagt Studer. »Aber sie passen nicht mit der Realität der Fischer zusammen.« Und er sagt weiter: Die Genossenschaftsidee »hat in Westafrika keine rühmliche Geschichte.« Nach der Unabhängigkeit des Landes seien Fischer gegen ihren Willen in Kooperativen gepresst worden – »für viele Fischer, die eher in Familien organisiert sind, war das eine schlechte Erfahrung«.

Hinzu kommt, dass die Einfuhr einer leicht verderblichen Ware wie Fisch in die EU sehr streng reglementiert ist: Die Kühlkette nachzuweisen, wird den Kleinfischern schwer fallen – »hier müssen sie erst noch viel in Technik investieren«, fürchtet Francisco Marí vom EED (www.eed.de/fischerei). Dennoch ist er optimistisch, dass die Kunden in ein, zwei Jahren Fisch mit dem Fairtrade-Siegel an der Fischtheke kaufen können – wie er hofft »jedoch nur Edelfisch wie Tintenfisch, Krabben, Hummer, der nicht zur Alltagsnahrung der Menschen in den Entwicklungsländern gehört«. Das, sagt Marí, sei auch für die Fischer absolut notwendig. »Wenn sie Teile ihres Fangs exportieren, dann sollen sie das zu Bedingungen, unter denen sie auch überleben oder sich Alternativen zur Fischerei aufbauen können«, sagt der Experte vom EED. Fair-fish, fügt Marí hinzu, »zeigt, wie es gehen könnte.«

 **Welcher Fisch sollte im Einkaufskorb landen?**

Kunden können durchaus zum Schutz der Fischbestände beitragen, indem sie im Laden immer wieder nach Fisch fragen, der nachhaltig gefangen worden ist. Unsere Tipps:
- Wer Fische mit möglichst wenig Beifang kaufen will, sollte im Supermarkt auf das blaue MSC-Siegel des Marine Stewardship

Council (www.msc.org/de) achten. Es steht für eine nachhaltige und umweltfreundliche Fischerei. Es wird nur so viel Fisch gefangen, wie nachwachsen kann. Zehn Prozent des hierzulande verkauften Fisches sind bereits mit dem Siegel ausgezeichnet – auch Fischstäbchen. Derzeit führen in Deutschland nach Angaben der Verbraucher Initiative e.V. (www.oeko-fair.de) fünf Firmen Fischprodukte mit dem MSC-Siegel: Iglo, Frosta, Friedrichs, Mare und Metro. Das Council wurde 1997 von WWF und dem Lebensmittelkonzern Unilever als Reaktion auf die weltweite Fischereikrise ins Leben gerufen.

- Als Orientierung dient dem Verbraucher außerdem das internationale, in Deutschland, Schweiz und Österreich aber weniger bekannte Siegel der Organisation Friend of the Sea (www.friendofthesea.org). Entwickelt hat es die US-Umweltschutzorganisation Earth Island Institute (www.earthisland.org).

- In einem »WWF-Einkaufsratgeber Fisch & Meeresfrüchte« bewertet die Umweltschutzorganisation 35 Wildfischarten aus über 70 Beständen sowie zehn Aquakulturenarten nach einem Ampelsystem. Der Ratgeber kann im Internet unter www.wwf.de/fisch heruntergeladen werden. Einen ähnlichen Einkaufsratgeber hat Greenpeace veröffentlicht; herunterzuladen im Internet unter www.greenpeace.de.

- Umweltbewusste Verbraucher sollten an der Fischtheke tropische Shrimps, Seezungen, Schollen oder Rotbarsch meiden. Auch Schwertfisch, atlantischer Lachs und Hai stehen auf der roten Liste des WWF. Denn beim Fischen dieser Arten gehen besonders große Beifangmengen ins Netz.

- Als gute Wahl beim Fischkauf gelten Seelachs, Hering, Forelle oder Zander. Eine gute Beifang-Bilanz haben Hering, Seelachs und Makrele.

- Auch Fisch aus Bio-Zucht ist eine gute Alternative für Verbraucher. Bio-Fisch stammt aus zertifizierten Aquakulturen. Die EU-Bio-Verordnung umfasst das Thema Bio-Fisch zwar noch nicht. Doch dürfen die Betriebe bei der Aufzucht von Fisch oder Meeresfrüchten nur Futtermittel ohne chemische und synthetische Zusatzstoffe einsetzen. Hormon- oder Medikamentenzusätze sind verboten.

# GOLD & EDELSTEINE

Gold ist beliebter denn je – sei es als Wertanlage, Zahnfüllung oder Hochzeitsring. Von Krise keine Spur: Der Preis der Feinunze Gold (31,1 Gramm) ist seit dem Jahr 2000 um das Dreifache gestiegen. Und der größte Goldproduzent der Welt, die kanadische Firma Barrick Gold, machte 2008 einen Nettogewinn von 1,28 Milliarden Euro. Doch das glänzende Edelmetall hat eine Kehrseite: Bauern werden für neue Goldminen von ihrem Land vertrieben, Schürfer in Minen der Dritten Welt ausgebeutet und die Natur wird durch Quecksilber und Zyanid zerstört. Durch Goldbergbau entstehen jährlich Hunderte Millionen Tonnen giftiger Sondermüll. Und weil viel Wasser notwendig ist, um Gold aus dem Gestein herauszulösen, wird Bauern, die in der Umgebung von Goldminen Äcker betreiben, buchstäblich das Wasser abgegraben.

Auch Edelsteine werden selten sozial verträglich gefördert. 2007 machte die Menschenrechtsorganisation Human Rights Watch (www.hrw.org) auf den Rubin- und Jadehandel des Militärregimes in Burma aufmerksam. Nach Angaben der Organisation kontrolliert die Junta den Großteil des Edelsteinhandels und beschafft sich auf diese Art Geld für Waffen und ihren Unterdrückungsapparat. In einigen Ländern Afrikas wie in Angola und Sierra Leone finanzierten Warlords außerdem brutale, blutige Bürgerkriege mit illegal gehandelten Edelsteinen. Auch in den verarbeitenden Betrieben herrschen laut einer Studie des Instituts für Ökonomie und Ökumene Südwind e. V. erhebliche Missstände. Neun von zehn Diamanten werden in Indien geschliffen. Rund 20.000 Kinder schufteten allein 2003 in der Stadt Jaipur im Bundesstaat Rajasthan in Edelsteinen-Werken. Durchschnittsalter, so die Südwindstudie: 11,3 Jahre.

Nachdem 1999 die Verwicklung internationaler Diamantenkonzerne in die Finanzierung von Bürgerkriegen in Afrika publik geworden war, kam es zu einem allmählichen Umdenken in der Branche. Im sogenannten Kimberley-Prozess verpflichteten sich die Diamantenindustrie und 47 Staaten, ab 2003 keinen Handel mit sogenannten »Konflikt- oder Blutdiamanten« mehr zuzulassen. Diese Selbstverpflichtung schaffte es wegen fehlender Kontrollinstanzen und Sanktionen bislang jedoch nicht, den illegalen Diamantenhandel zu unterbinden. Hinzu kommt, dass das Zertifizierungs-

## Umfrage

Das Südwind Institut für Ökonomie und Ökumene (www.suedwind-ins titut.de) hat im März 2009 zehn große Anbieter der deutschen Schmuckbranche und Hersteller von Werkzeugteilen, in die Diamanten eingearbeitet werden, gefragt, ob sie ihre Lieferantenkette kennen und ob sie wissen, welche Umwelt- und Sozialstandards dort umgesetzt werden. Die Antwort der Unternehmen war weitestgehend unbefriedigend: Mit Christ, Galeria Kaufhof und Arcandor haben drei Unternehmen mit speziellen Vorgaben für die Lieferanten erste Schritte unternommen, die Lieferantenkette zu kontrollieren. Otto verweist auf den allgemeinen Verhaltenskodex des Konzerns, der für alle Zulieferer gelte. Andere Unternehmen haben nach eigener Aussage entweder keinen Überblick über die Lieferantenkette oder antworteten dem Institut erst gar nicht.

schema laut der in Frankfurt am Main ansässigen Hilfsorganisation Medico International (www.medico.de) keinerlei Kontrollen über die sozialen und ökologischen Bedingungen der Diamantenproduktion vorsieht. Ein Diamant mit dem Prädikat »konfliktfrei« ist daher nicht automatisch auch ein fair gehandelter Diamant!

Dennoch scheinen die hartnäckigen PR-Kampagnen von Hilfsorganisationen Erfolg zu haben: Diamantenkonzerne haben sich aus einigen afrikanischen Konfliktregionen zurückgezogen, in Lateinamerika werden Menschenrechtsverletzungen beim Goldschürfen angeprangert und auch der Anteil von Kinderarbeitern bei der Rohstoffgewinnung sowie der Verarbeitung von Schmuck geht allmählich zurück. Der Kinoerfolg »Blutdiamanten« mit Hollywoodstar Leonardo diCaprio hat ebenfalls zu einer Sensibilisierung der Verbraucher beigetragen.

Bisher gibt es weder für Edelsteine noch für Gold ein einheitliches faires Gütesiegel. Das könnte sich 2010 ändern: Bis dahin will die Fairtrade Labelling Organizations International (FLO, s. S. 27) in Kooperation mit der Alliance for Responsible Mining (ARM, communitymining.org) ein Sozialsiegel für Gold entwickeln. Heute ist nach den Fair-Kriterien von ARM gehandelter Schmuck über die englische Cred Trading Company Ltd (www.credjewellery.com) erhältlich.

**Faire Edelsteine und faires Gold**

**Deutschland:** Neben den Weltläden bieten auch zunehmend Juweliere und Goldschmiede fair gehandelten Schmuck an. Initiativen wie »Fair Trade in Gems and Jewelry« (www.faire-edelsteine. de) propagieren unter dem Markenzeichen »5C« saubere Umwelt, Sozial- und Arbeitsbedingungen beim Diamantenhandel. Fair abgebaute Edelmetalle von kleinen Bergarbeiterkooperativen werden von ihnen unter dem Markenzeichen »fair & green« vertrieben. Eine weitere deutsche Initiative, die sich für mehr Gerechtigkeit und Humanität im weltweiten Edelsteinhandel einsetzt, ist Fair Trade Minerals / Fair Trade Gems (www.fairtrademinerals.de).

# GUMMI

Die katholische Kirche hat es nicht einfach: Seitdem es fair gehandelte Kondome zu kaufen gibt, dürfte sie eigentlich nichts mehr gegen die Benutzung der sündigen »Verhüterli« haben. Denn seitdem der Grundstoff für Kondome auch fair erzeugt wird, können die Gummisammler auf einigen Naturkautschukplantagen unter deutlich besseren Bedingungen arbeiten. Und so priesen einige Zeitungen und Webseiten 2007, als die ersten fair produzierten Kondome mit Namen wie »Hot Rubber« oder »Lümmeltüten« auf den Markt kamen, denn auch die neue »Fairness im Schlafzimmer« oder den neuerdings »politisch korrekt ausgestatteten Intimbereich«.

Seitdem hat sich einiges in der Gummibranche getan. Wenngleich die Siegelorganisation FLO bislang noch keinen offiziellen Standard für Naturkautschuk entwickelt hat, boomt die Branche mit neuen Produkten und unterschiedlichen Fair-Initiativen. Vom fair gehandelten Luftballon bis hin zum ersten komplett fair produzierten Turnschuh – 2009 präsentiert – ist inzwischen alles zu haben. Überfällig sind diese Neuerungen allemal: Auf den meisten Kautschukplantagen sind die Arbeitsbedingungen schlichtweg menschenunwürdig (s. S. 92).

Dass es jetzt faires Gummi gibt, verbessert die Arbeitsbedingungen vieler Menschen in Ländern wie Liberia, Indien oder Sri Lanka. Zwar wird es auch wohl auf absehbare Zeit keine fair gehandelten Autoreifen geben. Doch die

Bemühungen von Pionierfirmen wie der FairDeal Trading Partnership Llp. aus England machen Hoffnung auf bessere »Gummizeiten«. Sie wollen die gesamte Wertschöpfungskette von Naturkautschukprodukten fair und ökologisch gestalten. Das beginnt im Falle von Leichtsandalen oder Turnschuhen bei den Gummisammlern in Sri Lanka und endet bei den Arbeitern, die in den Hinterhöfen Pakistans Fußbälle zusammennähen.

Martin Kunz, Mitgründer von Fair Deal Trading, erklärt, wie das geht: Die Arbeiter auf den Kautschukplantagen erhalten einen von den Gewerkschaften des Landes festgelegten Lohn sowie eine Fairhandels-Prämie in Höhe von 0,50 Euro pro Kilo Gummi – kurz, dem Dry Rubber Content oder DRC. Ähnlich wie auf Fairtrade-zertifizierten Plantagen entscheidet ein sogenannter »Joint Body« darüber, wie dieser Zuschlag verwendet wird. Dort sitzen Vertreter der Arbeiter ebenso wie des Managements. Für die Verwendung der Prämie gibt es nur eine Vorgabe, sagt Kunz: »Sie muss die Arbeits- und Lebensbedingungen der Belegschaft verbessern.« Das hat sie bei der Partnerorganisation in Sri Lanka geschafft: Dort haben die Arbeiter zuallererst das Gemeindezentrum ausgebaut und eine Anlage installiert, die heute 228 Menschen sauberes Trinkwasser liefert.

**Sozial und öko**

Doch Fair Deal Trading achtet nicht nur auf faire Arbeitsbedingungen, sondern auch auf Umweltschutz. Seit kurzem arbeitet das Unternehmen mit der Siegelorganisation Forest Stewardship Council (www.fsc.org) zusammen, die nachhaltig erzeugte Holzprodukte mit dem auch in Deutschland bekannten FSC-Siegel auszeichnet. Doch Forest Stewardship Council hat auch Produkte von Fair Deal Trading mit dem FSC-Zertifikat ausgezeichnet, deren Grundstoff Kautschuk von sozial und verantwortungsvoll geführten Gummiplantagen stammt.

Bei Fußbällen und anderen Sportbällen, auf denen sowohl das Fairtrade- als auch das FSC-Siegel klebt, weiß der Verbraucher, dass sie unter fairen Bedingungen zusammengenäht wurden – und der Grundstoff Gummi ökologisch erzeugt und fair gehandelt worden ist.

Das FSC-Siegel tragen auch die Gummisohlen der ersten »fairen« Turnschuhe (Sneakers) der Firma Fair Deal Trading. Die für den Schuh verwendete Baumwolle ist FLO-zertifiziert. Auch Wunsch gibt's auch Schnürsenkel aus Baumwolle mit dem FLO-Siegel. Dass die Sneakers trotz der Zahlung

## »The Heavy Load«- Autoreifen aus unfairer Produktion

»Die schwere Last« lautet der Titel einer Studie, welche die unabhängige liberianische Nichtregierungsorganisation Save My Future Foundation (www.samfu.org) 2008 veröffentlicht hat. Gemünzt ist der Titel auf das harte Leben, das die 4.000 Arbeiter und ihre Familien bei der Firma Bridgestone Firestone Diversified Products in Liberia führen, dem größten Arbeitgeber des Landes. Die Firma betreibt eine der größten Gummiplantagen der Welt. Fast minutiös beschreibt die Studie den Alltag der Gummisammler, der geprägt ist von miesen Löhnen, schlechter Behandlung sowie langen und harten Arbeitstagen. Während das Unternehmen blendende Gewinne einfuhr, wurden Arbeiter laut Samfu-Bericht im Jahr 2005 für einen üblichen Zwölf-Stunden-Tag mit 3,38 US-Dollar Tageslohn abgespeist – das entspricht etwa 2,60 Euro. Von der Monatsmenge Gummi eines Sammlers, die 2005 auf dem Weltmarkt 3.915 US-Dollar wert war, bekam der Arbeiter 125 US-Dollar – gerade mal drei Prozent.

Der Name der Studie bezieht sich jedoch auch auf den Transport des Latex. Bis vor Kurzem mussten Arbeiter diesen mehrere Kilometer quer über die Plantage bis zur Wiegestation schleppen – sie hatten einen Stock über die Schulter gelegt, an dessen Enden je ein über 30 Kilogramm schwerer, mit Gummisaft gefüllter Eimer hing. Das änderte sich erst im August 2008: Damals setzte die Gewerkschaft The Firestone Agricultural Workers Union of Liberia (FAWUL) nach Streiks mehr Lohn für die Arbeiter, bessere Wohnhäuser für ihre Familien und Fahrzeuge durch, die heute das Gummi zu den Wiegestationen bringen. Es war ein Sieg der Arbeitervertretung, der auch deswegen Furore machte, weil das Unternehmen die Gewerkschaft erst Ende 2007 anerkannt hatte – erst nach einem entsprechenden Urteil des höchsten liberianischen Gerichtshofs.

einer dreifachen Fair Trade Prämie (Gummi, Baumwolle, Herstellung), trotz der Verwendung von Biobaumwolle und trotz des Einsatzes von FSC-zertifiziertem Gummi dennoch preislich mit den Marken-Sneakers von Adidas & Co. konkurrieren können, hat laut Kunz einen einfachen Grund: Was die großen Sportartikelfirmen für Werbung und Markenschutz ausgeben, stecke Fair Deal Trading in die Menschen.

Was Preis und Qualität betrifft, sind auch fair gehandelte Kondome absolut konkurrenzfähig, hat die Berliner Stiftung Warentest herausgefunden.
Sie testete im April 2009 Kondome und vergab für die im mittleren Preis-
segment angesiedelten »fairen Lümmeltüten Zweisam« die Note »gut«.
Dass sichere und faire Kondome nicht teurer sein müssen als konventionell
hergestellte, findet Oliver Gothe, Mitinhaber der Lebenslust GmbH, dem
Produzenten von »fairen Kondomen«, schon lange: »Die Kosten für Naturkautschuk liegen gerade mal unter 20 Prozent der Herstellungskosten«, sagt
Gothe. »Ein wenig mehr für den Rohstoff Gummi zu zahlen, dürfte für keinen Kondomproduzenten ein Problem sein«.

 **Faire Gummiprodukte**

**Deutschland:** Gummiprodukte von Fair Deal Trading (www.fairde
altrading.com; www.ethletic.com) vertreibt in Deutschland das Fair
Trade Center Breisgau GmbH (www.fairtradecenter.info). Ausgeliefert wird die Ware über das Körperbehindertenzentrum Karlshöhe
in Ludwigsburg (www.karlshoehe.de). Die fairen Luftballons stellen
die Westeifel Werke (www.westeifel-werke.de) her, eine gemeinnützige Werkstatt für Behinderte. Faire Kondome der Marke »Lümmeltüten« sind über www.lebenslust.biz, www.kondomotheke.de,
die Fairhandels-Importorganisation EL PUENTE (www.el-puente.
de), einige Kaisers/Tengelmann Supermärkte, über Budnikowski
und Müller-Drogerien erhältlich.

**Österreich:** Dort vertreibt die Eine Welt Handel AG (www.eine-welt-
handel.com) die Produkte von Fair Deal Trading. Österreicher können »faire Kondome« zudem per Internet über deutsche Online-
shops bestellen.

**Schweiz:** »Lümmeltüten« bekommt man bei www.praeser.ch sowie
einen Teil der Produkte von Fair Deal Trading über Helvetas (www.
helvetas.biz).

# KAFFEE

Er kommt aus exotischen Ländern wie Vietnam, Jamaika, Äthiopien. Es gibt ihn als Mischkaffee, gemahlen, als ganze Bohne oder als Pad, bio oder nur fair, entkoffeiniert, löslich, als Schonkaffee oder Espresso. Wer sich heutzutage für nachhaltig produzierten und fair gehandelten Kaffee interessiert, findet im Laden eine schier unübersichtliche Vielfalt vor. Hinzu kommen spezielle Kaffees für Vermarktungskampagnen wie »Der Pott kocht fair«, der Agenda-Kaffee der Agenda 21 oder der tazpresso, der »faire« Espresso der Berliner Tageszeitung »taz«. Auch die Qualität stimmt bei »Fair« meistens: Im Mai 2009 untersuchte die Stiftung Warentest 31 Röstkaffees, darunter fünf Fairtrade-Kaffees. Drei davon bekamen von den Testern die Note »gut« (Darboven Café Intención, GEPA Café Aha und Tempelmann No.1).

Vorbei also die Zeiten, als man sich mit solidarisch gekauftem Nicaragua-Kaffee den Magen verätzte oder in den Weltladen am anderen Ende der Stadt fahren musste, um ein Päckchen fair gehandelten Kaffee zu bekommen. »Wir sind weg von der Mitleidsbohne und mittlerweile bei der Lifestyle-Bohne angekommen«, umschreibt TransFair-Chef Dieter Overath diese Entwicklung. Heute bieten Supermärkte und Discounter Fairtrade-Kaffee flächendeckend an. Viele Gemeinden, Schulen, Restaurants, Studentenwerke und Kantinen haben ebenfalls komplett auf Kaffee aus Fairem Han-

## Kaffee in Zahlen

Kaffee ist nach Erdöl der weltweit wichtigste Export-Rohstoff. Er wird auf einer Fläche von über 10,9 Millionen Hektar angebaut. In 76 Anbauländern leben über 100 Millionen Menschen von der Produktion, Verarbeitung und dem Vertrieb der braunen Bohne. Die wichtigsten Produzentenländer sind Brasilien, Vietnam und Kolumbien. Den meisten Kaffee importieren die USA, gefolgt von Deutschland und Japan. Jährlich werden etwa 6 Millionen Tonnen Kaffee verbraucht, davon waren 62.219 Tonnen nach Angaben von FLO fair gehandelt. Zu den wichtigsten Kaffee-Großhändlern und -Röstern gehören einer Studie der Christlichen Initiative Romero aus dem Jahr 2006 zufolge Nestlé (CH), Kraft Foods (USA), Sara Lee (USA), Procter&Gamble (USA) und Tchibo (D).

del umgestellt. Air Berlin, Deutschlands zweitgrößte Fluggesellschaft, serviert ihren Fluggästen seit 2006 Fairtrade-Kaffee. Ende 2008 wurde die Protestantische Friedenskirchgemeinde Kaiserslautern die tausendste deutsche Kirchengemeinde, die fair gehandelten Kaffee ausschenkt.

Was auf den ersten Blick wie eine große Erfolgsgeschichte aussieht, füllt jedoch nur eine Nische. Deutschland ist zwar eine Nation von Kaffeetrinkern – aber nicht unbedingt ein Land »fairer« Kaffeetrinker. Im Schnitt trinkt jeder Deutsche 148 Liter Kaffee pro Jahr. Das ist weitaus mehr als etwa Bier (115 Liter) oder Tee (25 Liter). Rund 400.000 Tonnen Röstkaffee und 16.600 Tonnen löslicher Kaffee wurden 2008 nach Angaben des Deutschen Kaffee-Verbands in Deutschland abgesetzt – doch davon mit 5.200 Tonnen gerade mal 1,3 Prozent Kaffee fairen Ursprungs. »Kaffee ist einer der am härtesten umkämpften Märkte in Deutschland«, erklärt TransFair Pressesprecherin Claudia Brück die niedrigen Verkaufswerte.

Die 5.200 verkauften Tonnen fairen Kaffees bringen den beteiligten Kleinbauerngenossenschaften jedoch viel Gutes. Kaffeebauern erhielten durch den Verkauf fairen Kaffees nach Angaben der Siegelorganisation TransFair Direkteinnahmen von über zehn Millionen Euro pro Jahr. Diese Summe brauchen sie ebenso dringend wie die Prämienzahlungen in Höhe von mehr als einer Million Euro. Indem die Kaffeebauern am Fairen Handel teilhaben, können sie kostendeckend wirtschaften. Zu Beginn des Jahrtausends, als die Kaffeepreise im Keller lagen, war das anders: Während wohlhabende Plantagenbesitzer ihre Kaffeesträucher verwildern ließen, auf andere Anbauprodukte umstiegen und Arbeiter entließen oder sie mit Naturalien entlohnten, lebten Millionen kleiner Kaffee-Bauern und ihre Familien weltweit in noch schlimmerer Armut.

Besser erging es denjenigen Genossenschaften, die bereits in den Fairen Handel eingestiegen waren: Obwohl der Preis für Rohkaffee in den Keller gefallen war, erhielten sie weiterhin den festgelegten Mindestpreis von 1,25 US-Dollar, eine Fairtrade-Prämie von 0,10 US-Dollar – sowie 0,20 US-Dollar pro Pfund Rohkaffee, wenn dieser aus kontrolliert biologischem Anbau stammte. Damit erzielten Fairtrade-Bauern zu Beginn des Jahrtausends teilweise doppelt so hohe Einnahmen wie Bauern, die ihren Kaffee nicht über den Fairen Handel vermarkteten. Diesen Vorteil hat auch John Kanjagaile erlebt: »Fairer Handel macht uns kleine Bauern etwas stärker«, sagt der Kaf-

# Preisentwicklung für Rohkaffee

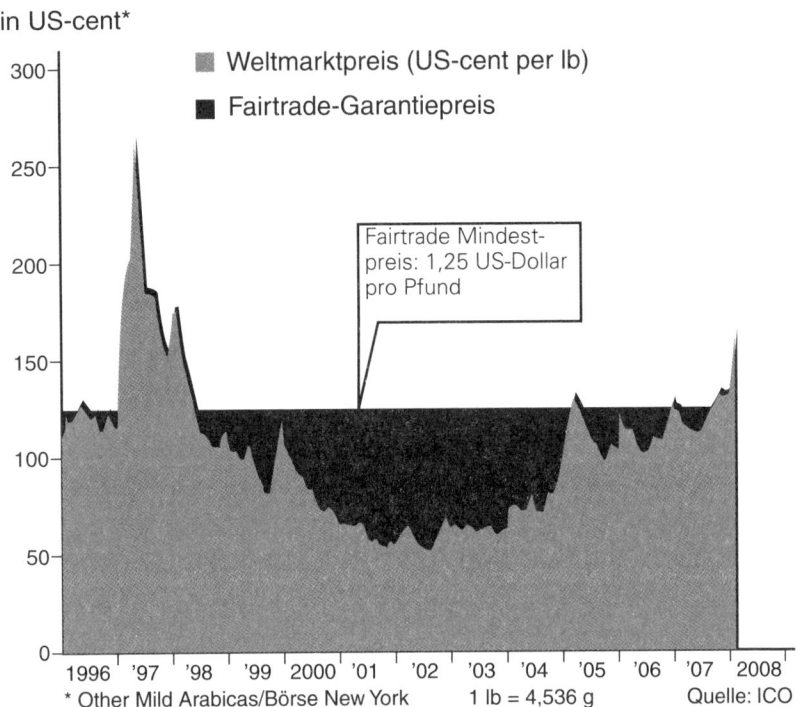

in US-cent*

■ Weltmarktpreis (US-cent per lb)

■ Fairtrade-Garantiepreis

Fairtrade Mindest-
preis: 1,25 US-Dollar
pro Pfund

\* Other Mild Arabicas/Börse New York   1 lb = 4,536 g   Quelle: ICO

*TransFair garantiert, dass die Produzentengruppen pro Pfund Roh-
kaffee (453,6 g) mindestens 1,25 US-Dollar erhalten. Steigt der
Weltmarktpreis über 1,25 US-Dollar, erhalten die Kleinbauerngrup-
pen den jeweiligen Weltmarktpreis ausbezahlt.*

*Zusätzlich erhalten die Bauern in jedem Fall eine Fairtrade-Prämie
von 10 US-Cent und einen Aufschlag von 20 US-Cent pro Pfund für
Bio-Kaffee.*

Grafik: copyright Andreas Brühl (www.ab-infografik.de)

## Der GEPA-Kaffeepreis

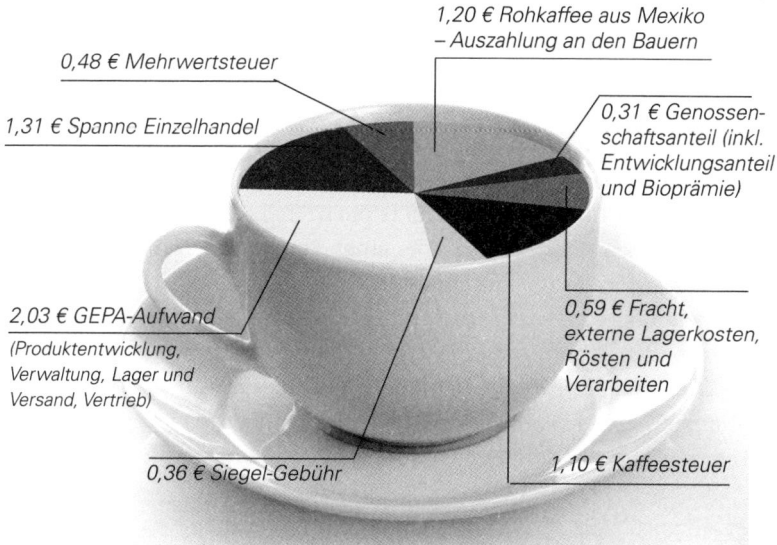

*1,20 € Rohkaffee aus Mexiko – Auszahlung an den Bauern*

*0,48 € Mehrwertsteuer*

*1,31 € Spanne Einzelhandel*

*0,31 € Genossenschaftsanteil (inkl. Entwicklungsanteil und Bioprämie)*

*2,03 € GEPA-Aufwand*
*(Produktentwicklung, Verwaltung, Lager und Versand, Vertrieb)*

*0,59 € Fracht, externe Lagerkosten, Rösten und Verarbeiten*

*0,36 € Siegel-Gebühr*

*1,10 € Kaffeesteuer*

Diese Darstellung stellt beispielhaft die Zusammensetzung des Preises für eine 500 Grammpackung des »Café organico« dar. Ladenpreis 7,38 €. Quelle: GEPA

feebauer aus Tansania. Seine Kaffeekooperative vermarktet inzwischen die Hälfte ihres Kaffees über den Fairen Handel.

Ein weiterer Vorteil für die Bauern ist, dass sie durch die Direktvermarktung des Kaffees und die Festpreisgarantie des Fairtrade-Systems vor Rohstoffspekulanten geschützt werden. Diese drängen seit Jahren zunehmend in das Kaffeegeschäft und profitieren von stark schwankenden Preisen des Rohkaffees. Es wird zehnmal mehr Kaffee gehandelt als produziert, heißt es in einem Artikel der »Financial Times Deutschland« aus dem Jahr 2007. Dies ist möglich, weil die Ware Kaffee elektronisch an- und verkauft wird, ohne dass auch nur ein Sack Kaffee angefasst wird. Vorbei sind die Zeiten, als sich Produzent und Käufer noch persönlich kannten. Kaffeehandel ist inzwischen Big Business. Die großen Händler und Hedgefonds sitzen heutzutage im Schweizer Steuerparadies Zug oder am Genfer See. »Wir schätzen,

97

dass im Kaffeegeschäft bis zu 60 Prozent der Geschäfte von Spekulanten getätigt werden«, sagte Holger Preibisch vom Deutschen Kaffeeverband 2007 in einem Interview mit der Wochenzeitung »Die Zeit«.

Neben dem Fairtrade-Gütesiegel (s. S. 38) gibt es noch weitere Siegelinitiativen und Verhaltenskodizes für den Kaffeemarkt:

RAINFOREST ALLIANCE (www.rainforest-alliance.org)
Die Umweltschutzorganisation Rainforest Alliance zertifiziert den Anbau von Kaffee, aber auch andere Produkte nach ökologischen und sozialen Kriterien. Allerdings zahlt die RA weder einen Fixpreis noch eine Prämie. »Wir sind kein Fair Trade-Programm, sondern ein Nachhaltigkeitsprogramm«, betont der für Deutschland zuständige RA-Sprecher Bernward Geier. Um das Siegel zu erhalten, genügt es, wenn die Produkte einen Anteil von 30 Prozent zertifizierten Kaffees enthalten. Da die Vorgaben von RA relativ leicht umzusetzen sind, nutzen vor allem große Firmen das Siegel, darunter Tchibo, Chiquita, Kraft Foods, Nestlé und McDonald's McCafé. In einem taz-Artikel bezeichneten Wissenschaftler der Universität Oxford die Rainforest Alliance 2008 als »billigen Ausweg für Unternehmen, die an einem spektakulären PR-Effekt interessiert sind«.

STARBUCKS CORPORATION (www.starbucks.de)
In Zusammenarbeit mit der Umweltschutzorganisation Conservation International entwickelte der mit mehr als 16.000 Coffee-Shops weltweit präsente Kaffeeröster Starbucks 2004 sozial und ökologisch verantwortungsvolle Richtlinien für den Kaffeekauf, die sogenannten C.A.F.E. Practices (Coffee and Farmer Equity Practices). In Deutschland sind acht Kaffeesorten nach diesem Prinzip verifiziert. »77 Prozent des von uns eingekauften Rohkaffees stammt von Farmern, die sich nach diesen C.A.F.E.-Kriterien richten«, sagt Starbucks-Sprecherin Ilka Benthin. Der Starbucks-Kodex gilt nur innerhalb der Firma und versucht über die Zahlung von Prämien, Preisaufschlägen und der Förderung humanitärer Projekte, Produzenten langfristig an das Unternehmen zu binden. In der Regel sind die Lieferanten von Starbucks große Kaffeefarmen und nur in geringem Umfang Kleinbauern. Kritiker werfen dem Unternehmen vor, eine gewerkschaftsfeindliche Unternehmenspolitik und einen Verdrängungswettbewerb zu Lasten lokaler

Betriebe zu führen. Neben Conservation International arbeitet Starbucks auch mit TransFair zusammen (s. S. 29).

UTZ CERTIFIED (www.utzcertified.org)

Das Mainstream-Zertifizierungsprogramm Utz certified wurde 1997 von guatemaltekischen Kaffeepflanzern und dem niederländischen Röster Ahold Coffee Company initiiert. Mit Hilfe eines Code of Conduct, der soziale und ökologische Kriterien enthält, versucht das Programm, Fragen nach der Herkunft des Kaffees und seiner Produktionsweise zu beantworten. Statt eines Mindestpreises werden verhandelbare »Nachhaltigkeitsaufschläge« gezahlt. Bei Utz certified handelt es sich um eine Siegelorganisation, die überwiegend auf Plantagen zielt – mit einem Fokus auf dem Thema Lebensmittelsicherheit und Arbeitsbedingungen auf Großfarmen. Das Siegel »Utz certified – Good inside« ist in Deutschland wenig verbreitet, wird aber beispielsweise von Firmen wie Ikea oder Aral verwendet.

> TIPP:        **Kaffee trinken und helfen.** Wer den So-
> likaffee der Hamburger Genossenschaft Café Libertad
> Kollektiv eG (www.cafe-libertad.de) kauft, unterstützt
> den Kampf indigener Gruppen im Süden Mexikos. Mit
> einer ähnlichen Absicht wie Café Libertad bietet auch
> der Hamburger Verein El rojito e. V. (www.el-rojito.de)
> alternative Kaffees aus Mittelamerika und Mexiko an.
> Der Düsseldorfer Verein ProGua fördert benachteiligte
> Bevölkerungsgruppen in Guatemala. Unter dem Mar-
> kennamen Mocino (www.mocino.de) vertreibt er einen
> qualitativ hochwertigen biofairen Kaffee.

4C – COMMON CODE FOR THE COFFEE COMMUNITY
(www.4c-coffeeassociation.org)

4C ist eine breitangelegte Initiative der Bundesregierung unter Federführung der GTZ und großer Röstkonzerne in Zusammenarbeit mit Kaffeebauern und zivilgesellschaftlichen Organisationen. 4C-Mitgliedsfirmen sind etwa Melitta, Tchibo oder Dallmayr. Über einen freiwilligen Verhaltenskodex sollen Umweltstandards sowie Produktions- und Arbeitsbe-

99

dingungen beim Anbau konventionellen Kaffees (kein Bio- oder Fairtrade-Kaffee) verbessert werden. 4C sieht weder Siegel noch Mindestpreise vor. Die Kosten für die Überprüfung der Standards werden über Mitgliedsbeiträge finanziert. Bei 4C handelt es sich »um einen Einstiegsstandard für Produzenten, die bislang keinen Zugang zum Fairen Handel oder anderen Siegelinitiativen haben«, sagt Carsten Schmitz-Hoffmann, Leiter des GTZ-Programms Sozial- und Ökostandards. »Mithilfe von 4C können sich Kooperativen nach drei bis vier Jahren für einen strengeren Standard qualifizieren.« 4C wird dennoch von Fairtrade- und Menschenrechtsorganisationen kritisiert – vor allem wegen der fehlenden Preisgarantie für Kleinbauern und der nicht rechtlichen Bindung des Kodex. Sie werfen 4C außerdem mangelnde Transparenz und ungenügende Nachhaltigkeitskriterien vor.

 **Fairer Kaffee**

**Deutschland:** Kaffee mit dem Fairtrade-Gütesiegel ist bei der GEPA (verschiedene Sorten), J.J. Darboven (Café Intención), REWE (REWE-Bio), Kaiser's Tengelmann (Naturkind), Lidl (Fairglobe), Aldi Süd (One World), Edeka (GEPA-Kaffee), Tchibo (Vista, Espresso Haus Röstung), Starbucks (Estima) und den meisten Weltläden erhältlich. Die bekannten Fairhandels-Importorganisationen EL PUENTE, dwp und CONTIGO bieten ebenfalls fair gehandelten Kaffee an, dem teilweise andere Zertifizierungskriterien als Fairtrade zugrunde liegen. Ein überblick über Internetshops, in denen man fair gehandelten Kaffee bekommt: www.transfair.org/news-service/online-shopping.html

**Österreich:** Der Verkauf fair gehandelten Kaffees konnte 2008 um 36 Prozent im Vergleich zum Vorjahr auf 12,7 Millionen Euro zulegen. Rund zwei Drittel hiervon sind Bio-Kaffees. Auf der Webseite von Fairtrade Österreich (www.fairtrade.at) kann man unter Produkte-Shops / Kaffee auf die angezeigten Kaffees klicken und erhält unter »Bezugsquellen« eine Liste mit den entsprechenden Verkaufsstellen. Die Produkte der größten österreichischen Importorganisation EZA sind über ihren Online-Shop (www.eza.cc/shop/) erhältlich. Unter www.eza.cc / Verkaufsstellen finden sich Angaben zu Weltläden, die fair gehandelte Kaffees anbieten.

**Schweiz:** Fairtrade-Kaffee hatte von 2007 zu 2008 einen Umsatz-
rückgang von 1,4 Prozent auf rund 16 Millionen Euro zu verzeichnen.
Der Bioanteil betrug 59 Prozent, der Anteil fair gehandelten Kaffees
am Gesamtkaffeemarkt der Schweiz lag bei 4,6 Prozent. Im gemeinsamen Webshop der Importorganisationen Claro und gebana (www.
gebana.com/htm/shop_d.htm) sind bio-zertifizierte Fairtrade-Kaffees erhältlich. Eine Liste mit Anbietern von Fairtrade-zertifizierten
Kaffees, unterteilt nach Groß- und Einzelhandel, findet sich auf der
Webseite von Max Havelaar Schweiz (www.maxhavelaar.ch unter
Produkte & Kaufen / Bezugsquellen bzw. Verkaufsstellen). Kurios:
Ausschließlich in der Schweiz bietet McDonalds Fairtrade-zertifizierten Kaffee an. In Deutschland und Österreich hingegen verwendet Mc Donalds das Siegel der Rainforest Alliance.

# KOSMETIK

Ob Avocadomilch, Bio-Badeöl oder Zahncreme mit Olivenblattextrakt:
Naturkosmetik hat sich einen festen Markt in Deutschland erobert. Die
deutschen Hersteller von Naturkosmetik haben 2008 nach Angaben des
britischen Marktforschungsunternehmens Organic Monitor rund 672 Millionen Euro erwirtschaftet – ein Plus von 10 Prozent im Vergleich zum Vorjahr. Der Anteil am Gesamtumsatz für Bio-Kosmetik- und Pflegeprodukte
beträgt 6 Prozent.

Bislang stellen sich allerdings nur wenige Verbraucher und Kosmetikun-
ternehmen die Frage, ob für Rohstoffe, die bei der Kosmetikherstellung verwendet werden, gerechte Löhne gezahlt oder unter welchen Bedingungen
Kakao-, Avocado- oder Sheabutter produziert werden. Fairhandels-Stan-
dards, die schon lange für viele Lebensmittel wie Bananen, Orangensaft
oder Tee gelten, gab es für Seifen, Duschgels oder Körpercremes bis vor
Kurzem noch nicht. Doch inzwischen sind einige wenige faire Kosmetikprodukte im Laden erhältlich.

Pionier bei der Einführung eines Standards für fair gehandelte Kosmetik ist der französische Biokontrolleur ECOCERT (www.ecocert.com). Er
zertifiziert ökologische Produkte in über 80 Ländern. Das Unternehmen,
das auch im Auftrag von renommierten Anbauverbänden wie Bioland, Na-

turland oder Demeter Kontrollen durchführt, hat 2007 einen Standard für fairen Handel entwickelt, der sich an den Vorgaben der Fairtrade Labelling Organizations International (FLO) orientiert. Im Mittelpunkt stehen garantierte Mindestpreise, Unterstützung der Produzenten und strenge landwirtschaftliche Anforderungen. Auch wenn der Standard für fairen Handel selbst in Frankreich, dem Hauptmarkt von ECOCERT, noch wenig bekannt ist, so stößt er in der Kosmetikbranche auf reges Interesse. »Die Nachfrage nach fair gehandeltem Rohmaterial für Naturkosmetikprodukte ist groß«, sagt Laurent Lefebre, bei ECOCERT verantwortlich für den neuen Standard. »Die Unternehmen möchten mit biofairen Produkten optimale Qualität anbieten, ihre Marktposition und ihr Image verbessern«, so der Manager.

Doch Kosmetikprodukte und deren Rohstoffe zu zertifizieren, ist eine komplexe Angelegenheit. Viele der Cremes, Öle oder Duftstoffe setzen sich aus zahlreichen unterschiedlichen Inhaltsstoffen zusammen. Und auch nicht alle Unternehmen sind bereit, Auskunft über die Zusammensetzung ihrer Produkte zu geben, wie es der faire Standard von ECOCERT vorsieht.

Das sind einige der Gründe, warum bislang nur einzelne Substanzen oder Produke zertifiziert werden. Dazu zählen beispielsweise Sesamöl und Sheabutter aus Burkina Faso, Olivenöl aus Syrien und Marokko, Argan-Öl aus Marokko oder das Fruchtfleisch der Acai-Beere aus dem brasilianischen Amazonas. Da auch die Mango- und Avocadofrüchte einiger ECOCERT-Kunden zertifiziert sind, könnten sie zu fair gehandelter Mango- oder Avocadobutter weiterverarbeitet werden.

Erkennen kann der Konsument faire Kosmetik am ECOCERT-Siegel auf der Verpackung. Unternehmen, die das Siegel auf ihren Produkten tragen, verpflichten sich, genaue Angaben über den Anteil der fair gehandelten Substanzen auf der Verpackung zu machen. Enthält eine Creme oder ein Öl einen Fairtrade-Anteil von mindestens 5 Prozent, darf das Produkt den Zusatz »mit fair gehandelten Bestandteilen hergestellt« verwenden. Doch erst, wenn der faire Anteil über 95 Prozent liegt, kann es sich »Produkt aus Fairem Handel« nennen. Das ist bislang nur bei Kosmetikprodukten aus Shea-Butter oder Massageölen aus Sesam- oder Olivenöl der Fall.

FLO hingegen hat bislang noch keine eigenen Standards für Fairtrade-Kosmetik entwickelt. Dennoch sind seit 2007 einige Kosmetikprodukte in Frankreich, Belgien, Großbritannien und Dänemark auf dem Markt, die das Fairtrade-Gütesiegel tragen. Das ist erlaubt, solange ein aus mehreren

Bestandteilen zusammengesetztes Produkt über einen Fairtradeanteil von mindestens 50 Prozent (Gewicht der Trockenmasse) verfügt. Das ist bei Kosmetikprodukten möglich, die beispielsweise Kakaobutter enthalten. Denn Kakao ist mit dem Fairtrade-Siegel erhältlich und kann so anteilig in der Kosmetik verwendet werden. In Fällen, in denen ein unverzichtbarer Bestandteil eines Kosmetikprodukts aus Fairem Handel stammt, genügen bereits 20 Prozent (Gewicht der Trockenmasse) Anteil am Gesamtprodukt. Ein Beispiel hierfür sind Baumwollpads: stammen 20 Prozent der Baumwolle aus zertifiziertem Fairen Handel, darf das Fairtrade-Gütezeichen auf die Verpackung gedruckt werden.

## Wie fair ist The Body Shop?

The Body Shop ist ein Kosmetikhersteller, der schon seit vielen Jahren mit fair erzeugten Produkten wirbt. 65 Prozent der Produkte enthielten »fair gehandelte Inhaltsstoffe«, ist einer Pressemitteilung der Kette zu entnehmen. Das »Hilfe durch Handel«-Programm des Unternehmens sichere »einer Vielzahl von Menschen ein faires und regelmäßiges Einkommen«. Die Kosmetikkette wurde von Anita Roddick im englischen Brighton gegründet. Ihr gelang es, aus einem 1976 gegründeten Kosmetikgeschäft ein erfolgreiches Franchise-Unternehmen mit weltweit 2.536 Läden zu machen. In Deutschland unterhält The Body Shop 90 Geschäfte.

Die 2007 verstorbene Roddick war eine der reichsten Frauen Englands. Sie erklärte Zeit ihres Lebens, dass ihre Firma »dem Gemeinwohl dienen solle«. Tatsächlich war sie eine engagierte Aktivistin für Menschenrechte und Umweltschutz. Fragt man den Konzern allerdings, was der Kunde genau unter fairen Löhnen und Preisen zu verstehen hat, und ob den Produzenten auch eine Sozialprämie beziehungsweise ein garantierter Mindestpreis gezahlt wird, so hüllt sich das Unternehmen trotz wiederholten Nachhakens in Schweigen. Ebenso auf die Frage, wie das Ganze kontrolliert wird.

2006 wurde The Body Shop vom L'Oréal-Konzern übernommen. Im April 2009 kündigte der französische Kosmetikkonzern an, The Body Shop von Grund auf umzukrempeln. Geplant sei auch, die gesamte Führungsmannschaft auszuwechseln. Bleibt für den Verbraucher abzuwarten, ob damit auch die angeblich faire Unternehmenskultur aufgegeben wird.

**Faire Kosmetik**

Fair zertifizierte Kosmetik von ECOCERT gibt's bislang nur in Frankreich. Anbieter sind Little Big Bio (www.littlebigbio.com) und Themis (www.themis.tm.fr). Mit dem FLO-Gütesiegel ausgezeichnete Kosmetikprodukte sind in Frankreich, Großbritannien und Belgien erhältlich. Infos bei den nationalen Siegelorgansationen www.maxhavelaarfrance.org, www.fairtrade.org.uk und www.maxhavelaar.

**Deutschland:** Hierzulande ist bei den drei größten Fairhandels-Importorganisationen (GEPA, EL PUENTE, dwp) bislang keine fair gehandelte Kosmetik erhältlich. Die dänische Firma Urtekram (www.urtekram.dk) vertreibt ihre Fairtrade-zertifizierten Kosmetikprodukte der Reihe »Brown Sugar« (Shampoos, Duschgels, flüssige Handseife, Körperpeeling) bundesweit in ausgesuchten Naturkostläden und Reformhäusern.

**Österreich:** Die EZA bildet unterschiedliche Bio-Kosmetikprodukte (Gesichts- und Reinigungsmilch, Seifen) aus Fairem Handel an, allerdings ohne FLO-Zertifizierung. Die Schweizer claro fair trade AG hat ebenfalls eine Bio-Kosmetik-Produktlinie. Doch nur die Olivenöl-Seife aus Palästina ist auch fair gehandelt.

**Schweiz:** Im Online-Shop www.faircostumer.ch sind Kosmetikprodukte (Schokoladenmaske, Körpercreme) der französischen Biokosmetikfirma Themis mit dem Fairtrade Siegel erhältlich.

# KUNSTHANDWERK

Ob Weingläser aus Recyclingglas aus Guatemala, Ziegenledertaschen aus Indien oder Batiktücher aus Uganda – die meisten Kunsthandwerk-Produkte, die Europäer gerne wegen ihrer exotischen Muster und schönen Farben kaufen, stammen aus Entwicklungsländern. Für viele Familien bedeutet ihre Herstellung die einzige Geldquelle. Doch faire Preise für die künstlerische Arbeit erhalten nur die wenigsten von ihnen. Auch Touristen wissen selten, wie viel Arbeitszeit in einer handgewebten Bluse, einem Strohhut oder einer Tonkeramik stecken. Sie vergessen bei ihrer Freude über das angebliche »Schnäppchen«, dass der Erlös für die Souvenirs darüber entscheidet, ob der Kunsthandwerker den Schulbesuch oder die medizinische Versorgung der Familie bezahlen kann.

Der zunehmende Tourismus hat auch dazu geführt, dass sich das Kunsthandwerk westlichen Geschmacksmustern anpasst und industriell hergestellt wird. Die billige, standardisierte Massenware verdrängt traditionelles Kunsthandwerk und bedeutet oftmals auch Massenausbeutung. Arbeitsschutz, Kranken-, Unfall- oder Rentenversicherung sind gänzlich unbekannt. Viele Kinder werden als billige und oftmals kostenlose Arbeitskräfte zur Rohstoffgewinnung und Verarbeitung von Kunstgegenständen eingesetzt, um zum Lebensunterhalt der Familie beizutragen. Auch die Umwelt leidet: Seltene Holzarten werden geschlagen, Specksteinvorkommen geplündert, und die Gier nach Elfenbein oder seltenen Vogelfedern dezimieren die entsprechenden Tierarten.

Um in der Kunsthandwerksproduktion den Kreislauf von Ausbeutung und Umweltzerstörung zu durchbrechen, haben sich in vielen Ländern Organisationen, Projekte und Initiativen gebildet. Sie fördern besonders regionale und familiäre Produzentenbetriebe. Die traditionellen Kunsthandwerker werden mit direkter Vermarktung, langfristigen Abnahmeverträgen, organisatorischer Hilfe, Kleinkrediten und fairen Preisen unterstützt.

Doch woher weiß der Verbraucher, ob ein kunsthandwerkliches Produkt aus Fairem Handel stammt? Die Vielfalt der Ware macht es den Konsumenten sehr schwer, einzelne Produkte als fair gehandelt zu erkennen – daher gibt es auch keine Taschen, Tonfiguren oder Tücher mit dem Fairtrade-Siegel. Um Kunden dennoch eine Orientierung zu bieten, lassen sich viele Produzenten von Kunsthandwerk und Vermarktungsorganisationen bei der World Fairtrade Organization (WFTO, www.wfto.com, s. S. 40) registrieren. Wer den WFTO-Standards genügt, darf das Logo der Organisation im Schriftverkehr verwenden. Auf der WFTO-Webseite kann man über eine Datenbank registrierte WFTO-Produzenten ausfindig machen.

Fair gehandeltes Kunsthandwerk bekommt man am besten beim Erzeuger direkt vor Ort. Zu sehen, wie aufwendig Kunsthandwerk hergestellt wird, bereichert jede Urlaubsreise – zumal sich die Produzenten meist sehr über einen Besuch des Kunden freuen. Einige bieten sogar Führungen durch die Werkstatt oder den eigenen Laden an.

**Faires Kunsthandwerk**

**Deutschland:** Fair produziertes Kunsthandwerk, darunter auch Silberschmuck, ist in Weltläden und über die Importorganisationen GEPA (www.gepa.de), EL PUENTE (www.el-puente.de), dwp (www.dwp-rv.de), über CONTIGO (www.contigo.de) oder den Damian-Versand (www.damian-team-versand.de) erhältlich.

**Österreich:** Die österreichischen Weltläden (www.weltlaeden.at) oder der Online-Shop der Importorganisation EZA (www.eza.cc/shop) bieten fair produziertes und gehandeltes Kunsthandwerk an.

**Schweiz:** Fair gehandeltes Kunsthandwerk ist bei der Claro Fairtrade AG (www.claro.ch), der gebana (www.gebana.com) und über Caritas Schweiz (www.caritas-fairtrade.ch) erhältlich.

# NATURSTEINE

Wir treten sie mit Füßen, stehen, laufen, springen und werkeln auf ihnen herum – um zuletzt sogar unter ihnen zu ruhen. Die Rede ist von Steinen. Granit, Sand- und Kalkstein, Marmor, Schiefer und auch Schotter sind allerorts zu finden – in Häusern und Gärten, Fußgängerzonen und Marktplätzen, in alten und rekonstruierten Gebäuden und auch auf Friedhöfen. Eine Million Tonnen Gestein werden allein in Deutschland jährlich verarbeitet. Rund 80 Prozent davon kommen aus Indien und China, den beiden größten Natursteinproduzenten der Erde. Nach Schätzungen des Deutschen Natursteinverbandes in Würzburg (DNV) stammen jeder dritte hierzulande verkaufte Grabstein und sogar rund 90 Prozent aller in deutschen Städten und Dörfern verlegten Pflastersteine aus den beiden Ländern. Noch vor 20 Jahren war Naturstein für die meisten Verbraucher hierzulande unerschwinglich. Heute wird Marmor & Co. teils zu Schnäppchenpreisen angeboten, oftmals noch billiger als Betonstein. Die Importe aus den Niedriglohnländern, aber auch aus dem günstigen Brasilien, Tschechien oder Polen, machen es möglich. Wer in Indien oder China einen Steinbruch eröffnet, muss keine teuren Auflagen zum Arbeits- oder Umweltschutz beachten.

Naturstein zählt zu den wichtigsten Exportgütern Indiens und Chinas – und die Bundesrepublik nach Angaben der Sächsischen Entwicklungspolitischen Bildungstage (Sebit) zu den wichtigsten Abnehmern. 2001 war Deutschland nach den USA, China und Italien der viertgrößte Kunde indischer Steinerzeuger und laut DNV europaweit der größte Abnehmer von Naturstein. Die schweren und riesigen Steinimporte aus den Lohndumpingländern sind trotz der Transportkosten unschlagbar billig: Ein Naturstein aus Indien kostet nicht mal die Hälfte dessen, was der Kunde für den gleichwertigen Grab- oder Terrassenstein aus der Lausitz auf den Tisch legen muss.

**Sklavenarbeit im Steinbruch**

Kinderarbeit ist in vielen Minen Indiens noch weit verbreitet. Das Südwind Institut (www.suedwind-institut.de) geht davon aus, dass etwa 15 Prozent der Arbeiter in den Steinbrüchen minderjährig sind. Besonders schlimm ist die Lage in den zahlreichen kleinen Minen des informellen Sektors. Das Bild dort ist immer dasselbe: In sengender Hitze bedienen dünne Kinder und Minderjährige oft zu dritt oder viert 40 Kilogramm schwere Presslufthammer und Kompressoren oder schlagen die Steine in mühseliger Handarbeit – eine Knochenarbeit für 80 Cent pro Tag. Leben die Eltern in Schuldknechtschaft, gibt es überhaupt kein Geld für die harte Arbeit. Dann müssen die Kinder die Schulden abzahlen, die ihre Eltern beim Gläubiger gemacht haben – ein Teufelskreis der Armut, dem kaum eine Familie entrinnen kann.

Benjamin Pütter, Kinderarbeitsexperte des Hilfswerkes Misereor, der durch seine Recherchen in Indien das Thema in Deutschland bekannt machte, ist während seiner Besuche in Steinbrüchen des Subkontinents immer wieder Menschen – darunter viele Analphabeten – begegnet, »die sich nach einem Unfall in der Mine für die medizinische Behandlung oder Arzneimittel vom Steinbruchbesitzer Geld geliehen haben – und die Summe nun jahrelang abarbeiten müssen, weil einfach zwei Nullen an die Schuldsumme angehängt worden sind.«. Arbeitskleidung wie Ohren- und Mundschutz oder Helme bekommen die Arbeiter in den von Steinstaub umwirbelten Minen ohnehin fast nie zu sehen. Und so werden viele krank, leiden etwa unter Silikose, einer Staublunge, weil sie permanent den Stein- und Quarzstaub einatmen. Entsprechend niedrig ist die Lebenserwartung – sie beträgt gerade mal etwa 40 Jahre, schätzt Pütter. »Das ist schleichender Mord« – auch das sagt er.

Ein Vorwurf, gegen den sich Imma, der Verband der indischen Grabmalproduzenten, vehement wehrt: Bei den Medienberichten handle es sich um »Propaganda bestimmter Interessensgruppen«, sagte Imma-Präsident H.R. Sriram 2008 in einem Interview mit der Fachzeitschrift »Naturstein«. Bilder von Kindern, die Abfall aus Steinbrüchen zu Schotter für den lokalen Bedarf verarbeiteten, seien in den Medienberichten bewusst mit Werksteinbrüchen in Zusammenhang gebracht worden.

An die Situation der Sklavenarbeiter in Steinbrüchen wird kaum ein Konsument denken, der in Europa im Baumarkt oder Gartencenter nach dem billigsten Angebot für die neue Küchenplatte oder den Terrassenbelag sucht – zumal er im Laden nicht zwingend auf die Herkunft des Gesteins aufmerksam gemacht wird. Dabei haben Verbraucher durchaus die Möglichkeit, Steine zu kaufen, die nachweislich ohne Ausbeutung von Menschen aus der Erde geschlagen worden sind. Dem Ziel, Kinder- und Sklavenarbeit in den Steinbrüchen der Billiglohnländer auszumerzen, haben sich sowohl der Verein Xertifix mit Sitz in Freiburg als auch die Initiative Fair Stone in Kirchheim/Teck verschrieben. Beide Siegel-Projekte haben dieselbe Zielgruppe im Auge: den Natursteinhandel, Baufirmen, Architekten, öffentliche und private Bauträger. Dennoch ergänzen sie sich: Während sich Xertifix zum Ziel gesetzt hat, Kinderarbeit in den Steinbrüchen Indiens auszumerzen, arbeitet das Projekt Fair Stone nach eigenen Angaben vorrangig mit Zulieferern zusammen, die Kinderarbeit von vorneherein ausschließen, deren generelle Arbeitsbedingungen jedoch noch stark verbesserungswürdig sind.

Die fairen Steine sind nicht einmal sehr viel teurer: Für einen gesiegelten Naturstein muss der Kunde nach Angaben von Xertifix kaum mehr auf den Tisch legen: Xertifix verlangt 3 Prozent Lizenzgebühr für den Rohstein, wenn er Indien verlässt – also im Falle des Granitgrabsteins, der ab südindischen Hafen einen Wert von 1.000 Euro hat, 30 Euro. Abzüglich der Kosten für Transport und Endverarbeitung in Deutschland verringert sich der prozentuale Anteil für den Endkunden auf etwa 1 Prozent.

Das Siegel Xertifix (www.xertifix.de)
Der Verein Xertifix e.V. wurde 2005 von mehreren sozialen Aktionsgruppen, der Gewerkschaft IGBAU, Schauspielern wie Klaus-Maria

Brandauer, Politikern wie Norbert Blüm sowie dem kleinen Steinmetz-Betrieb Signum gegründet. Schon einige Jahre zuvor hatten Importeure begonnen, den Markt mit Gesteinen aus Billiglohnländern zu überschwemmen. Die Freiburger Mittelständler waren durchaus bereit, Handelsbeziehung zu Indien, China, Namibia, Peru oder Vietnam aufzubauen – doch sollte sichergestellt werden, dass die Steine garantiert ohne Kinder- und Sklavenarbeit hergestellt werden. Diese Garantie erhalten Händler und Kunden seitdem durch das ebenfalls 2005 von Xertifix eingeführte, gleichnamige Siegel, das auf immer mehr Importnatursteinen klebt. Die Lizenznehmer, die fair gesiegelte Xertifix-Ware auf den Markt bringen, finden sich im Internet unter www.xertifix.de/handel/haendlerliste.shtml?lang=de. Darunter befinden sich die deutsche Signum GmbH (www.signum-grabzeichen.de) ebenso wie das multinationale Bauunternehmen Saint Gobain raab karcher (www. saint-gobain.de) sowie in der Schweiz die Eckardt Natursteine AG oder in Österreich die Stein & Co Handels-GesmbH. Auch die Baumarkt-Kette Hagebau prüft, auf Xertifix-Steine umzustellen. Nur bei Herstellern und Händlern von Grabsteinen scheint der Widerstand gegen faire Natursteine noch sehr hoch.

Nicht nur Importeure von Natursteinen können sich mit der Bitte an Xertifix wenden, ihre Zulieferer vor Ort etwa viermal im Jahr unangemeldet zu kontrollieren. Auch indische Exporteure können sich überprüfen lassen – und immer mehr sind bereit dazu. In Indien ist es Xertifix India, eine Unterorganisation von Xertifix Deutschland, die in Steinbrüchen, Fabriken oder Häfen darauf achtet, dass keine Kinder ausgebeutet werden und Erwachsene zumindest den gesetzlichen Mindestlohn erhalten. Die Importeure und Händler, die mit Xertifix Deutschland einen Lizenzvertrag abschließen, übergeben dem Verein die Listen der indischen Exporteure und deren Zulieferer. Xertifix-Prüfer – meist erfahrene Kontrolleure und Partner der Hilfsorganisation Misereor – inspizieren dann die Steinbrüche.

Werden bei der ersten Inspektion – und das ist meist der Fall – arbeitende Kinder vorgefunden, wird dem Betreiber des Steinbruchs das Zertifikat dennoch nicht gleich verweigert. Vielmehr versucht Xertifix, gemeinsam mit dem Minenbetreiber soziale Maßnahmen wie etwa eine Schule oder für die Eltern höhere Löhne durchzusetzen. »Die Kinder aus dem Steinbruch auf die Straße oder in die Prostitution zu vertreiben, ist keine Lösung«, sagt Pütter. Werden bei nachfolgenden Kontrollen allerdings Verstöße in den indischen Steinbrüchen festgestellt, wird der Betreiber zunächst verwarnt oder ihm im Wiederholungsfall das Zertifikat entzogen, das immer pro Lieferung erteilt wird. Wenngleich die Kontrollen bei Xertifix nicht so streng sind wie die von FLO-CERT, hoffen die Macher von Xertifix, eines Tages in der internationalen Siegelorganisation Fairtrade Labelling Organizations International aufgehen zu können.

Das Label Fair Stone (www.fairstone.win-win.de)

Dieses Ziel, in der FLO aufzugehen, verfolgt die noch sehr junge Initiative Fair Stone des Unternehmens Win-Win nicht. Das Projekt, das vor allem in China aktiv ist, hat in enger Kooperati-  on mit Natursteinimporteuren einen internationalen Sozial- und Umweltstandard für Natursteinimporte eingeführt. Anders als FLO, verzichtet Fair Stone allerdings darauf, in die Preisgestaltung des Handels einzugreifen, höhere Löhne oder humanitäre Komponenten wie Schulen oder Gesundheitsstationen durchzusetzen, sagt Heinecke Werner, Geschäftsführer von Win-Win.

Seit September 2008 dürfen Händler und Steinmetze mit dem Gütezeichen Fair Stone werben, wenn sie folgende Bedingungen erfüllen: Importeure und ausländische Exporteure, die ihre Lieferkette nach dem Fair Stone Sozialstandard zertifizieren möchten, müssen eine Erklärung ihrer Lieferanten vorlegen, in dem sich diese verpflichten, auf Kinder- und Zwangsarbeit zu verzichten und die Arbeitsbedingungen in den Betrieben und Steinbrüchen zu verbessern. Ein Steinbruch, der eine Kooperation mit Fair Stone eingegangen ist, darf beispielsweise erst über 14 Jahre alte Jugendliche beschäftigen. Die Händler und Zulieferer haben drei Jahre Zeit, diesen in mehreren Stufen zu erreichenden Sozialstandard umzusetzen. Erst nach Ablauf dieser Umstellungsphase lässt Win-Win diese Betriebe unabhängig durch Auditoren kontrollieren. Werben dürfen die Händler mit dem Label jedoch schon vor Ablauf der drei Jahre. Dies sei wichtig, sagt Werner, da »die Umstellung auf eine gerechtere Produktion für die Betriebe eine riesige Aufgabe darstellt, die einfach nicht von heute auf morgen zu schaffen ist.« Solange die Branche keine 20 Jahre Erfahrung mit fairen Ansätzen habe, sei es »vermessen zu behaupten, die Steine würden zu garantiert hundert Prozent fair hergestellt.« Das, so Werner, könne auch das Fair Stone-Siegel dem Kunden nicht garantieren. Und doch setzt er auf größtmögliche Transparenz: Seine Kunden können schon vor der ersten Kontrolle nach drei Jahren den Weg der Lieferung konkret folgen. Über das Programm »Tracing Fair Stone« auf der Internetseite von Fair Stone können sie nach einer Bestellung erfahren, welcher chinesische Betrieb mit welchen Sozial- standards ihre Bestellung bearbeitet und welchen Weg diese nach Europa nimmt. Welche Händler Fair Stone-Ware anbieten, findet sich im Internet unter http://fairstone.win--win.de/haendler.htm. Mit der Bauhaus AG hat sich zudem einer der großen Baumärkte bereit erklärt, sich dem Internati- onalen Sozial- und Ökostandard Fair Stone anzuschließen. In den Filialen soll dann Granit mit dem Fair Stone-Zeichen angeboten werden.

Die Bilder von schuftenden Kindern in den Steinbrüchen Indiens sowie die Berichte über miese Arbeitsbedingungen in manchen Minen Chinas führen allmählich zu einem Umdenken der Natursteinbranche. Die meis- ten Baumärkte haben inzwischen damit begonnen, Verhaltenskodizes zu verfassen und ihre Zulieferkette zu überwachen. Allerdings unterscheiden sich die Kriterien, die sie einem Sozialaudit zugrunde legen, mitunter stark. Nachvollziehbare und nachkontrollierbare Informationen über die Produ- zenten oder Lieferwege bekommt der Kunde fast nie, kritisiert daher auch das Südwind Institut und fordert einen einheitlichen Zertifizierungsstan- dard für die gesamte Branche. Doch solch ein einheitlicher, strenger Kodex bleibt wohl vorerst Utopie – noch weigern sich die meisten Natursteinhänd- ler, Baumärkte oder Küchenhersteller, ihre Zuliefererwege transparent zu machen. Oder sie verweisen auf »kinderfrei«-Garantien, die sie von den Zulieferern schriftlich erhalten haben. Auf solche Zertifikate will sich Kin- derrechtsexperte Pütter aber nicht verlassen: »In Indien kann man sich für ein paar Cent jedes Zertifikat kaufen.«

### Steine für Rathaus, Kirche und Marktplatz

Einer der mit Abstand wichtigsten Kunde des Natursteinhandels ist die öf- fentliche Hand: Ein Großteil der in Indien oder China gehauenen Granitblö- cke wird in hiesigen Innenstädten zu Pflastersteinen, Fußgängerzonen oder Gehwegen verarbeitet. Ihrer Macht als Konsumenten werden sich immer mehr Städte und Gemeinden, Landesregierungen und Landkreise bewusst: Sie weigern sich, Produkte zu kaufen, die von ausgebeuteten Kindern und unterbezahlten Erwachsenen hergestellt worden sind. Allein in Deutschland haben sich mittlerweile mehrere Kommunen, darunter Großstädte wie München, Stuttgart oder Gelsenkirchen, verpflichtet, nur noch »saubere« Baumaterialien von Anbietern zu kaufen, die nachweisen können, dass keine Kinderarbeit mit im Spiel ist. Leicht ist es ihnen in der Vergangenheit damit nicht gemacht worden: Das deutsche Vergaberecht hat es Kommunen bis zum Frühjahr 2009 massiv erschwert, bei Ausschreibungen soziale Belange zu berücksichtigen. Vielmehr waren die öffentlichen Auftraggeber gezwungen, dem wirtschaftlich günstigsten Angebot den Zuschlag zu geben. Weil Pflastersteine aus Indien oftmals nur die Hälfte von deutschen Steinen kosten, hatten meist nur diese billigen Steine bei öffentlichen Ausschreibungen eine Chance. Das hat sich inzwischen geändert: Im Frühjahr 2009 verabschiedete der Bundesrat das Gesetz zur Modernisierung des Vergaberechtes. »Bestimmte Verhaltensanweisungen an die ausführenden Unternehmen« sind jetzt laut Gesetz sogar gewollt: Soziale Aspekte dürfen, ja sollen nun bei den Geboten ein Auswahlkriterium sein.

##  Faire Natursteine

**Deutschland:** Xertifix-gesiegelte Natursteine u.a. bei: Signum GmbH (www.signum-grabzeichen.de); Firma Seib GmbH (www.seib-natursteine.com); NGR Natursteingesellschaft mbH (www.steine-aus-rheine.de); NGR International GmbH Stones for Living (www.ngr-international.eu); Steinzeit Natursteine GmbH (www.steinzeit.de); Stone Experts Naturstein Großhandels GmbH (www.stone experts.de); Nord-Stein GmbH (www.nord-stein.de); Saint-Gobain Building Distribution Deutschland GmbH (www.sgbd-deutschland.com); NZR Naturstein Zentrum Ruhr GmbH (www.nzr-bochum.de). Fair Stone gesiegelte Natursteine u.a. bei: Witzigmann (www.witzigmann.biz/start.html), Zankl (www.zankl-granit.de), Eastern Granit (www.easterngranit.de), Bauhaus (www.bauhaus.info), KSV Kies- und Sandvertrieb (www.steinimgarten.de)

**Österreich:** Xertifix-gesiegelte Steine gibt es bei: Stein & Co Handels-GesmbH (www.steinundco.com). Fair Stone gibt es in Österreich nicht.

**Schweiz:** Xertifix-gesiegelte Steine gibt es bei: Eckardt Natursteine AG (www.eckardt.ch). Fair Stone-gesiegelte Natursteine: Inbra (www.inbra.de), Natura Stein AG (www.naturastein.ch), Fiorini AG (www.baerlocher-natursteine.ch/baerlocher/main/fiorini_ag).

## OLIVENÖL

*Zaytoun* ist das arabische Wort für Olive. *Al Zaytouna* nennt sich auch der Non-Profit-Zusammenschluss von 1.700 Olivenbauern, die seit 2009 das weltweit erste Fairtrade-zertifizierte Olivenöl herstellen. Was es neben seinem Geschmack so besonders macht, ist sein Ursprungsland: Palästina. Trotz aller politischen Probleme und wirtschaftlichen Hindernisse ist es den Bauern dort gelungen, sich zu organisieren und eine eigene Fairhandelsvereinigung zu gründen.

Eine treibende Kraft hinter der Bewegung ist Nasser Abufarha. Er hat die Kooperativen auf lokaler Ebene organisiert. Abufarha gelang es, Produzenten, verarbeitende Betriebe und Exportunternehmen in der 2004 in Jenin gegründeten Palestine Fair Trade Association (www.palestinefairtrade.org) an einen Tisch zu bringen. Ziel der Organisation ist es, den einheimischen Bauern faire Preise für ihre Produkte zu zahlen, Anbau und Produktion zu optimieren, den Bauern bei der Umstellung auf Bio zu helfen und traditionelle Anbaumethoden zu bewahren. Verkauft wird das Ölivenöl von Canaan Fair Trade. Abufahra ist Gründer und Direktor dieser Vermarktungsorganisation.

## »Gegen alle Widerstände«

*Interview mit Nasser Abufahra, Direktor von Canaan Fair Trade und Mitglied der Palestine Fair Trade Association.*

*Herr Abufahra, wie kamen Sie auf die Idee, den Fairen Handel nach Palästina zu bringen?*

Als ich in den USA studierte, hatte ich einen Freund. Der besaß in Madison, Wisconsin, einen Coffee Shop – und er war es, der mir erklärte, wie Fairer Handel funktioniert. Als ehemaliger Menschenrechtsaktivist der palästinensischen Studentenbewegung war ich

von dem Konzept sofort begeistert. Schließlich sollten ja ausge-
schlossene Gruppen unterstützt werden. Mich interessierten allerdings weniger die wirtschaftlichen Ungerechtigkeiten zwischen
Süd und Nord, die Armut oder die Frage subventionierte Bauern
gegen nicht subventionierte Bauern. Mir ging es darum, den Bauern
in meinem Land einen Marktzugang für Olivenöl zu verschaffen.
Als ich Ende 2003 nach Palästina zurückkehrte, war Olivenöl ein
Produkt, das Unterstützung benötigte.

*Unter welchen Bedingungen mussten die Bauern damals arbeiten?*

Durch den Konflikt mit Israel ging es mit der Wirtschaft bergab. Für
Palästinenser gab es kaum Jobs. Viele weiterverarbeitende Betriebe,
die in den neunziger Jahren gegründet worden waren, mussten
während der Intifada wieder schließen. Und diejenigen Palästinenser, die in Israel arbeiteten, haben ihre Arbeit verloren, als Israel
begann, die Grenzen zu schließen und eine Mauer zu errichten. Die
Folge war, dass viele Menschen, gerade auch die jungen, in Palästina aufs Land zurückkehrten. Sie gingen wieder auf die Felder, um
etwas Geld zu verdienen. Der Marktpreis für Oliven lag damals bei
acht Schekel pro Kilogramm Olivenöl (1 Schekel = etwa 0,2 Euro.
Anm. der Autoren), während die Produktionskosten etwa elf Schekel betrugen. Viele Bauern ernteten daher nur für den Eigenbedarf.
Den Rest der Oliven ließen sie am Baum hängen. Sie hätten ansonsten nur Geld verloren.

*Hatten die Olivenbauern überhaupt Zugang zum Weltmarkt?*

So gut wie nicht. Selbst ihr Zugang zu lokalen Märkten ist bis heute
wegen des Konflikts mit Israel stark eingeschränkt. Küstenstädte
und Camps werden belagert. Überall wird kontrolliert. Manchmal
können die Bauern nicht einmal nach Nablus gelangen, der nächsten Stadt von Jenin aus. Was den Bauern in den vergangenen Jahren
geholfen hat, war, dass einige ausländische Kirchen und Solidari-
tätsgruppen unser Olivenöl gekauft und es im Ausland angeboten
haben. Sie zahlten dabei etwas mehr als den Marktpreis.

*Wäre schon 2003 eine FLO-Zertizierung möglich gewesen?*

Nein, ich hatte zwar bei FLO angefragt. Aber dort splitteten sich
gerade FLO und FLO-CERT auf (s. S. 45). Man sagte mir, ich solle
nach der Teilung wiederkommen. Auch wollte FLO erst einmal prü-

fen, ob überhaupt Nachfrage nach Fairtrade-Olivenöl besteht. FLO musste ja auch erst mal einen Standard für Olivenöl erarbeiten. Es war uns schon klar, dass das alles ein bisschen dauern würde.

*Was haben Sie also gemacht?*

Wir haben begonnen, allgemeine FLO-Richtlinien umzusetzen. Das heißt, wir haben unsere eigenen Produktrichtlinien entwickelt und unseren eigenen Mindestpreis festgelegt. Der entsprach übrigens in etwa dem Preis, den FLO Jahre später als Mindestpreis für Olivenöl festgelegt hat. Nächster Schritt waren die Ausbildungsworkshops, die wir in einigen Dörfern organisierten. Die Oliven sollten qualitativ besser werden, wir mussten sie ja schließlich »exporttauglich« machen. Dabei stellten wir fest, dass die Bauern nur zehn bis fünfzehn Prozent der Oliven zur höchsten Qualitätsstufe brachten. Es bestand also noch ganz viel Potenzial, die Qualität zu verbessern. Wichtig war auch, den Bauern erst einmal das Konzept Fairer Handel zu erklären. Wir sprachen mit ihnen über ihre Erwartungen, aber auch ihre Pflichten und ihre Verantwortungen.

*Und wie haben die Olivenbauern reagiert?*

Einige standen der Fairtrade-Idee sehr skeptisch gegenüber. Sie fragten sich: Und wer zahlt die Differenz zum Marktpreis? Warum sollte jemand 15 Schekel für das Kilo Olivenöl zahlen, wenn er es auch für acht Schekel kaufen kann? Da musste doch etwas faul dran sein. Wir haben den Bauern erklärt, dass es Menschen gibt, die sich Gedanken um die Situation in Palästina machen. Die bereit sind, für fair gehandeltes Olivenöl mehr Geld zu bezahlen. Schließlich konnten wir 20 Tonnen Olivenöl für 15 Schekel ins Ausland verkaufen – das war fast zum doppelten Marktpreis. Und das hat bei allen Beteiligten und den Medien Aufsehen erregt. Auch FLO erkannte das Potenzial für faires Olivenöl und hat schließlich 2009 den neuen Standard entwickelt

*Gibt es auch Bio-Olivenöl mit dem Fairtrade-Siegel?*

Ja, der Anteil steigt ständig. Bereits 2006 wurden 375 Olivenbauern von IMO, dem Institut für Marktökologie, bio-zertifiziert. Inzwischen sind es rund 900, und jedes Jahr kommen etwa 200 bis 300 Bauern hinzu. Im Rahmen des IMO-Programms »Fair for Life« werden inzwischen auch Trockentomaten und Mandeln bio- und fair zertifiziert.

## Olivenanbau in Palästina

Palästina ist eines der Gebiete mit den ältesten Olivenkulturen am östlichen Mittelmeer – und kaltgepresstes Olivenöl das wichtigste Exportprodukt. Rund ein Fünftel der landwirtschaftlichen Produktion in Palästina sind Oliven. Vom Verkauf des Öls – jährlich werden etwa 35.000 Tonnen Olivenöl in Palästina produziert – leben etwa 100.000 Familien. Ein Drittel des Öls wird im Land verbraucht.

*Wie hat der Faire Handel das Leben der Olivenbauern verändert?*

Er hat ihr hartes Leben verbessert. Zunächst einmal sind die Einkommen gestiegen. Heute verdient ein Bauer etwa 30 Prozent mehr, als wenn er über die üblichen Märkte verkaufen würde. Generell ist der Marktpreis des Olivenöls von anfänglich 15 auf 22,5 Schekel pro Kilo für faires Bio-Olivenöl der höchsten Qualitätsstufe geklettert. Zudem haben wir einen Absatzmarkt, auf den wir uns verlassen können. Das hat den Farmern Mut gemacht, in ihre Farmen zu investieren. Mit Hilfe der Prämie haben sie Werkzeug gekauft, den Anbau verbessert und ausgeweitet. Auch soziale Projekte sind geplant. Inzwischen hat sich die Fairtrade-Idee fest unter den Bauern etabliert. Es geht schließlich nicht nur um Preis und Prämie, sondern auch um Selbstbestimmung und Selbstverantwortung. ■

 **Faires Olivenöl**

Olivenöl und Oliven mit dem Fairtrade-Siegel – bio wie auch konventionell – sind bislang nur in Großbritannien, den USA oder direkt bei Canaan Fair Trade (www.canaanfairtrade.com) erhältlich. Canaan bietet auch folgende Produkte an, die nach IMO-Richtlinien fair und bio zertifiziert sind: Couscous, Trockentomaten, Thymian, Mandeln, Kapern in Olivenöl und Seife aus Olivenöl. Das Olivenöl wird zudem über Zaytoun CIC (www.zaytoun.org) vertrieben – ebenfalls in Großbritannien. Eine Liste der Verkaufsstellen findet sich unter: www.zaytoun.org/distribution/retail/. Bestellungen über das Internet sind auf Anfrage möglich.

**Deutschland:** Olivenöl aus Palästina ist in Bioqualität und fair gehandelt (allerdings ohne das FLO-Siegel!) beispielsweise bei dwp
Ravensburg, dem Fairtrade Center Breisgau (www.fairtradecenter.
info) und der gebana (www.gebana.com) erhältlich.

**Österreich:** Hier kann fair gehandeltes Olivenöl über www.welt
laeden.at, über den Online-Shop der Eine-Welt-Handel AG (http://
shop.eine-welt-handel.at/shop/default.asp?shop=1) oder die gebana bestellt werden.

**Schweiz:** Die gebana vertreibt (www.gebana.ch) faires Bio-Olivenöl
aus Palästina – unter anderem auch im 3-Liter-Kanister.

## ORANGENSAFT

Ein Glas Orangensaft – das gehört für viele zum Frühstück wie Kaffee,
Brötchen oder Marmelade. Zehn Liter des vitaminreichen Zitrusgetränks
trinken die Deutschen durchschnittlich im Jahr. Nur Apfelsaft ist beliebter.
Doch weil frisch gepresster Orangensaft relativ teuer ist, greifen die meisten Konsumenten auf Saft zurück, der aus dem günstigeren Orangensaft-
konzentrat hergestellt wird.

Und das kommt häufig aus Brasilien. Das südamerikanische Land ist der
weltweit größte Produzent von Orangensaftkonzentrat. Rund 1,2 Millionen
von insgesamt zwei Millionen Tonnen Konzentrat werden hier jährlich hergestellt. Etwa 150 Millionen Orangenbäume stehen alleine im Bundesstaat
São Paulo, dem größten Anbaugebiet des Landes. Und das auf einer Fläche,
die der Größe der alten Bundesrepublik entspricht.

Doch unter fairen Bedingungen werden nur die allerwenigsten Orangen
angebaut. Die brasilianische Orangenproduktion liegt in der Hand weniger
Konzerne. Kleinere, mit geringen Kapitalreserven ausgestattete Orangen-
safthersteller wurden in den letzten Jahren gnadenlos vom Markt gefegt.
Gab es 1998 im Bundesstaat São Paulo noch 17 Unternehmen mit 25 Fabriken, blieben davon 2008 nur noch vier Unternehmen und 13 größere Fabriken übrig. Diese besitzen genügend Marktmacht, um die Orangenpreise
und die Löhne der Pflücker fast nach Belieben zu diktieren. Arbeitswillige
finden die Unternehmen im Überfluss – Pflücker lassen sich aus dem rie-

sigen Heer der Landlosen rekrutieren, die Brasiliens landwirtschaftlicher Strukturwandel der letzten Jahrzehnte hervorgebracht hat. Die meisten von ihnen akzeptieren notgedrungen selbst miserable Arbeitsbedingungen. Dazu gehört neben ausbeuterischen Löhnen auch, dass sie sich Pestiziden ungeschützt aussetzen müssen. Denn Gifte werden auf den auf Monokultur ausgerichteten Orangenplantagen flächendeckend eingesetzt.

Bessere Arbeitsbedingungen finden Pflücker auf den Feldern der Fairtrade-Kooperative Cooperativa dos Agropecuaristas Solidarios de Itápolis (Coagrosol) vor. Der Kleinbauern-Zusammenschluss nordwestlich von São Paulo lässt seine Orangen selber zu Konzentrat verarbeiten und vermarktet dieses über den Fairen Handel nach Belgien, Deutschland und in die Schweiz. Um die Orangenernte einzubringen, heuern die Familienbetriebe der Kooperative Pflücker an. Diese erhalten zusätzlich zu ihrem vereinbarten Lohn die Möglichkeit, sich und ihre Kinder innerhalb der Genossenschaft weiterzubilden. Dort lernen sie schreiben und lesen oder einen Computer zu bedienen. Finanziert werden die Kurse mit der Fairtrade-Prämie. Diese bekommt die Kooperative zusätzlich zum festgelegten Mindestpreis von ihren Kunden, wie etwa der deutschen Fairhandelssorganisation GEPA. Wie sie die Prämie verwenden, entscheidet ein Komitee der Kooperative Coagrosol. Es besteht aus Vertretern der Pflücker, dem Vorsitzenden des Gewerkschaftsdachverbandes und einem Repräsentanten der Orangenbauern von Coagrosol.

Inzwischen baut Coagrosol immer mehr Bio-Orangen an. Davon profitieren alle: Die Pflücker von einer sauberen Arbeitsumgebung und die Kleinbauern von höheren Mindestpreisen und Prämien. Erhalten sie für fair hergestelltes Orangensaft-Konzentrat 1.700 US-Dollar plus 100 US-Dollar Prämie pro Tonne, so beträgt der Preis für fair und ökologisch produziertes Konzentrat 2.500 und die Prämie 165 US-Dollar. Letztendlich kann sich auch der Konsument in Europa über einen Orangensaft freuen, der umweltschonend produziert wurde und gleichzeitig die Lebensbedingungen von Kleinbauern und Pflückern berücksichtigt.

**Fairer Orangensaft**

**Deutschland:** Obwohl 2008 mit rund 4,5 Millionen Litern etwa 80 Prozent mehr Orangensaft als im Vorjahr verkauft wurden, trinken die Schweizer mehr als doppelt so viel Fairtrade-zertifizierten Orangensaft wie die Deutschen. Auch der Bioanteil liegt im Vergleich zu anderen Fairtrade-Produkten mit fünf Prozent sehr niedrig. Mit dem »bio C« des Saftherstellers Voelkel kam 2008 der erste Fairtrade-Orangensaft als Direktsaft (kein Konzentrat) auf den Markt. Weitere Anbieter von Orangensaft, Orange-Mango- und Multivitaminsaft mit Fairtrade-Siegel sind die Firma Pfanner, Rauch, Vita Verde, die GEPA und Lidl. Die fair gehandelten Fruchtsäfte sind bundesweit in Supermärkten und Weltläden erhältlich.

**Österreich:** Die Österreicher tranken 2008 4,1 Millionen Liter Fairtrade-zertifizierte Fruchtsäfte, fünf Prozent mehr als im Vorjahr. Verkauft wurden 2008 Fairtrade-Säfte, vorwiegend Orangensaft, im Wert von 5,8 Millionen Euro. Als Fairtrade-Säfte sind folgende Sorten erhältlich: Orangensaft (Pfanner, Vita Verde, GEPA, Hofer und Rauch), Mango-Nektar (Pfanner), Orangen-/Mangosaft (Vita Verde, Hofer), Multivitaminsaft (Hofer, Pfanner). Verkaufsstelleninfo unter www.fairtrade.at / Produkte-Shops / Getränke. Die EZA (www.eza. cc) vertreibt Orangensaft der GEPA in ihren Weltläden.

**Schweiz:** Der Absatz Fairtrade-zertifizierten Fruchtsafts in der Schweiz konnte sich 2007 mit 9,4 Millionen Litern gegenüber 2006 mehr als verdoppeln. 2008 stagnierte der Umsatz mit 9,5 Millionen Litern. Der Marktanteil beträgt 7,7 Prozent. Bislang ist der fair gehandelte Fruchtsaft in der Schweiz noch nicht in Bioqualität erhältlich. Seit 2007 vertreibt der Fruchtsaftspezialist Michel, der zu Rivella gehört, ausschließlich Fairtrade-zertifizierten Orangensaft. Er ist in zahlreichen Supermärkten und Geschäften erhältlich, darunter Coop, Spar, Esso, BP, Shell und Volg. Weitere Anbieter unter www.maxhavelaar.ch / Produkte / Bezugsquellen. Über Claro fair trade (ww.claro.ch) sind Orangen- und Grapefruitsaft, Mango- und Früchtenektar, diverse Sirupsorten und Kokosmilch erhältlich.

# Reis

Für über zwei Milliarden Menschen – das ist etwa jeder Dritte in Asien, Lateinamerika und Afrika – ist Reis das wichtigste Nahrungsmittel. Im Jahr 2008 wurden nach Angaben der Welternährungsorganisation (FAO) weltweit rund 456 Millionen Tonnen geschälter Reis produziert – rund 90 Prozent davon in Asien. Die weltweit größten Produzenten sind China und Indien. Beide Länder alleine erzeugen etwa die Hälfte der Weltproduktion – das meiste davon für den Eigenbedarf. Weniger als zehn Prozent der weltweiten Reisproduktion gehen in den Export. Die FAO schätzt, dass rund 90 Prozent des weltweit produzierten Reises von Kleinbauern in Entwicklungsländern angebaut werden. Zu den wichtigsten Reisexporteuren zählen Thailand, Vietnam, Pakistan und die USA.

Bei den meisten Reisproduzentenländern hat die Eigenversorgung der Bevölkerung absolute Priorität. Um Reis zu exportieren, müssen daher strenge gesetzliche Vorschriften eingehalten werden. Dennoch kommt es vor, dass Menschen in Ländern hungern, in denen Überschüsse an Reis erwirtschaftet werden. In Indien beispielsweise werden seit einigen Jahren regelmäßig beträchtliche Reisüberschüsse produziert, die teils exportiert, teils als Reserve eingelagert werden. Doch besonders auf dem Land, wo der Großteil des Reises produziert wird, haben die Menschen nach Angaben der FAO nicht genug zu essen.

Das hat mehrere Gründe: Seit die Welthandelsorganisation (WTO) Mitte der neunziger Jahre begann, Handels- und Zollschranken abzubauen, mussten auch Entwicklungsländer ausländischen Produkten ihre Türen öffnen. Die Folge war, dass billiger und hoch subventionierter Reis aus der EU, den USA, Taiwan, Südkorea oder Japan auf die Märkte der Entwicklungsländer gelangte. Damit können die einheimischen Bauern nicht konkurrieren. Laut einer Reisstudie von Brot für die Welt aus dem Jahr 2007 »registrierte die FAO zwischen 1982 und 2003 in 102 Ländern 408 Fälle so genannte Reisimportfluten«. Als Hauptgründe wurden in der Studie »die Liberalisierung von Importen, niedrige Weltmarktpreise und Versorgungsengpässe in den Einfuhrländern« angegeben. Weiter heißt es, dass Studien der britischen Hilfsorganisation Oxfam »sehr deutlich darauf hinweisen, dass die Reisimporte die Armut unter den kleinbäuerlichen Reiserzeugern in Haiti, Indonesien, Ghana, Honduras und anderen Ländern signifikant vergrößert haben«.

Schon vor rund 20 Jahren befanden sich viele Reisbauern in einer wirtschaftlich schwierigen Lage. Daraufhin begann die Schweizer Fairhandelsorganisation claro fair trade AG Ende der achtziger Jahre, Reis aus einer wirtschaftlich stark benachteiligen Region Thailands in die Schweiz zu importieren. Das Ziel war, den Reisbauern neue und sichere Einkommensquellen zu erschließen. Das war nicht unumstritten – wurde doch damals in Kreisen des Fairen Handels diskutiert, ob der Export von Grundnahrungsmitteln nicht mit dem Ziel im Widerspruch stünde, die Ernährungssicherheit dieser Bauern zu gewährleisten. Doch claro fair trade konnte nachweisen, dass die importieren Sorten für den Verkauf angebaut wurden. Für den Eigenbedarf pflanzten die Bauern eine andere Sorte an. Claros Beispiel machte Schule. Immer mehr Fairhandelsorganisationen begannen, Reis zu fairen Bedingungen aus unterschiedlichen Entwicklungsländern zu importieren.

In Deutschland kam der erste Fairtrade-zertifizierte Reis 2006 auf den Markt. Anfänglich konnte ihn der Verbraucher nur im Weltladen oder im Naturkostladen kaufen. Seit 2008 bekommt man fair gehandelten Jasmin- und Basmati-Reis auch in Demeter-Bio Qualität und im Lebensmitteleinzelhandel, ja sogar beim Discounter. Von 2007 auf 2008 hat der Absatz an fair gehandeltem Reis in Deutschland um 48 Prozent auf 451 Tonnen zugelegt – davon hat jedes zweite Reiskorn Bioqualität. Nimmt man den Reisverbrauch in Asien als Maßstab, sind die Deutschen allerdings Reismuffel: Während jeder Asiate jährlich im Schnitt 120 Kilo Reis isst, kommt der Bundesbürger gerade mal auf 3,3 Kilo.

 **Fairer Reis**

**Deutschland:** Zahlreiche Bioläden und Biosupermärkte vertreiben fair gehandelten Demeter Reis der Firma Davert (www.davert.de) in verschiedenen Variationen und Verpackungsgrößen. Fairtrade-zertifizierten Reis vertreiben die GEPA (www.gepa.de; unterschiedliche Sorten, bio und konventionell), Tegut (Davita Bio-Basmatireis), Lidl (Fairglobe; Jasmin- und Basmatireis). Fair gehandelter Reis ist darüber hinaus auch im Weltladen, bei dwp (www.dwp-rv.de, Bio-Basmatireis) und EL PUENTE (Bio-Jasminreis) erhältlich.

**Österreich:** 2008 wurden 129,7 Tonnen Fairtrade-Reis (inklusive Quinoa) verkauft, ein Plus von 2,3 Prozent im Vergleich zum Vorjahr. Verschiedene Supermärkte bieten fair gehandelten Reis in verschiedenen Ausführungen an. Die Bezugsquellen finden sich unter www.fairtrade.at. Die Importorganisation EZA (www.eza.cc) hat verschiedene Reissorten im Sortiment.

**Schweiz:** Die Schweizer gehen einmal mehr mit gutem Beispiel voran: 2008 wurden 1287 Tonnen Fairtrade-Reis im Wert von etwa 2,9 Millionen Euro verkauft. Der Bioanteil lag allerdings nur bei 19 Prozent. Sehr große Auswahl an fair gehandeltem Reis hat die claro fair trade AG (www.claro.ch). Caritas Schweiz (www.caritas-fairtrade.ch) verkauft Bio-Basmatireis.

## SOJA

Wenn Alberto Fritzen über die Zukunft spricht, tauchen Sorgenfalten auf der Stirn der ansonsten lausbubenhaft-heiteren Gesichts auf. Der deutschstämmige Brasilianer baut Bio-Soja in Capanema an. Der Ort im Bundesstaat Paraná, nahe der berühmten Wasserfälle von Iguaçu, gilt als die Wiege des ökologischen Landbaus in Brasilien. Doch die ist gefährdet: Immer mehr Nachbarn von Fritzen bauen gentechnisch veränderte Soja an.

Vor über 20 Jahren haben in Capanema die ersten Kleinbauern auf Bioanbau umgestellt. Sie taten es sich selbst, ihren Familien und der Umwelt zuliebe. Für viele von ihnen, auch für den Soja-Bauern Fritzen, bedeutet »Bio« mehr, als nur gesund zu leben. Es ist eine Lebenseinstellung. Fritzen produziert auf seinem Hof fast alles selbst: Käse, Fleisch, Milch, Eier, Früchte, Honig – seit einigen Jahren sogar Wein. Alles ökologisch angebaut, gesünder geht es kaum, seine Soja sogar nach den strengen Richtlinien des Öko-Anbauverbands Demeter. Mit den Einkünften daraus bestreitet Fritzen seinen Lebensunterhalt. Er hat ein hübsches einfaches Holzhaus, der Vorgarten ist top gepflegt.

Das hört sich idyllisch an. Doch der Alltag des 53-jährigen Biobauern ist hart – auch wenn er sich im Laufe der Jahre ein gebrauchtes Auto, eine Gefriertruhe, Satellitenfernsehen und auch Internetanschluss anschaffen konnte. Um Haus, Hof und Felder in Schuss zu halten, rackert er sieben

Tage in der Woche. Urlaub kennt er nicht. »In guten Jahren bleibt ein wenig Geld übrig, in schlechten reicht es gerade, um die Bankschulden zu bezahlen«, sagt Fritzen.

Die schlechten Jahre könnten bald überwiegen, befürchtet Fritzen. Auf einem Viertel seiner zehn Hektar Land baut er Bio-Soja an. Alles mit der Hacke, mit Ochsen und Pflug. Der Anbau von Bio-Soja bedeutet viel Handarbeit, und die kann in der subtropischen Hitze ziemlich beschwerlich sein. Auch aus diesem Grund sind viele Nachbarn von Fritzen in den letzten Jahren auf genmanipulierte Soja umgestiegen. Für Fritzen ein Riesenproblem: »Die gentechnisch veränderte Sojasaat macht uns Biobauern kaputt«, sagt er. Die Saat, produziert von US-Konzernen wie Monsanto, wird auch in Brasilien immer beliebter. »Viele glauben, der Anbau von Gentech-Soja ist leichter, weil weniger Unkraut wächst«, so Fritzen. »Doch bei Bioanbau musst du nun mal mit der Hacke ran«.

Die Felder der Nachbarn, auf denen die gentechnisch veränderte Saat wächst, rücken immer näher an Fritzens Boden heran. Auf jedem zweiten Sojafeld in der Region Capanema wird inzwischen Gen-Soja angebaut. Sie könnte Fritzens Ernte verunreinigen. Seine Bio-Soja in Demeter-Qualität vermarktet er über die Schweizer Fairhandelsorganisation gebana. Sollten Spuren von Gen-Soja in Fritzens Ernte gefunden werden, würde er den Bio-Aufschlag verlieren. Dann würde Fritzen für seine Ernte nurmehr den Preis erhalten, der für konventionell erzeugte Soja gezahlt wird. Und das bedeutet einen Verlust für Fritzen von rund 30 Prozent.

Die Gen-Soja ist nicht Fritzens einzige Sorge. Sojapreise werden in US-Dollar berechnet. Doch gegenüber dem brasilianischen Real hat der Dollar in den vergangenen Jahren stark an Wert verloren. Dadurch wird Fritzens Soja immer teurer, ohne dass er darauf Einfluss hat – genauso wenig wie auf die starken Preisschwankungen der Soja auf den internationalen Märkten. Die zumindest könnte Fritzen künftig etwas abfedern. Denn seit Ende 2008 hat die Fairtrade Labelling Organizations International (FLO) einen Standard für fair gehandelte Sojabohnen entwickelt. Das bedeutet auch für Soja unter anderem: festgelegte Mindestpreise und eine Fairtrade-Prämie. »Ein fester Sojapreis wäre nicht schlecht«, sagt Fritzen. »Wer bereits bei der Aussaat durch den garantierten Mindestpreis weiß, wie viel Geld er für die Ernte bekommt, ist doch ganz anders motiviert«.

Bei der gebana (s. S. 60), Fritzens Aufkäufer, ist man ebenfalls an dem neuen Standard interessiert. Das Schweizer Fairhandelsunternehmen setzt wie FLO auf langfristige Handelsbeziehungen, Vorfinanzierung und transparente Preispolitik. Anders als bei FLO erhalten die Kleinbauern der gebana aber keinen festgelegten Mindestpreis und auch keine Prämie. Dafür zahlen die Schweizer den Biosoja-Bauern in Capanema einen Preis, der bis zu 50 Prozent über dem Weltmarktpreis liegt.

Bis Sojaprodukte mit dem Fairtrade-Gütesiegel in Deutschland erhältlich sind, wird es allerdings noch dauern. Zunächst müssen die Sojabauern über die Möglichkeiten informiert werden, die ihnen der neue Standard bietet. Gebana-Geschäftsführer Adrian Wiedmer ist zuversichtlich, schätzt die Lage aber auch realistisch ein: »Es braucht noch ein wenig Überzeugungsarbeit«. Je mehr Bauern in Capanema die neuen Standards übernehmen, desto besser für den biofairen Anbau der Region. Denn genmanipulierte Soja ist beim neuen Fairtrade-Standard verboten.

 **Faire Soja**

**Deutschland, Österreich, Schweiz:** Soja mit dem Fairtrade-Gütesiegel ist bislang in keinem der drei Länder erhältlich. Die fair gehandelte Demeter-Biosoja der gebana aus Brasilien (www.gebana.com) wird von der Freiburger Firma Taifun (www.taifun-tofu.com) zu Tofu verarbeitet. Die deutsche Importorganisation EL PUENTE vertreibt Sojabohnen der gebana. Sojaöl der gebana findet sich in einigen Produkten des Naturkosmetikherstellers The Body Shop (www.thebodyshop.de).

# SPIELZEUG

Barbie-Puppe, Teddy-Bär oder Plastikinstrument – drei von vier bundesweit verkauften Spielzeugen stammen aus Fernost. Der Deutsche Verband der Spielwaren Industrie e.V. schätzt Chinas Weltmarktanteil in dieser Branche inzwischen auf 75 Prozent. Denn das Reich der Mitte schafft dank niedriger Arbeitskosten vor allem eines: billig zu produzieren. Das geschieht dann allerdings häufig unter recht widrigen Umständen, wie die Skandale um giftverseuchtes Spielzeug in den zurückliegenden zwei Jahren immer wieder gezeigt haben: Mehrfach mussten Spielwarenhersteller wie der Weltmarktführer, der US-Konzern Mattel, oder auch der Disney-Konzern Hunderttausende von Produkten aus Fernost zurückrufen. Die Inspektoren des europäischen Schnellwarnsystems für gefährliche Konsumgüter, kurz RAPEX, entdecken bis heute Woche für Woche Spielzeugautos, die mit bleihaltiger Farbe bespritzt worden sind, oder Gummifiguren, die krebserregende Stoffe wie Weichmacher enthalten. Meist stammt das Risikospielzeug aus chinesischen Fabriken.

> TIPP:        **Stiftung Warentest vergibt schlechte Noten.** Eltern, die vermeiden wollen, dass ihr Kind mit nicht fair erzeugtem Spielzeug spielt, bei deren Herstellung Menschen ausgebeutet wurden, können auch auf diverse Untersuchungen der Stiftung Warentest zurückgreifen: Die Berliner Stiftung prüft nicht nur technische Standards und die Qualität von Produkten, sondern seit 2004 auch die Verantwortung, die das herstellende Unternehmen für Umwelt- und Sozialkriterien zeigt. Ende 2005 hat die Stiftung Warentest die Unternehmensverantwortung von Spielwarenkonzernen geprüft, die in China fern gesteuerte Spielzeugautos herstellen lassen. Das Ergebnis: Stiftung Warentest stufte Lego, Karstadt, Quelle und Neckermann als »sozial engagiert« ein. Bei Wal-Mart, Dickie oder Jamara fanden die Tester nur bescheidene Ansätze. Eine Auskunft verweigerten Toys R Us und Graupner.

Mit diesen Giften kommen nicht nur Eltern oder Kinder hierzulande, sondern tagtäglich auch die Arbeiter in den Herstellerwerken in Berührung. Schlimm sind neben den eingesetzten Chemikalien aber auch die Arbeitsbedingungen in den meisten Spielwarenfabriken in Fernost: Geringe Löhne, überlange Arbeitszeiten und das Fehlen jeglicher sozialer oder gesundheitlicher Absicherung sind dort für die meisten Arbeiter Alltag. Vom Erlös einer teuren Barbie-Puppe finden die Fabrikarbeiter nur einen Bruchteil in ihren Lohntüten wieder – trotz der Überstunden, die sie nicht nur vor Weihnachten schieben, und trotz der wenigen freien Tage, die sie bekommen. Auf besonders miese Zustände stieß 2002 die amerikanische Menschenrechtsorganisation The National Labor Committee (www.nlcnet.org) bei einer chinesischen Zuliefererfirma von Mattel, Disney, Mc Donalds und Wal-Mart. Dort hatten die Rechercheure Arbeiterinnen angetroffen, die nur einen einzigen Tag im Jahr frei und gerade mal einen Stundenlohn von umgerechnet elf Cent bekamen, schreiben Klaus Werner und Hans Weiss, Autoren des »Neuen Schwarzbuchs Markenfirmen« in der 4. Auflage 2008.

Der Erschöpfungstod der chinesischen Fabrikarbeiterin Li Chunmei, den die US-Tageszeitung »Washington Post« am 13. Mai 2002 publizierte, ist daher sicherlich kein Einzelfall. Die 19-jährige war nach wochenlangen Überstunden in einer chinesischen Spielzeugfabrik vor Weihnachten Blut hustend gestorben. Sie gehörte zu den armen Bauernkindern, die auf der Suche nach einem besseren Leben aus abgelegenen Bergdörfern in die weit entfernten Industriezentren Chinas fahren. Dort landen sie für Jahre an den Fließbändern, an denen auch Spielzeug für den deutschen Markt hergestellt wird.

> TIPP: Woche für Woche zieht die EU über das **Schnellwarnsystem RAPEX** gefährliche Produkte aus dem Verkehr – rund ein Viertel davon Spielzeuge, die meist in China hergestellt worden sind. Verbraucher können die wöchentlich aktualisierten Produktwarnungen im Internet unter http://ec.europa.eu/consu mers/dyna/rapex/rapex_archives_en.cfm oder auf der Webseite des europäischen Verbraucherzentrums in Kiel www.evz.de/UNIQ124147207311856/doc1804A.html abrufen.

Dem Weltverband der Spielzeugindustrie, dem International Council of Toy Industries, kurz ICTI (www.toy-icti.org), sind die Verletzungen von Menschen- und Arbeitsrechten in der Spielzeugindustrie bekannt. Er fürchtet angesichts der nicht endenden Rückrufaktionen und der Skandale um Verstöße gegen Arbeitsrechte in den Zulieferfirmen seit Jahren um den Ruf der Branche. Deswegen hat der Weltverband 2001 – nach langen internen Diskussionen – einen freiwilligen Verhaltenskodex erarbeitet, der Mindeststandards in Sachen Menschen- und Arbeitsrechten für China vorsieht. Die Spielzeugfabriken, so die erste Fassung des Kodex, sollen »entsprechend den Gesetzen, sicher und ohne Gesundheitsgefährdung betrieben werden.« Außerdem dürften »keine Minderjährigen, Zwangsarbeiter oder Strafgefangene« beschäftigt werden. Wochenarbeitszeit und Löhne müssten »den gesetzlichen Bestimmungen entsprechen« und »auf menschenwürdige, sichere und produktive Arbeitsbedingungen abzielen«.

Die Branche, die 2007 allein in Deutschland einen Umsatz von knapp 3,5 Milliarden Euro verzeichnete, zeigt sich allerdings wenig beeindruckt von dem Aufruf. Die Resonanz der Spielzeughersteller auf den freiwilligen Kodex ist bislang eher mau: Noch nicht einmal die Hälfte der rund 200 Mitglieder des Deutschen Verbands der Spielwaren Industrie (DVSI / www.toy.de) hat den Verhaltenskodex konsequent umgesetzt und unabhängig kontrollieren lassen – obwohl mehrere Unternehmen auf der firmeneigenen Webseite oder in Broschüren offensiv mit einem sozialen Engagement werben. »Leider«, so Ulrich Brobeil, ein Sprecher des Verbands, »verschließen noch immer viele unserer Mitglieder Augen und Ohren vor den Missständen in den Zuliefererfirmen.« Im Sommer 2008 schließlich drohte der Verband, bis Jahresende alle Unternehmen aus dem Verband zu werfen, die sich weiterhin weigerten, die Selbstverpflichtung einzugehen – eine Frist, die das Gremium selbst schon wenige Monate danach ohne Konsequenzen verstreichen ließ.

## Schlechte Noten von »fair spielt«

Welche Firmen den ICTI-Kodex umsetzen und nur noch bei ICTI-zertifizierten Lieferanten einkaufen, und welche nicht – darüber geben weder der Weltrepräsentant der Branche, der ICTI, noch sein deutscher Mitgliedsverband Auskunft. Dieser stellt zwar auf www.toy.de eine Liste mit Firmennamen ins Netz. Doch für Verbraucher ist diese Liste wenig aussagekräftig: die einzelnen Firmen bekommen lediglich eine grünen (Firma hat den ICTI-Kodex umgesetzt) oder roten (Firma blockt beim ICTI-Kodex) Punkt. Weitaus informativer ist die Firmenliste der Aktion »fair spielt«. Die Kampagne, die Misereor ins Leben gerufen hat, fordert von den Spielzeugherstellern und

Händlern, für menschenwürdige Arbeitsbedingungen in den Zulieferfirmen zu sorgen. »Fair ist für uns nur, wer die Zertifizierungsbelege auch vorlegen kann«, sagt Projektleiter Uwe Kleinert.

Unter www.fair-spielt.de informiert die Aktion Verbraucher darüber, welche Hersteller vor allem in Europa produzieren lassen (etwa Playmobil oder Ravensburger) oder welche Konzerne in Fernost mit dem ICTI-Kodex Ernst machen. Brisant: Bei »fair spielt« schneiden etliche Hersteller weitaus schlechter ab als beim Branchenverband. Ein Beispiel ist die Amigo Spiel- und Freizeit GmbH: Während der Deutsche Verband der Spielwaren Industrie e.V. dem Unternehmen per grünem Punkt menschen- und arbeitsrechtlich einwandfreie Bedingungen bescheinigt, erhält Amigo von der Aktion »fair spielt« schlechte Noten: So sei kaum ein chinesischer Zulieferer nach dem ICTI-Kodex zertifiziert. Auch gebe das Unternehmen keine Auskunft über die Umsetzung des Kodex.

Vergleicht man diese beiden Firmenlisten, findet sich dieser Widerspruch nicht nur bei Amigo, sondern auch bei Chicco, Mattel, Märklin, Mega, Lego und anderen. Der Grund: Die Aktion »fair spielt« verlangt für ihre Bewertungsskala von den Firmen einen Nachweis gültiger Zertifikate. Auch gibt es eine Staffelung, welcher Anteil der Lieferanten zertifiziert sein muss. Anders der Deutsche Verband der Spielwaren Industrie: Er kennzeichnet auch schon diejenigen Firmen mit einem grünen Punkt, die mit der Umsetzung des Kodex begonnen oder eine entsprechende Zusage gemacht haben. Hierfür stehen den Unternehmen mehrere Optionen zur Verfügung: Sie können nachweisen, dass mindestens einer ihrer chinesischen Lieferanten bereits zertifiziert ist. Sie können sich verpflichten, ab einem bestimmten Datum nur noch mit ICTI-zertifizierten Lieferanten zusammenzuarbeiten. Sie können auch das »Full Service«-Angebot des DVSI in Anspruch nehmen – gegen Entgelt leitet dieser dann die Zertifizierung der Lieferanten in die Wege. Oder sie schließen sich der Business Social Compliance Initiative (BSCI / www.bsci-eu.com) an, einer Initiative europäischer Einzelhandelsunternehmen. Die BSCI-Mitglieder müssen sich verpflichten, einen einheitlichen Verhaltenskodex zu akzeptieren, der die UN-Deklaration der Menschenrechte und grundlegende ILO-Kernarbeitsrechte umfasst.

Was Verbraucher nicht vergessen sollten: Der ICTI-Kodex der Spielzeugbranche bezieht sich nur auf die Arbeitsbedingungen in den Zuliefererfirmen der Spielzeugbranche. Er sagt nichts über die Qualität des Teddys aus, oder darüber, ob sich im Spielzeugauto giftige Substanzen befinden. Für Kleinert von der Aktion »fair spielt« hängt beides jedoch zusammen. »Wer in seinen Fabriken auf Arbeits- und Sozialstandards achtet, der schludert in der Regel auch bei der Produktsicherheit weniger.«

##  Faires Spielzeug

**Deutschland:** Die großen Fairhandels-Importorganisationen GEPA, El PUENTE oder dwp haben Kinderspielzeug in ihrem Sortiment ebenso wie viele Weltläden und der Damian TEAM-Versand.

**Österreich:** Fair gehandeltes Spielzeug bekommt man bei der EZA Fairer Handel GmbH.

**Schweiz:** Fair gehandeltes Spielzeug ist über claro fair trade erhältlich.

## Die ILO-Kernarbeitsnormen

Die Normen der Internationalen Arbeitsorganisation ILO (www.ilo. org) bilden neben der Allgemeinen Erklärung der Menschenrechte von 1948 die wichtigste Grundlage für die Garantie sozialer Rechte jedes Einzelnen. Die ILO, eine Unterorganisation der UNO, hat folgende Kernnormen entwickelt:
- Vereinigungsfreiheit und Recht auf Kollektivverhandlungen;
- Verbot von Zwangs- und Pflichtarbeit;
- Verbot von Kinderarbeit;
- Verbot von Diskriminierung jeglicher Art in Beschäftigung;
- Angemessene Löhne.

Allerdings lässt dieses Regelwerk Unternehmern und Politikern Schlupflöcher. Kritiker nennen die ILO-Standards ein Konstrukt ohne scharfe Zähne – hübsch formuliert, aber nicht durchgesetzt. Tatsächlich halten sich viele der Unternehmen nicht an die Normen. Selbst Konzerne, die einen freiwilligen Verhaltenskodex entwickelt haben, der sich an den ILO-Standards orientiert, lassen nur selten von unabhängigen Inspektoren überprüfen, ob die Standards auch eingehalten werden.

# Süsses

Zwölf Stunden für 270 Kilometer: So lange benötigt der Fahrer des Lastwagens der Kooperative El Ceibo in Bolivien, um auf abenteuerlichem Wege Kakao-Bohnen von den Plantagen im feucht-heißen Dschungel des Alto Beni bis zur Schokoladenfabrik in La Paz auf 4.000 Meter Höhe zu transportieren. Doch die gefährliche Fahrt auf der schmalen, kurvenreichen Piste lohnt sich für die Kakao-Bauern: Der fair gehandelte und biologisch angebaute Kakao von El Ceibo ist inzwischen weltbekannt.

Fünf Dorfgenossenschaften haben die Kooperative El Ceibo 1977 gegründet. Sie wuchs schnell. Zunächst bauten die Bauern in dem strategisch günstig gelegenen Ort Sapecho eine Trocknungsanlage und einen Sammelplatz für den Kakao. Mit Hilfe eines eigenen Lastwagens konnte die Kooperative die Ernte nun direkt bis La Paz bringen. Um mehr als nur den Rohstoff zu verkaufen, sondern um vielmehr auch an dessen Wertschöpfung mit zu verdienen, richtete die Genossenschaft eine kleine Schokoladenfabrik ein. Dort stellt sie seitdem Kakaobutter und Kakaopulver her. Dabei setzten die Bauern früh schon auf organisch angebauten Kakao: 1988 war El Ceibo der weltweit erste Exporteur von Bio-Kakao. Fast zehn Jahre später, 1997, stieg El Ceibo zudem in den Fairen Handel ein. 2008 verkaufte die Kooperative rund 70 Prozent ihrer Produktion mit dem Fairtrade-Siegel. Heute dient El Ceibo mit seinen etwas mehr als 800 Mitgliedern anderen Kooperativen in Lateinamerika als Vorbild. Sie haben viel erreicht: El Ceibo hat einen Gesundheits- und Pensionsfonds für die Mitglieder sowie ein Stipendienprogramm für deren Kinder eingerichtet. Mit diesen Mitteln können diese die Universität besuchen: »Unsere Kinder sind die Zukunft von El Ceibo«, sagt Kooperativenmitglied Clemente Puna.

## Schokolade und Kakao in Zahlen

Über 90 Prozent der weltweit konsumierten Schokolade werden in den Industrieländern des Nordens vernascht – und das, obgleich die beiden wichtigsten Zutaten von Schokolade, Zucker und Kakao, aus armen Ländern des Südens stammen. Rund 3,4 Millionen Tonnen (2006/2007) Kakao werden jährlich geerntet. Davon stammen etwa 12 Prozent aus Mittel- und Südamerika, 70 Prozent aus Afrika und 18 Prozent aus Südostasien. Die größten Produzenten sind die Elfenbeinküste, Ghana und Indonesien. Jeder Deutsche isst jährlich rund 10 Kilo Schokolade pro Jahr. Deutsche Unternehmen verarbeiten im gleichen Zeitraum etwa 800.000 Tonnen Kakao und 250.000 Tonnen Zucker.

Ein brutales Kontrastprogramm zur Erfolgsstory von El Ceibo ist die Kakaogewinnung in der Elfenbeinküste. Dort werden rund 40 Prozent des weltweiten Kakaos geerntet – nicht selten von Kindern. Häufig sind diese von Menschenhändlern aus den armen Nachbarländern Mali, Togo, Burkina Faso als billige Arbeitskräfte in die Elfenbeinküste verschleppt worden. Wie viele Kinder betroffen sind, darüber gibt es unterschiedliche Zahlen. Sie schwanken je nachdem, wer die Zahlen untersucht oder wie Sklaven-, Zwangs-, oder Kinderarbeit definiert wird. Einer Studie des International Institute of Tropical Agriculture (IITA) zufolge sind in der Elfenbeinküste 284.000 Kinder zwischen neun und zwölf Jahren gefährlichen oder gesundheitsgefährdenden Arbeitsbedingungen ausgesetzt. Die Internationale Arbeitsorganisation (ILO) versteht darunter auch, dass Kinder mit Macheten arbeiten oder Pestizide verspritzen müssen. Rund 12.000 dieser Kinder, so die IITA-Studie, sind Opfer von Menschenhandel und Versklavung. Das US Department of State schätzt, dass mehr als 100.000 Kinder in der Elfenbeinküste unter den schlimmsten Formen der Kinderarbeit leiden. Eine Schule besuchen diese Kinder nicht.

## Schuften statt Schule – Kinderarbeit weltweit

Jedes siebte Kind im Alter zwischen 5 und 14 Jahren muss arbeiten – seine Familie könnte ansonsten nicht überleben, schätzt UNICEF. Weltweit sind das etwa 200 Millionen Jungen und Mädchen. Fünf Prozent davon werden sogar massiv ausgebeutet, müssen sich prostituieren oder als Schuldknechte ohne Lohn schuften. Auf Plantagen, in Minen und in Sweatshops stoßen Hilfsorganisationen immer wieder auf Minderjährige, die – statt in die Schule zu gehen – Bananen oder Kakao für den europäischen Markt pflücken, Insektizide auf Feldern versprühen, schwere Natursteine für deutsche Pflasterstraßen zerhacken oder T-Shirts zusammennähen.

Doch nicht jedes Kind, das arbeitet, wird ausgebeutet, räumt die Menschenrechtsorganisation terre des hommes ein. In vielen Ländern sei die Mitarbeit der Kinder notwendig, habe sogar eine wichtige Erziehungsfunktion. Doch müssten immer die UN-Kinderrechtskonvention sowie die ILO-Konvention 182 gegen die schlimmsten Formen der Kinderarbeit eingehalten werden. An diese hält sich auch der Faire Handel. Die Konventionen verbieten nicht nur Sklaverei, Schuldknechtschaft oder Prostitution von Kindern sowie generell die ausbeuterische Arbeit von Kindern unter 14 Jahren. Vielmehr sehen sie auch das Grundrecht eines Kindes auf Bildung vor. Die Realität sieht anders aus: Über 100 Millionen Kinder besuchen laut UNESCO nicht einmal eine Primärschule.

Eine Aktion »Stoppt Kinderarbeit« hat zudem UNICEF ins Leben gerufen. Infos im Internet unter www.unicef.de/kinderarbeit.html.

Terre des hommes hat auf ihrer Webseite eine Liste von Produkten veröffentlicht, die Kinderarbeit enthalten können. Infos unter www.tdh.de.

## Das Kakao-Protokoll

Die Hersteller reagierten erst auf die Missstände, nachdem Medien massiv über die Kinderarbeit auf vielen westafrikanischen Kakaoplantagen berichtet hatten. Die Branche fürchtete um ihren Ruf. Und so unterzeichneten im Jahr 2001 die Repräsentanten der weltweiten Kakao- und Schokoladenindustrie, darunter die World Cocoa Foundation, die European Cocoa Association und die US-amerikanische Chocolate Manufacturers Association (heute Chocolate Council of the National Confectioners Association), unter Aufsicht zweier US-Senatoren und verschiedener Hilfsorganisationen das sogenannte Cocoa-Protocol. In dem freiwilligen Abkommen verpflichteten sich die Unterzeichner, gegen die schlimmsten Formen von Kinderarbeit auf den Kakaofarmen vorzugehen. Die vertretenen Schokoladenhersteller sollten außerdem bis 2005 ein Zertifizierungssystem ausarbeiten und umsetzen. Passiert ist bis heute wenig: Noch 2008 hatte es die Kakaoindustrie nach einem Bericht des International Labour Rights Fund (www.laborrights.org) nicht geschafft konkret nachzuweisen, dass ein Schokoladenriegel ohne Kinderarbeit entsteht.

Dennoch ist jenseits des Kakao-Protokolls Bewegung ins Spiel gekommen: Einige große Unternehmen lassen heute die sozialen und ökologischen Bedingungen auf den Kakaofarmen Westafrikas untersuchen und ihre Rohstoffe entsprechend zertifizieren. Kooperationen bestehen beispielsweise zwischen dem Konzern Kraft Foods (Milka, Toblerone) und der Rainforest Alliance (s. S. 98). Mit der Kontrollinstanz Utz certified (s. S. 99) arbeiten außerdem Cargill, Mars und Nestlé zusammen. Auch die Coffee-House-Kette Starbucks hat einen eigenen Kakaostandard mit starker sozialer Komponente erarbeitet. Und nach Standards der Fairtrade Labelling Organizations International (FLO) arbeiten nach eigenen Angaben inzwischen drei Kooperativen und fünf Händler in der Elfenbeinküste.

Allerdings kann keines der existierenden Zertifizierungsprogramme Kinderarbeit auf Kakaofarmen wirklich zu hundert Prozent ausschließen – nicht einmal das nach strengen Kriterien vergebene Fairtrade-Siegel. Zu diesem Ergebnis kommt zumindest das International Labour Rights Forum (ILRF) mit Sitz in Washington, USA. Das Forum hat die Kakaostandards der Rainforest Alliance, Utz certified, Starbucks und von FLO verglichen. Das Ergebnis der Untersuchung: Zwar würden alle vier die Vorgaben der ILO bezüglich Zwangs- und Kinderarbeit berücksichtigen. Doch wie diese umgesetzt würden, darüber schwiegen sich die vier Zertifizierungsorganisationen aus. Als besondere Schwachstelle erweisen sich bei allen vier die unpräzisen Angaben darüber, wie Arbeitsrechtverletzungen auf den Kakaofarmen überwacht werden sollen. Sie enthalten beispielsweise keine genaueren Angaben darüber, wie ausgebeutete Kinder gerettet und nach ihrer Befreiung weiter versorgt werden sollen.

### Fairer Kakao – die Kooperative Kuapa Kokoo

Auch wenn der Faire Handel bislang den Einsatz von Kindern auf den Kakaoplantagen nicht komplett verhindern konnte, so hat er doch dazu beigetragen, die Situation auf vielen Kakaoplantagen Westafrikas zu verbessern. In Ghana beispielsweise haben sich 50.000 kleine Kakaobauern in der 1993 gegründeten Kooperative Kuapa Kokoo zusammengeschlossen. Inzwischen verkauft die Genossenschaft rund zwölf Prozent ihres Kakaos an den Fairen Handel. Dies bedeutet weniger Abhängigkeit von Mittelsmännern sowie mehr Selbstbestimmtheit.

Die festen Preise des Fairen Handels bieten Planungssicherheit und beständige Einkommen in einem von starken Preissprüngen geprägten Kakao-markt. Mit der zusätzlich gezahlten Fairtrade-Prämie konnten Dutzende sozialer Projekte wie Brunnen, öffentliche Toiletten oder Programme zur HIV/AIDS-Prävention realisiert werden. Um zusätzliche Einkommen beson-ders für Frauen zu schaffen, hat die Kooperative verschiedene Programme initiiert, darunter die Herstellung von Seifen, Palmöl und Schnecken-zuchten. Einen gewaltigen Schritt vorwärts bringt den Fairtrade-Kakao aus Ghana die Zusage des britischen Schokoladenherstellers Cadbury, im Laufe des Jahres 2009 alle Milchschokoladen in Großbritannien und Irland kom-plett auf Fairtrade umzustellen. Das bedeutet nach Angaben von FLO eine Verdreifachung der Menge fair produzierten Kakaos aus Ghana auf jährlich rund 10.000 Tonnen.

### »Jecke Fairsuchung«

Ohne »Kamelle« – Bonbons, Schoko-Täfelchen oder Nüsse – kann sich keiner den Kölner, Düsseldorfer oder Bonner Karneval vor-stellen. Rund 180 Tonnen Süßigkeiten werfen die »Jecken« allein in diesen drei Karnevalshochburgen jedes Jahr während der Umzüge in die Menge. Seit 2002 stammt ein Teil der kleinen Zuckerbom-ben aus Fairem Handel – im Karneval 2008 waren es bereits rund fünf Tonnen. Hinter der Aktion steht der Kölner Verein »Jecke Fair-suchung« e.V. Unter der Schirmherrschaft des Fernsehmoderators Jean Pütz und des Kölner Oberbürgermeisters sind fair gehandelte Sesamriegel, Maniokchips und die »Mango Monkeys« – fruchtige Weingummi-Äffchen mit Mangomark – inzwischen zu einer festen Größe im Kölner Karneval geworden. Weitere Infos unter www.je ckefairsuchung.org.

Mehr fairer Kakao bedeutet auch mehr Auswahl für den Verbraucher. Denn Süßes aus Fairem Handel wird immer beliebter. Die Branche ist kreativ: Die Palette ist breit und reicht von Schokoladentafeln und Powerriegeln über Trinkschokolade, Liköre, Cremes und Osterhasen oder Weihnachtsmänner bis hin zu süßen Brotaufstrichen, Bonbons, kandierten Nüssen, Konfitüren, Rohrzucker, Bonbons, Gummibärchen und Honig. Vor allem fair gehandel-ter Zucker konnte 2008 mit einem Plus von 91 Prozent im Vergleich zum

Vorjahr stark zulegen. Insgesamt wurden 2008 in Deutschland 1.250 Tonnen Zucker, 276 Tonnen Kakao und 867 Tonnen Schokolade aus fairer Produktion verkauft. Der Bioanteil bei Fairtrade-Süßwaren liegt bei rund 30 Prozent. Was Verbraucher wissen sollten: Süßigkeiten wie eine Tafel Schokolade oder eine Praline bestehen oftmals aus mehreren Zutaten – und nicht alle wie beispielsweise Milchpulver gibt es aus fairer Erzeugung. Der Faire Handel regelt das so: Das Fairtrade-Siegel darf nur dann verwendet werden, wenn mindestens 51 Prozent der Zutaten des Produktes aus Fairem Handel stammen.

### Zucker, das weiße Gold: viele Davids, wenige Goliaths

Wie die meisten Schokoladenprodukte kommen auch andere Lebensmittel wie Ketchup, Joghurt oder der Modedrink »Bionade« nicht ohne Zucker aus. Das »weiße Gold« ist einer der weltweit wichtigsten Rohstoffe. Die Weltproduktion liegt bei jährlich rund 150 Millionen Tonnen. Zucker wird in 127 Ländern erzeugt, zu etwa zwei Dritteln aus Zuckerrohr und einem Drittel aus Zuckerrüben. Konsumiert wird Zucker überwiegend in den Ursprungsländern, nur rund 30 Prozent werden exportiert. Die größten Exporteure sind Brasilien, Australien, Kuba und Thailand. Für Länder wie Kuba oder Belize ist Zucker mit 70 beziehungsweise 40 Prozent das wichtigste Ausfuhrgut. Zuckerrohr wird in den Entwicklungs- und Schwellenländern zum einen von Millionen Kleinbauern und zum anderen auf großflächigen Plantagen angebaut. Doch viele Kleinbauern können nicht mit den hochtechnisierten Plantagen konkurrieren, die sich oftmals im selben Land befinden, wie man sie beispielsweise im Süden Brasiliens findet. Dort kostet die Herstellung einer Tonne Zucker laut einer Studie der deutschen Gesellschaft für Technische Zusammenarbeit (GTZ) 160 US-Dollar, während es in Afrika 250 US-Dollar sind.

Auch Präferenzabkommen der EU mit einigen afrikanischen Ländern wie beispielsweise Mosambik helfen den Kleinbauern nur wenig. Die Quoten decken nur einen Teil der Ernte der Kleinbauern ab – der Rest kann nur zu marktüblichen Preisen verkauft werden. Mit dem Vertrieb des Zuckers über den Fairen Handel haben jedoch zahlreiche afrikanische Kleinbauern einen Absatzkanal gefunden, der ihnen Preisstabilität sichert und der ihnen hilft, trotz der Großindustrie bestehen zu können. Auch in anderen Ländern unterstützt das Fairtrade-System die vom Weltmarkt benachteiligten Zuckerproduzenten mit garantierten, langfristigen Handelsbeziehungen, Mindestpreisen und einer Prämienzahlung. 13 Produzentengruppen aus Costa Rica, Peru, Paraguay, Malawi und von den Philippinen vertreiben ihren Zucker mit dem Fairtrade-Siegel.

 **Faire Süßigkeiten**

**Deutschland:** Alle großen Fairhandels-Importorganisationen und Weltläden haben fair gehandelte Schokolade und kakaohaltiges Getränkepulver im Sortiment. Darüberhinaus bieten auch Penny und Lidl faire Schokolade an. Die Schokoladenkreationen der Zotter Schokoladenfabrik sind unter anderem bei dwp und Jaques Weindepot erhältlich. Fairer Rohrrohzucker oder Rohroh-Würfelzucker von Südzucker ist in vielen Supermärkten Süddeutschlands erhältlich, darunter REWE, Edeka, Marktkauf, Schlecker, Kaufland oder Metro. Bei Globus bekommt man in Süddeutschland neben dem Würfelzucker auch noch Rohrzucker-Sticks. Bundesweit bietet Lidl seinen Rohrrohzucker der Marke Fairglobe an. Zucker in biofairer Qualität ist bei der GEPA und dwp erhältlich. Die GEPA vertreibt auch fair gehandelte Bonbons. Rapunzel und EL PUENTE bieten ebenfalls fair gehandelten Zucker an.

Auch Marmeladen in vielen verschiedenen Geschmacksrichtungen und Honig sind bei den Importorganisationen erhältlich. Fair gehandelte Eiscreme findet immer mehr Liebhaber in Deutschland. 2008 wurden bereits 180 Tonnen davon verzehrt. Seit August 2008 ist auch das aus biologisch angebauten Zutaten und ohne Zusatzstoffe hergestellte Eis der dänischen Firma Skee Ismejeri mit dem Fairtrade-Siegel in sieben verschiedenen Sorten bei tegut und Denree erhältlich. Das Unternehmen Ben&Jerry's vetreibt seine fairen Eiscremesorten in Coffee-Shops, Scoop-Shops, an Tankstellen und Autohöfen, bei Lieferdiensten, Videotheken und in Kaufhof-Filialen.

**Österreich:** Mit 545 Tonnen Kakao und Schokolade lag der Gesamtabsatz 2008 nur rund 20 Prozent über den Vorjahreszahlen, bei Zucker waren es mit 251 Tonnen ein Zuwachs von 22 Prozent. Auf der Webseite www.fairtrade.at finden sich unter Produkte/Shops detaillierte Infos zu den Bezugsquellen von fair gehandelter Schokolade, Zucker und Eiscreme. Lecker sind die exotischen Kreationen der Zotter-Schokoladen Manufaktur im österreichischen Riegersburg (www.zotter.at). Auch Schokoladenwünsche wie etwa »Hanf und Mocca« oder »Goldkirsche aus Usbekistan« finden sich in dem Sortiment, das zu hundert Prozent aus Fairtrade-Produkten besteht. Biokakao und Biorohrzucker sowie Marmelade und Honig bietet die Importorganisation EZA an.

**Schweiz:** Der Schweizer Schokoladenmarkt bietet mehr als 25 faire Schokoladensorten, Kakao- und Schokoladenpulver, Schokoladen-Brotaufstriche, Schokoladenriegel, Schokoladendrinks sowie Saison-Schokolade an. Der Gesamtabsatz betrug 2008 rund 300 Tonnen, sechs Tonnen mehr als im Jahr zuvor. Der Bioanteil liegt bei 86 Prozent. Verkauft werden Kakaoprodukte unter anderem von claro, Coop, Jelmoli, Migros, Pronatec und Maestrani. Zotter-Schokoladen sind über www.erboristi.ch erhältlich.

Der Schweizer Fairtrade-Zucker stammt aus Costa Rica, den Philippinen und aus Paraguay. 429 Tonnen fair gehandelten Zuckers wurden 2008 verkauft, ein Plus von beinahe neun Prozent gegenüber dem Vorjahr. Dies entspricht einem Marktanteil im Einzelhandel von 15 Prozent. Erhältlich ist fair gehandelter Zucker bei der gebana, claro, Migros, Globus, Coop, Spar und Jelmoli. Infos auch unter www.maxhavelaar.ch. Der Online-Shop der Caritas (www.caritas-fairtrade.ch) vertreibt neben Süßwaren wie Fruchtgummi oder Fruchtriegeln auch Honig und Konfitüren.

# Tee

Edel und fein – das ist das Image von Tee. 25 Liter trinkt jeder Deutschen im Schnitt pro Jahr davon. So populär ist das Heißgetränk inzwischen, dass Teevarianten wie der Chai neuerdings sogar im Szene-Café oder abends im Edelrestaurant nach dem Viergänge-Menü serviert wird. Auch mit Lifestyle und Abschalten wird das aromatische Heißgetränk, von dem nach Angaben des Deutschen Teeverbands 2008 weltweit rund 3,5 Millionen Tonnen produziert wurden, gerne in Verbindung gebracht – Worte wie »Wellness« oder »Entspannung« finden Konsumenten immer häufiger auf den Teepackungen. Die Bedingungen, unter denen diese Blätter in den Teegärten Chinas, Indiens, Sri Lankas, Kenias, Vietnams, Pakistans oder der Philippinen geerntet und verarbeitet werden, sind allerdings weniger fein: Teeanbau ist ein arbeitsintensiver und mühsamer Job. Mit einem schweren Korb auf dem Rücken pflücken die Plantagenarbeiter – meist Frauen, oft Kinder – die Blätter von Hand. Es muss schnell gehen. Nicht nur, weil die Blätter noch am selben Tag gewogen und zur Teefabrik transportiert werden müssen – denn werden sie nicht unverzüglich fermentiert, getrocknet und sortiert, verlieren sie ihr Aroma. Schnell muss es auch gehen, weil der Lohn der Pflücker von der geernteten Menge abhängt. Doch selbst erfahrene Arbeiter schaffen damit kaum den in den Anbauländern gültigen Mindestlohn. Vielmehr zählt die Teeernte zu den am schlechtesten bezahlten Jobs. Und weil die Preise für Tee nach 2002 massiv sanken – der Markt wurde mit Tee aus Vietnam und anderen neuen Anbauländern überschwemmt – erzielen auch viele Tee-Bauern nicht einmal mehr einen Preis, der ihre Produktionskosten deckt.

Hier setzt der Faire Handel an: Tee mit dem Fairtrade-Siegel wird in Deutschland und Großbritannien seit 1994 verkauft; allerdings gab es über das Fairhandelshaus GEPA schon seit Anfang der achtziger Jahre fair gehandelten Tee. Heute stammen die Blätter von Produzenten aus aller Welt, die Fairtrade-Partner sind – und zwar nicht nur von kleinen Kooperativen, sondern selbst aus großen Plantagen. FLO, der internationale Dachverband der nationalen Fairtrade-Initiativen, zahlt einen festen Mindestpreis für Schwarztee und Rooibos-Tee. Auf diesen kostendeckenden Preis kommt ein spezifischer Fairhandels-Aufschlag, die Fairhandels-Prämie. Dieser Aufschlag liegt je nach Teeart, Herstellungsverfahren und Größensortierung zwischen 50 Cent und einem Euro pro Kilo. Ob er in eine Schule oder neue Maschinen investiert wird, darüber entscheidet die Plantagenbelegschaft selbst. Wer fairen Tee importiert oder in den Handel bringt, also beispielsweise die GEPA oder EL PUENTE, muss sich zudem von FLO-CERT zertifizieren lassen und an TransFair eine Lizenzgebühr von 42 Cent pro Kilo Tee zahlen, beziehungsweise 28 Cent pro Kilo im Ursprungsland verpackten Tees. 2008 wurden insgesamt 202 Tonnen Tee mit dem Fairtrade-Siegel verkauft – das sind zwei Prozent mehr als im Vorjahr. FLO konnte im gleichen Jahr 101.000 Euro an Fairtrade-Prämie an die Teebauern ausbezahlen.

Davon profitieren beispielsweise die Arbeiter der Samabeong-Tee-Plantage zwischen Darjeeling und der Grenze zu Bhutan. Seit elf Jahren wird der gesamte Tee, der hier wächst und der auch das Fairtrade-Siegel trägt, über die GEPA vertrieben. Was sich für die Arbeiter seitdem verändert hat, beschreibt Binla, 34 Jahre alt und seit einem Jahr Mitglied im Komitee: »Früher waren wir unmotiviert, die Kinder liefen ständig dreckig herum. Es gab keine Ideen, das Leben zu gestalten. Jetzt ist vor allem für die Frauen vieles besser geworden. Wir haben Mitspracherechte und können unsere Interessen vorbringen.« Doch neben den Bauern hilft die Fairhandelsprämie auch Unternehmen (z. B. in Vietnam), die nun auch im Land selbst Tee mit dem Fairtrade-Siegel verkaufen. Dass ihr Tee im eigenen Land im Regal steht, erfüllt die Bauern nicht nur mit Stolz, sondern liefert ihnen durch den garantierten Mindestpreis und die Prämie, die Fairtrade-Erzeuger erhalten, ein zusätzliches Einkommen. Dieses wollen sie in eine neue Teefabrik investieren, um an der Wertschöpfung teilzuhaben.

**Biotee boomt**

Viele Teeerzeuger kaufen mit der Fairhandelsprämie biologischen Dünger und schaffen so die Umstellung auf Bio-Tee. Heute liegt der Bio-Anteil beim fair gehandelten Tee bei rund 70 Prozent – und dies kommt nicht nur der Umwelt, sondern auch den Teepflückern zugute. Denn Teepflanzen sind sehr anfällig für Schädlingsbefall; entsprechend hoch ist der Einsatz von Pestiziden und Insektiziden auf vielen konventionellen Teeplantagen. Gerade in den feucht-heißen Teeanbauregionen herrschen ideale Bedingungen für Insekten oder Pilze, die in den Teegärten großen Schaden anrichten. Oft tragen die Landwirte keine Schutzkleidung, mischen die Giftcocktails mit der Hand, versprühen sie ohne Maske und tragen dadurch ein hohes Gesundheitsrisiko. In Indien beispielsweise leiden viele Pflücker wegen der Gifte an Krankheiten des Zentralnervensystems, erblinden oder werden sehr früh senil. Auch für die Konsumenten der konventionell erzeugten Teeblätter bleibt die Chemiekeule nicht ohne Folgen: Da im Teeanbau mehrmals im Monat die jüngsten Blätter geerntet werden, können sich – wenn gerade eben erst gespritzt wurde – noch erhebliche Rückstände auf dem Blatt befinden, wie auch Untersuchungen der Berliner Stiftung Warentest oder Ökotest immer wieder belegen. Auf Plantagen, die nach ökologischen Kriterien produzieren, treten diese Probleme viel seltener auf.

**Fairer Tee**

**Deutschland:** 2008 konnten in Deutschland 202 Tonnen Fairtrade-Tee abgesetzt werden – ein Plus von zwei Prozent im Vergleich zum Vorjahr. Der Bioanteil liegt bei 67 Prozent. Tee mit dem Fairtrade-Gütesiegel ist bei der GEPA (verschiedene Sorten), J.J. Darboven, Lidl (Fairglobe), Edeka, BZ Biozentrale; H.C. Buhle; CHA DO Teehandels GmbH; Lebensbaum Ulrich Walter GmbH; TeeGschwendner GmbH; Teekanne GmbH und den meisten Welt-, Bio- und Naturkostläden erhältlich. Die bekannten Fairhandels-Importorganisationen EL PUENTE oder dwp bieten ebenfalls fair gehandelten Tee an. Ein Überblick über Internetshops, in denen man fair gehandelten Tee bekommt: www.transfair.org/news-service/online-shopping.html

**Österreich:** Während 2007 noch 15 Tonnen Fairtrade-Tee in Österreich verkauft wurden, ging der Absatz 2008 um zehn Prozent auf 13,6 Tonnen zurück. Auf der Webseite von TransFair Österreich (www.fairtrade.at) kann man unter Produkte-Shops / Tee auf die angezeigten Tees klicken und erhält unter »Bezugsquellen« eine Liste mit den entsprechenden Verkaufsstellen. Die Produkte der größten österreichischen Importorganisation EZA sind über ihren Online-Shop (www.eza.cc/shop) erhältlich. Anbieter sind ferner SDEG/Edeka; Bio- und Naturkostfachläden; C & C; dm; Eurospar; Mpreis; Nah & Frisch; Unimärke; Spar-Gourmet; Winkler Märkte, Weltläden; Teekanne GmbH.

**Schweiz:** Die Schweiz konnte beim Verkauf von Fairtrade-Tee zulegen. Der Absatz stieg 2008 im Vergleich zum Vorjahr um 9,7 Prozent auf 39 Tonnen. Der Bioanteil liegt bei 62 Prozent. Im gemeinsamen Webshop der Importorganisationen claro und gebana (www.gebana.com/htm/shop_d.htm) sind bio-zertifizierte Tees erhältlich. Eine Liste mit Anbietern findet sich auch auf der Webseite von Max Havelaar Schweiz (www.maxhavelaar.ch unter Produkte & Kaufen / Bezugsquellen bzw. Verkaufsstellen).

# Teppiche

Sie sind schön, farbenfroh, exotisch – und sie sind handgefertigt. Die Rede ist von Orientteppichen aus Indien, Pakistan, Nepal oder Afghanistan. Deutschland ist der europaweit größte Markt für Orientteppiche. 2008 haben die Deutschen nach Branchenangaben handgeknüpfte Ware im Wert von etwa 141 Millionen Euro gekauft und damit 2,6 Millionen Quadratmeter Fließen, Parkett oder Zement belegt. Dabei achten immer mehr Kunden beim Teppichkauf darauf, dass kein Kind das edle Stück knüpfen musste.

Erkennen können Verbraucher faire Arbeitsbedingungen bei den Knüpferfamilien in erster Linie mit Hilfe von zwei Gütesiegeln: GoodWeave (früher Rugmark) und STEP. GoodWeave/Rugmark ist vor allem in Deutschland, STEP in der Schweiz und Österreich bekannt. Darüber hinaus hat die Branche über den Verein Care & Fair – Teppichhandel gegen Kinderarbeit e.V. ein eigenes Etikett entwickelt (www.care-fair.org). Teppichimporteure hatten sich 1994 mit dieser Initiative verpflichtet, die Auswüchse illegaler Kinderarbeit in Indien, Nepal oder Pakistan zu bekämpfen. Verbraucherschützer sind dennoch skeptisch; schließlich handle es sich bei dem Care & Fair-Gütezeichen um eine Initiative des Deutschen Teppichverbands selbst. Zwar geben die Importeure über ein Prozent des Einfuhrwertes der von ihnen importierten Teppiche an rund 30 Schul- und Ausbildungsprojekte in den Produzentenländern der handgefertigten Teppiche ab. Doch eine effektive Kontrolle von Kinderarbeit finde nicht statt, moniert das Magazin »Der Spiegel« nach einer Recherche über wenig aussagekräftige Gütesiegel. Auch kann oder will Care & Fair nicht sagen, welchen Anteil die mit dem gleichnamigen Etikett gekennzeichneten Teppiche an der Gesamtsumme importierter und handgemachter Teppiche ausmachen. »Wir sind kein Qualitätssiegel, das die Ware vom Ursprung bis zum Verbraucher kontrolliert«, räumt denn auch Care & Fair-Geschäftsführer Peter Fliegner ein.

GoodWeave – ohne Kinderarbeit (www.goodweave.de) Das Siegel GoodWeave ersetzte Ende 2009 das bekannte Rugmark-Siegel. Dieses hatte die gleichnamige, internationale Initiative gegen illegale Kinderarbeit in der Teppichindustrie bereits 1995 in Deutschland eingeführt – unterstützt von Organisationen wie terre des

hommes, Brot für die Welt, Unicef oder Misereor. Betreut wird GoodWeave in Deutschland von TransFair. Der Verein vergibt das GoodWeave-Siegel an Hersteller und Exporteure, die sich verpflichten, keine Kinder unter 14 Jahren zu beschäftigen, den Erwachsenen gesetzliche Mindestlöhne zu zahlen und in den Knüpfwerkstätten unabhängige und unangekündigte Kontrollen der Prüfer der GoodWeave-Stiftung zuzulassen. Unter dem Produktzeichen ist durchaus erlaubt, dass Kinder zu Hause, also in den kleinen Werkstätten der Familien, ein bis zwei Stunden am Tag mithelfen – solange sichergestellt ist, dass sie die Schule besuchen können. Allerdings garantiert GoodWeave dem Produzenten – anders als das Fairtrade-System – keinen garantierten Mindestpreis. Es sieht auch keine bestimmten Umwelt- oder Gesundheitsstandards vor. Finanziert werden die Grundschulen und Gesundheitsstationen für ehemalige Knüpferkinder und ihre Familien sowie die unangekündigten Kontrollen durch einen Aufschlag von einem Prozent des Einfuhrwertes auf den Verkaufspreis sowie durch eine Lizenzgebühr. Diese müssen alle zugelassenen Importeure und Exporteure zahlen, um das GoodWeave-Siegel für ihre Produkte verwenden zu dürfen.

Allein 2008 wurden in Deutschland – damals noch – Rugmark-Teppiche im Wert von fast acht Millionen Euro importiert – darunter viele Designer-Modelle. Dies bedeutet ein Plus von zwölf Prozent. Welchem Anteil das am Gesamtumsatz der Teppichbranche entspricht, kann TransFair nicht sagen. Heute gibt es auch in den USA und Großbritannien GoodWeave-Büros. Insgesamt wurden seit 1994 über 5,5 Millionen faire Teppiche aus südasiatischen Ländern nach Europa und Nordamerika exportiert.

> TIPP: Über eine **Seriennummer** auf dem Good-Weave-Label können Verbraucher den Ursprungsort des gewebten oder geknüpften Teppichs zurückverfolgen.

**STEP – AUF DEM VORMARSCH** (www.label-step.org) Das Gütesiegel STEP ist vor allem in der Schweiz und Österreich bekannt, doch derzeit auch dabei, den deutschen Markt zu erobern. Das Label wird in allen drei Ländern seit 2007 von der Max Havelaar-Stiftung Schweiz betreut. Anders

als bei GoodWeave, handelt es sich beim STEP-Logo seit 1995 nicht um ein Produkt-, sondern um ein Firmensiegel. Bei GoodWeave wird bei einzelnen Händlern kontrolliert, ob bei der Herstellung der Teppiche Kinderarbeit mit im Spiel war. STEP hingegen lässt alle Lieferanten des Teppichhändlers prüfen. Das heißt: In Deutschland kann ein Händler durchaus nur einen Good-Weave-zertifizierten Teppich im Laden stehen haben. Anders bei STEP: Hier wird das ganze Unternehmen auf die Einhaltung sozialer Kriterien hin von unabhängigen Nichtregierungsorganisationen vor Ort untersucht. Wer im Schaufenster mit dem STEP-Zeichen wirbt, muss die gesamte Angebotspalette an handgefertigten Teppichen nach den STEP-Kriterien – keine Kinderarbeit, faire Einkaufspreise und Löhne – ausrichten. In Österreich und der in Schweiz fährt STEP mit diesem Ansatz sehr gut – dort stammt bereits jeder zweite verkaufte Teppich aus fairer Produktion. Die Umsätze auf dem deutschen Markt nahmen von 2007 auf 2008 um 21 Prozent zu.

 **Faire Teppiche**

**Deutschland:** Teppiche mit dem GoodWeave-Siegel finden sich in Versandhäusern wie Otto-Versand, Heine, Neckermann, Quelle, Bauer, Bader, aber auch in Obi- und Domänefilialen, Musterring-Häusern, im Teppichfachhandel Teppich Kibek, The One Dubai, Stile BK Italia, HWP Teppich GmbH – eine genaue Auflistung findet sich im Netz unter www.goodweave.de. Die Läden der STEP-Partner finden sich unter www.label-step.org. Weiterer Anbieter ist Rug Star Berlin (www.rugstar.com).

**Österreich:** Fair erzeugte Teppiche gibt es in Österreich nur unter dem Label STEP (www.label-step). Auf der Internetseite befindet sich ein Verzeichnis der Händler in Österreich. Mit dabei: der größte Teppichanbieter im Land, KIKA – Leiner.

**Schweiz:** Fair erzeugte Teppiche gibt es in der Schweiz unter dem Label STEP (www.label-step). Auf der Internetseite befindet sich ein Verzeichnis der Händler in der Schweiz, darunter auch Möbel Pfister. Weiterer Anbieter ist Rug Star Zürich (www.rug-star.com).

## Trockenfrüchte und Nüsse

In der Kooperative Ton im kleinen Dorf Niangoloko im Südwesten von Burkina Faso geht es heiß her. Schuld daran haben nicht nur die tropischen Temperaturen, sondern auch der gasbetriebene Ofen, der im Raum bei 60 bis 80 Grad gleichmäßig vor sich hindröhnt. Sarah Kanzie scheint die drückende Hitze kaum zu stören. Ruhig schiebt die Arbeiterin der Kooperative Ton ein Holzblech nach dem anderen voller frisch geschnittener Mangostückchen in den Ofen. Erst nach einer Weile bilden sich auch auf der Stirn der jungen Frau dicke Schweißperlen. Der schneeweiße Mundschutz, der Sarah Kanzies Gesicht zur Hälfte bedeckt, trägt noch zur Wärme bei. Den aber, witzelt ein Kollege von ihr, »tragen die Frauen, weil sie sonst dauernd quatschen.«

Die Mangos, die hier getrocknet werden, sind für den europäischen Markt bestimmt. Mangos wachsen im Gebiet der Kooperative Ton im Überfluss. Die üppige Ernte können die Arbeiter heute größtenteils auch verwerten. Das war früher anders: »Damals verfaulten 70 Prozent der Mangos an den Bäumen, heute sind es nur noch rund 40 Prozent«, sagt David Heubi, Geschäftsführer der Fairhandelsorganisation gebana Afrique. Er arbeitet seit einigen Jahren mit kleinen Produzentengenossenschaften in Burkina Faso zusammen. Gebana Afrique zeigte den Bauern, wie sie Teile der Ernte trocknen können, statt sie wegzuwerfen. Dörranlagen wurden errichtet, Qualitätsstandards eingeführt und ein Lagerhaus gebaut. Gebana Afrique ebnete den Bauern über die Trockenmangos erstmals den Zugang zum europäischen Markt. Die Erfüllung der Bio-Norm erwies sich als wenig schwierig – die meisten Bauern hatten ohnehin kein Geld, um Schädlingsbekämpfungsmittel zu kaufen.

Schwerer fiel den Bauern die Umstellung auf die Anforderungen des Fairen Handels. An die Vorgaben der gebana und den damit verbundenen bürokratischen Aufwand musste sich die Genossenschaft erst mal gewöhnen, sagt Sommande Issaka, Produktionschef der Kooperative Ton. »Geschäfte«, sagt er, »werden bei uns traditionell mündlich gemacht« – zumal auch in der Kooperative Ton im Schnitt nur jeder zehnte Arbeiter lesen und schreiben kann. Die Kosten der Zertifizierungen stellten die Kooperative anfänglich vor große Probleme. Nur mit Mühe konnte Manager Heubi die Bauern davon überzeugen, die hohen Anfangskosten zu akzeptieren. Heute

## Kleine Mangokunde

Mangos (lat. Magnifera indica) stammen ursprünglich aus dem In-
domalayischen Raum, haben sich aber inzwischen über die ganzen
Tropen verbreitet. Insgesamt gibt es mehr als tausend einzelne Sorten. Ein großer, bis zu 45 Meter hoher Mangobaum kann Tonnen
von Früchten tragen. Diese lassen sich zu Saft, Marmelade oder
Chutney verarbeiten. Lange haltbar bleiben die leicht verderblichen
und schwer zu transportierenden Früchte, wenn man sie trocknet.
Das ist auch deswegen sinnvoll, weil teure Flugmangos wenig umweltfreundlich sind. Getrocknete Mangos behalten das Aroma, sind
auch gesund: Mangofleisch enthält viel Vitaminen A, B, C und E,
soll Brust- und Prostatakrebs vorbeugen und die Produktion von
Sexualhormonen fördern.

sehen sie, dass sich diese Investition gelohnt hat: Mittlerweile produziert
die Kooperative Ton jährlich zwischen 50 und 80 Tonnen getrocknete Mangos und genießt die regelmäßigen Einnahmen aus dem Fairen Handel. Besonders die Frauen sind froh, eine feste Arbeit gefunden zu haben – obwohl
sie aus europäischer Sicht sehr wenig verdienen: 1,50 Euro pro Tag liegen in
Burkina Faso jedoch noch immer 20 Prozent über dem Durchschnittslohn.
Mitunter ist der Lohn, den die Frauen erhalten, das einzige Einkommen der
Familie.

Doch auch die Kooperative profitiert vom Fairen Handel: Mit ihm hat sie
2007/2008 schon 13.000 Euro an Prämienzahlungen erhalten. Damit haben
die Bauern die Schule ausgebaut, einen Kinderhort eingerichtet sowie Mos-
kitonetze zum Schutz vor Malaria angeschafft. »Wir sind zwar noch immer
arm«, sagt Produktionschef Sommande Issaka. »Aber heute können wir
dank des Fairen Handels ein normales Leben führen.« Was er nun hofft, ist,
dass seine Mangos bei noch mehr Konsumenten gut ankommen – »das hilft
hier Arbeitsplätze zu schaffen«. Denn wie fragil der Markt und damit auch
der Erfolg der Kooperative Ton ist, haben die Bauern 2008 gespürt. Damals
war der Umsatz der fair erzeugten Frucht unerwartet massiv eingebrochen.
Gebana Afrique hatte die Vorjahresmenge an Trockenmangos noch nicht
verkaufen können, da mittlerweile auch andere Fairhandelsorganisationen
in das Geschäft mit der schmackhaften Frucht eingestiegen waren. Wie

## Kleine Nusskunde

Mit dem Anbau oder dem Sammeln von Erdnüssen, Paranüssen, Macadamia-Nüssen, Mandeln oder Cashew-Nüssen verdienen sich Hunderttausende Menschen weltweit ihr tägliches Brot. Die meisten von ihnen sind auf den Verkauf an Zwischenhändler angewiesen. Nur wenige verfügen über Anlagen zur Weiterverarbeitung. Die Situationen ähneln sich, egal ob in Bolivien, Brasilien, Indien, Malawi oder Burkina Faso: Die Löhne sind extrem niedrig. Auch hier hat der Faire Handel vieles verbessert. Die Paranuss-Sammler der bolivianischen Genossenschaft Coinacapa beispielsweise erhalten dank des Fairen Handels mehr Lohn, haben mehr Arbeit und gewinnen damit auch mehr Selbstvertrauen. Die National Smallholder Farmers' Association of Malawi schaffte es 2006, die ersten fair gehandelten Erdnüsse zu exportieren. Mit der Fairtrade-Prämie können sie nun eine eigene Krankenstation bauen. Nüsse sind oftmals Bestandteile anderer fair gehandelter Waren wie beispielsweise Kekse, Schokolade, Müsli- oder Energieriegel oder Erdnussbutter.

wichtig es daher ist, die Produktion auch auf andere Produkte auszuweiten und sich nicht nur von einem Produkt abhängig zu machen, weiß auch David Heubi, der Geschäftsführer von gebana Afrique. Seine Planung für die Zukunft steht: »Die Dörranlage soll das ganze Jahr über ausgelastet sein. Und wir wollen darin auch Ananas trocknen.«

##  Faire Trockenfrüchte und Nüsse

**Deutschland:** Naturbelassene Trockenmangos aus Burkina Faso sind über den Onlineshop des Schweizer Fairtradeunternehmens gebana (www.gebana.com) erhältlich. Darüberhinaus bieten auch die großen deutschen Importorganisationen (GEPA, El PUENTE, dwp) Trockenmangos aus Ländern wie den Philippinen, Panama oder Bolivien an. Sie haben auch fair getrocknete Ananas, Papaya, Datteln, Bananenchips, Rosinen, Cashewnüsse, Paranüsse, Fruchtriegel und Mischungen im Angebot.

**Österreich:** Die Importorganisation EZA vertreibt Erdnüsse, Cashew-nüsse, Paranüsse, Mandeln sowie Sesam- und Mangoriegel. Weitere Produkte finden sich bei www.transfair.at unter Produkte/Süsswaren/Knabbereien und Nüsse/Öle. Auch unter www.gebana.com sind Trockenfrüchte, Nüsse und Fruchtriegel erhältlich. Nüsse mit dem Fairtrade-Siegel konnten ihre Absatzmenge in Österreich im Jahr 2008 um 51 Prozent auf 17,1 Tonnen steigern. Trockenfrüchte werden in der Statistik von Fairtrade Österreich wegen der geringen Verkaufsmenge nicht gesondert ausgewiesen.

**Schweiz:** Trockenfrüchte und Nüsse erfuhren 2008 einen Umsatzanstieg von 36,6 Prozent auf rund 1,37 Millionen Euro, bei einem Bioanteil von 38 Prozent. Die Fairhandelsorganisationen gebana und claro bieten in ihrem gemeinsamen Schweizer Online-Shop (www.gebana.com) neben Mangos auch getrocknete Ananas, Apriko-sen, Papaya und Bananen, Cashews, Paranüsse, Mandeln, diverse Fruchtriegel und Mischungen an. Im deutschen Shop der gebana ist das Sortiment kleiner. Auf Cashewnüsse spezialisiert ist der Online-Versand www.pakka.ch.

# WEIN

Wie gut Genuss, Fair und Bio zusammenpassen, zeigt sich beim Wein: Auf etlichen Flaschen des edlen Tropfens, auf denen das grün-weiße Bio-Siegel der EU prangt, findet sich seit 2005 auch das blau-grüne Fairtrade-Siegel. Der Wein stammt von Winzern, die Trauben nach fairen Kriterien produzieren und weiterverarbeiten. Wein-Genießer mögen diesen neuen Trend: Peter Riegel, Chef des gleichnamigen Weinimporteurunternehmens, setzt im Jahr mehrere hunderttausend Flaschen Fairtrade-Biowein um – Tendenz steigend. »Die Mehrkosten, die durch unsere Abgabe an den Erzeuger entstehen, gibt der Markt her«, sagt Riegel.

20 Liter Wein trinkt jeder Deutsche im Schnitt pro Jahr. Deutschland ist weltweit der größte Importeur – jede zweite Flasche, die hierzulande verkauft wird, stammt nach Angaben des Deutschen Weinbauverbands aus dem Ausland. In den Läden kann sich der Weinkenner Rebensaft aus aller Welt besorgen – diese Vielfalt in den Weinregalen gibt es nicht einmal in

Frankreich. Mit dem Fairtrade-Wein hat der Genuss noch eine weitere Komponente hinzugewonnen. Allein in Deutschland sind nach Angaben von FLO, der Dachorganisation aller nationalen Fairtrade-Initiativen, 2008 über eine halbe Million Liter fair gehandelter Wein ausgeschenkt worden – das entspricht einem Plus von 72 Prozent gegenüber dem Vorjahr.

Insgesamt aber steckt der Weinbereich beim Fairen Handel noch in den Kinderschuhen. Er füllt bislang allenfalls eine Nische in Supermärkten oder Weinhandlungen. Das mag auch daran liegen, dass vielen Konsumenten das Thema Wein aus Fairem Handel sicherlich ungewöhnlich bis bizarr erscheint: Schließlich ist das Weinangebot bei uns riesig; der edle Tropfen muss nicht zwingend aus Südamerika oder Afrika nach Deutschland importiert werden. Andere wiederum sehen in dem fairen Weinangebot einen cleveren Winkelzug von Winzern und allenfalls ein Randthema. Dennoch: Wer abends ein Glas Wein aus Fairem Handel genießt, wird deswegen vielleicht nicht die Welt retten. Er kann aber für das Leben einiger Familien einen Unterschied machen.

Die Fairtrade-gesiegelten Weine stammen aus Südafrika und Südamerika – zwei Regionen, aus denen Weinliebhaber in Europa zunehmend Flaschen beziehen. Über 30 Weingüter aus Regionen wie dem Western Cape in Südafrika sowie aus La Riojana oder Mendoza in Argentinien bauen die unterschiedlichsten Rebsorten an – von Tempranillo bis Cabernet Sauvignon. Arbeiter in Winzereien sowie kleine Winzer, die sich zu Weinkooperativen zusammengeschlossen haben, erhalten feste, kostendeckende Preise, wenn sie am Fairtrade-Handelssystem teilhaben. Mit der Fairtrade-Prämie, die sie von den Händlern bekommen – 2008 rund 74.000 Euro –, können sie außerdem Schulen bauen oder ihre Rebstöcke auf Bio umstellen.

Davon profitieren die Arbeiter der Winzereien und die Winzer Südafrikas und Südamerikas gleichermaßen. Allein in Südafrika sind 400.000 Menschen – überwiegend Schwarze – auf Weingütern und in Weinkellern angestellt. Unter dem Apartheidsystem hatten sie noch kaum Rechte. Heute jedoch hat der Fairtrade-Standard in Südafrika die Vorgaben des Gesetzes um *Black Empowerment* mit aufgenommen.

Das heißt: Die Arbeiter sollen auf den Weingütern Teilhaber am Betrieb werden. Ihnen stehen zehn Prozent der Anbaufläche für Wein zur Verfügung. Der Besitzer der Winzerei muss ihnen die dort geernteten Trauben abkaufen. Wie bei Stellar Organics beispielsweise, dem größten Erzeuger von Bio-Wein in Südafrika. Angebaut werden Chardonnay, Sauvignon Blanc, Merlot, Shiraz und einige andere Sorten. Die Kellerei, bei der auch Weinimporteur Peter Rieger einkauft, kann seit mehreren Jahren schon das Fairtrade-Siegel auf ihre Bio-Weinflaschen kleben. Und dadurch 164 Arbeiter zur Schule oder zum Arzt schicken. Ein anderes Beispiel ist Vinos Los Robles: Die Kooperative in Chile setzt sich aus etwa 70 kleinen Winzereien zusammen. Jede fünfte Flasche der Kooperative ist Fairtrade-zertifiziert. Mit dem Sozialzuschlag können sich die Arbeiter heute eine Krankenversicherung und eine Krankenstation leisten. In der lassen sich auch Leute aus der Region behandeln.

##  Fairer Wein

**Deutschland:** Wein mit dem Fairtrade-Gütesiegel ist bundesweit bei Kaiser's Tengelmann, REWE, Norma, Lekkerland, Hit Märkten und in einigen Filialen von Edeka, Neukauf und Aktiv erhältlich. Weltläden, GEPA, EL PUENTE, dwp und CONTIGO bieten ebenfalls fair gehandelten Wein an, ebenso wie viele Biosupermärkte. Einen Überblick über Internetshops bietet die Webseite www.transfair. org/news-service/online-shopping.html.

**Österreich:** Auf der Webseite von TransFair Österreich (www.fair trade.at) kann man unter Produkte-Shops / Wein klicken und erhält unter »Bezugsquellen« eine Liste mit den entsprechenden Verkaufsstellen. Die Produkte der größten österreichischen Importorganisation EZA sind über ihren Online-Shop (www.eza.cc/shop/) erhältlich. Unter www.eza.cc / Verkaufsstellen finden sich Angaben zu Weltläden, die fair gehandelten Wein anbieten. Wein mit dem Fairtrade-Siegel gibt es in Österreich seit 2005 in Weltläden, bei Winkler Märkte sowie bei der Peter Riegel Weinimport GmbH.

**Schweiz:** Im gemeinsamen Webshop von claro fair trade und gebana (www.transfair.org/produkte/produktdatenbank/ siehe Baumwollprodukte) sind bio-zertifizierte Fairtrade-Weine erhältlich. Eine Liste mit Anbietern von Fairtrade-zertifizierten Weinen, unterteilt nach Groß- und Einzelhandel, findet sich auf der Webseite von Max Havelaar Schweiz (www.maxhavelaar.ch) unter Produkte & Kaufen / Bezugsquellen bzw. Verkaufsstellen.

# 3-Fair gehandelte Kleidung – Mode mit Tiefgang

*Wir Arbeiterinnen werden bei jeder Gelegenheit beschimpft, gequält, fertig gemacht. Wir sind einfach nichts für sie, bei jeder Gelegenheit sagen sie uns, wenn wir gehen, gibt es immer genug Frauen, die unsere Arbeit übernehmen.«*

Näherin Rekha aus Bangladesch
Quelle: Kampagne für Saubere Kleidung«
(Clean Clothes Campaign)

Klar, kühl, mit einem Hauch von geordnetem Chaos – wer den Laden Glore betritt, findet sich zunächst in einer der vielen Boutiquen wider, die – sehr chic, sehr stylish – vor allem junge, urbane Menschen ansprechen wollen. An den schwarzen Stangen vor weiß getünchter Wand hängen hippe Klamotten, Kollektionen junger, erfolgreicher Designer-Marken wie Armedangels oder Kuyichi. Glore ist hip – und dennoch anders: Am Schaufenster des Ladens unweit der Nürnberger Fußgängerzone klebt das Fairtrade-Siegel.

Seit knapp zwei Jahren bietet Glore (www.glore.de) fair und ökologisch produzierte Shirts, Jeans oder Stiefel an. Die Mode, die Bernd Hausmann in seinem Ethik-Fashion-Laden verkauft, besteht ausschließlich aus fair erzeugter Baumwolle, welche die Fairtrade Labelling Organizations International – kurz FLO – oder eine andere unabhängige Organisation zertifizieren lässt. Auch für die weitere Produktionskette schließt Hausmann Kinderarbeit und Dumpinglöhne aus. Auf seiner Webseite wirbt er damit, dass »fair mehr ist als ein Verkaufsargument – nämlich ein handfester Bestandteil der täglichen Produktion«. Im Gespräch findet er einfachere Worte: »Style und Optik sind wichtig, aber der Respekt vor den Menschen, die das Teil produzieren, darf trotzdem nicht fehlen.« Irgendwann, erzählt er, sei er einfach an den Punkt gekommen, an dem er mit seinem Konsumverhalten »niemandem mehr schaden wollte«.

## TRENDY – ABER NOCH IMMER EIN NISCHENPRODUKT

So wie Hausmann denken auch immer mehr Verbraucher – aufgeschreckt durch beschämende Berichte über verheerende Arbeitsbedingungen in den Textilfabriken in Fernost. Konsumenten achten beim Shoppen zunehmend auf soziale Kriterien und wollen, dass das T-Shirt oder der Pulli unter fairen Bedingungen und aus ökologischen Rohstoffen hergestellt worden ist. Streetwear-Händler wie Glore oder Ghetto Deluxe sowie neue, junge ethische Fashion-Labels von Designern, die sich Richtung Fair bewegen, schießen derzeit wie Pilze aus dem Boden.

Vom Schlabber-Look, den klobigen Bio-Latschen und derben Stoffen früherer Jahre ist die Mode mit Tiefgang heute weit entfernt. Trendy und sexy kommt sie herüber – und hat sich in Ländern wie Großbritannien oder den USA bereits fest am Markt etabliert. Dort, sagt Anton Jurina, Designer des Kölner Labels Armedangels, das alle Produkte von der Siegelorganisation FLO überprüfen lässt, »muss man vielen Kunden das Prinzip von fairer Mode nicht mehr erklären«. Selbst Hollywood macht den Trend der ethisch makellosen Garderobe mit: US-Schauspielerin Sienna Miller schwärmt für fair produzierte Jutesandalen, und U2-Sänger Bono rührt kräftig die Werbetrommel für seine Kollektion Edun Clothing – getreu dem Motto: Wer Mode trägt, sollte auch Verantwortung tragen. Oder wie Anton Jurina es formuliert: »Wir wollen vor den Missständen in der Textilindustrie einfach nicht länger die Augen verschließen.«

Diesen Zeitgeist kann Bernd Hausmann, Chef von Glore, auch am Umsatz festmachen: Er freut sich über ein »enormes Wachstum«. Sein Umsatz habe sich jedes Jahr nahezu verdoppelt – allerdings ausgehend, wie er einräumt, »von einem recht niedrigen Niveau«. Dennoch: Innerhalb von zwei Jahren hat er einen weiteren Laden in München aufgemacht. Er verkauft dort Mode, die kaum teurer ist als konventionell hergestellte Ware. Und auch nicht teurer sein muss, wie die Clean Clothes Campaign (CCC), die Kampagne für Saubere Kleidung (s. S. 153), findet. Bei den herkömmlich produzierten Markentextilien sei die Gewinnspanne des Unternehmens so groß, dass es den Aufpreis für faire Herstellungslöhne gar nicht auf den Preis draufpacken, sondern nur an Profit und Werbung etwas einsparen müsse.

## Aufrüttler: Die Clean Clothes Campaign (CCC)

1990 haben Menschenrechtsaktivisten die Clean Clothes Campaign (CCC / www. cleanclothes.org) in den Niederlanden ge-  gründet. Zuvor hatte das dort ansässige Forschungsinstitut Somo enthüllt, dass der Konzern C&A Textilien unter menschen- unwürdigen Bedingungen in sogenannten Sweatshops, ausbeuterischen Fabriken, produzieren lässt. Heute ist die CCC in zwölf Ländern aktiv und umfasst ein Netzwerk von über 300 Gewerkschaften und Nichtregierungsorganisationen, darunter Frauen- und Verbraucherorganisationen, Solidaritäts- und Kirchengruppen, Weltläden und Forschungsinstitute. Die CCC arbeitet eng mit Partnerorganisationen in Entwicklungs- und Transformationsländern sowie mit der Fair Wear Foundation (s. S. 163) zusammen. 20 Organisationen tragen den deutschen Ableger der CCC, die Kampagne für Saubere Kleidung (www.saubere-kleidung. de). Die Koordination sitzt in Wuppertal.

Ziel der CCC ist es, Verbraucher über die Missstände in den Fabriken vieler Textilzulieferer aufzuklären und den Einzelhandel dazu zu bringen, sich nicht nur zu sozialen Mindeststandards zu bekennen, sondern diese auch unabhängig kontrollieren zu lassen. Die Initiative verlangt von den Unternehmen außerdem Transparenz: Die Namen der Lieferanten und die dort herrschenden Arbeitsbedingungen müssten lückenlos veröffentlicht werden. Eine zentrale Forderung der CCC ist die Bezahlung von *living wages* – also Löhnen, von denen die Arbeiter auch leben können. Wie hoch dieser Lohn konkret sein sollte, will die CCC nicht definieren. Das müssten die Gewerkschaften vor Ort festlegen. Auch deswegen ist Organisationsfreiheit in der Textilbranche eines der wichtigsten Ziele der CCC.

Als Hauptverantwortliche für die miserablen Arbeitsbedingungen sieht die CCC die Endvermarkter, also Handelsketten wie Otto, C&A, H&M sowie Markenfirmen und Discounter. Schließlich, so die CCC, sind es die europäischen, US-amerikanischen oder japanischen Auftraggeber von Kollektionen, die massiv Druck auf die Zulieferer ausüben – und dennoch das Gros der Gewinne einstreichen. Die CCC stellt die Konzerne über medienwirksame Kampag-

153

nen an den Pranger, beispielsweise vor großen Sportereignissen wie der Fußball-WM oder den Olympischen Spielen. Nur über öffentlichen Druck würden die Arbeitsbedingungen in den Zulieferfirmen verbessert, ist die Initiative überzeugt.

**Der CCC-Verhaltenskodex beinhaltet:**

1. Keine Zwangsarbeit.
2. Keine Diskriminierung.
3. Keine Kinderarbeit: Es werden nur Arbeiter eingestellt, die älter als 15 Jahre sind oder das Pflichtschulalter überschritten haben. Wird ein Kinderarbeiter entlassen, müssen ihm finanzielle Übergangshilfen und Bildungsmöglichkeiten angeboten werden.
4. Recht auf Vereinigungsfreiheit und Gewerkschaftsbildung.
5. Zahlung von *living wages*, also existenzsichernden Löhnen, von denen die Arbeiter und ihre Familien leben können. Lohnabzug als Strafe ist verboten.
6. Regel-Arbeitszeiten, die 48 Wochenstunden nicht überschreiten. Überstunden müssen freiwillig sein und immer entsprechend kompensiert werden.
7. Betrieblicher Arbeits- und Gesundheitsschutz. Streng verboten sind körperliche Misshandlung oder deren Androhung durch den Arbeitgeber.
8. Ein festes Beschäftigungsverhältnis: Hier geht der CCC-Kodex über die Forderung der Standards der Internationalen Arbeitsorganisation (ILO) hinaus.

*Ethical Brands* und nachhaltige Mode sind allerdings noch immer ein Nischenprodukt. Entsprechend klein ist das Angebot an fair produzierter Kleidung. Die meisten Verbraucher kaufen nach wie vor nach dem Motto »Hauptsache billig« ein – zu Lasten anderer. Nach einer Umfrage des Branchenblatts »Textilwirtschaft« achten nur vier Prozent der Deutschen beim Kleidungskauf grundsätzlich darauf, dass der Produzent soziale Kriterien einhält. Es sind bei weitem nicht nur Leute mit schmalem Geldbeutel, die in den Wühltischen von C&A oder einer der deutschlandweit über 2.500 Filialen der Textildiscounter KiK (das Kürzel steht für »Kunde ist König«) oder Ernsting's Family (über 1.400 Filialen) auf Schnäppchen-Jagd gehen und sich dort über das Herren-Flanellhemd für 2,99 Euro freuen – das ist weniger, als sie im Restaurant für einen großen Milchkaffee bezahlen. Kik etwa wirbt damit, jeden Kunden »von der Socke bis zur Mütze für unter 30 Euro komplett einzukleiden«, die »Volks-Jeans« für 5,99 Euro macht's möglich – obwohl die Produkte durch die Hände mehrerer Arbeiter gingen und Tausende von Kilometern rund um den Globus transportiert worden sind. Diesen Preis zu halten schafft nur, wer beim schwächsten Glied der Produktionskette spart: Bei den Arbeiterinnen und Arbeitern in Billiglohnländern – und auch bei den Verkäuferinnen in den Filialen hierzulande.

**Wer verdient wieviel beim Jeanskauf?**

*Arbeiter/in
ca. 1 %*

*Transport,
Steuern, Import
11 %*

*Einzelhandel
Verwaltung und
Mehrwertsteuer
50 %*

*Material und
Gewinn der Fabrik
im Billiglohnland
13 %*

*Markenname,
Verwaltung und
Werbung
25 %*

Billig-Jeans aus Asien dominieren den deutschen Markt. Nach Angaben des Statistischen Bundesamtes stammte 2008 jede zweite aller nach Deutschland eingeführten Jeans aus China und Bangladesch. Der durchschnittliche Einfuhrwert der Hosen aus China lag dabei bei 6,93 Euro, bei der Jeans aus Bangladesch mit 4,72 Euro sogar noch darunter.

Quelle Grafik: www.cleanclothes.at

# Unhaltbare Zustände in den Sweatshops

Solche unschlagbar billigen Schnäppchen und Sonderaktionen sind mit allerhöchster Wahrscheinlichkeit in einem der vielen *sweatshops* – Manufakturen, in denen Menschen zu Niedrigstlöhnen arbeiten – in China, Indien, Bangladesch, Pakistan, Indonesien, Nicaragua, Bolivien oder Vietnam hergestellt worden. Tausende solcher Fabriken gibt es im asiatischen Raum, Lateinamerika und – mit abnehmender Tendenz – in Osteuropa. Die Arbeiter dort produzieren das Gros der Textilien, die in der westlichen Welt in den Läden ausliegen. Die Kampagne für Saubere Kleidung und auch der Bundesverband des Deutschen Textileinzelhandels (BTE) gehen sogar davon aus, dass nur noch fünf Prozent der Kleidung in Deutschland, Österreich oder der Schweiz hergestellt wird – und das, obgleich die europäische Textilindustrie einst Triebfeder der Industrialisierung und einer der wichtigsten und blühendsten Wirtschaftszweige war. Doch seit den achtziger Jahren ziehen die Marken- und Billighersteller rund um den Globus – Hauptsache, sie können noch billiger produzieren. Die ideale Textilfabrik sei ein Schiff, das immer dort anlegt, wo die Löhne gerade am niedrigsten sind, hat ein Vertreter des Verbandes der Nordrheinischen Textilindustrie einmal gesagt. Und so kommt es, dass die Baumwolle für die Jeans in Indien gepflückt, in China oder der Türkei zu Garn gesponnen, das Garn in Taiwan mit Indigo-Farbe aus deutscher Herstellung gefärbt, in Polen zu Stoffen verwebt, der Stoff auf den Philippinen zusammengenäht und die Jeans in Kroatien endgefertigt wird. Deutschland, Japan oder Großbritannien liefern dann nur noch die Knöpfe oder den Waschzettel.

Es sind diese Arbeiter in den Billiglohnländern, die den Preis für unsere Textilien zahlen – weil es in der Branche sowohl beim Einkauf in Asien als auch beim Verkauf hierzulande um jeden Cent geht. Die Folge: Harte Arbeitsbedingungen und niedrige Löhne in den meisten Textilfabriken. Einige Beispiele dieser Ausbeutung in der Bekleidungsindustrie hat das deutsche Forschungsinstitut Südwind zurückverfolgt und die Lage der Arbeiter in Fabriken in Fernost, aber auch in Bulgarien oder der Türkei dokumentiert. Auch Journalisten haben recherchiert, und dabei sind Dokumentarfilme wie »China Blue« entstanden, die viele Verbraucher in Europa und in den USA schockiert haben – scheint doch den wenigsten Konsumenten hierzulande bewusst zu sein, dass »wir, indem wir Schnäppchen hinterher jagen, alle Komplizen beim Ausbeuten von Arbeitern werden«, wie »China Blue«-Regisseur Micha X. Peled sagt. Er weiß, wovon er spricht: 2005 hat er die unhaltbaren Zustände in einem Sweatshop in Südchina gefilmt – teils mit versteckter Kamera.

## Moderne Sklaverei in den Nähfabriken

Erst ist die junge Frau aus Bangladesch in Ohnmacht gefallen. Wenige Stunden später starb sie. Die Näherin, deren Tod am 13. Mai 2009 weltweit für Schlagzeilen sorgte, war infolge eines Akkordmarathons in der Fabrik gestorben – sie wurde trotz Krankheit gezwungen weiterzuarbeiten. Die Zuliefererfabrik stellte Jeans für den Handelskonzerns Metro her. Konzern-Chef Eckhard Cordes kündigte auf der Metro-Hauptversammlung Konsequenzen an: Die Geschäftsbeziehungen mit dem Zulieferer würden sofort beendet.

Unter solchen Arbeitsbedingungen leiden Millionen von Arbeitern in der internationalen Bekleidungs- und Sportartikelindustrie. Bis zu zwölf, vierzehn Stunden täglich schuften die Näher und Näherinnen – bei dringenden Aufträgen auch länger. Sie malochen in Hitze, Lärm und Staub. Freie Tage gibt es kaum, dafür jede Menge unbezahlte Überstunden und meist einen Monatslohn, der kaum zum Überleben reicht. In Bangladesch beispielsweise bekommen die Näherinnen 20 bis 30 Euro im Monat – soviel kostet gerade mal das von ihnen gefertigte Hemd im Laden. Dass Überstunden nicht beglichen, Löhne erst Wochen später oder auch gar nicht bezahlt werden, ist an der Tagesordnung. Auch Beschimpfungen, Demütigungen oder sexuelle Übergriffe gehören zum Alltag vieler Näherinnen. Wer sein Soll nicht schafft, wird bestraft – nicht nur mit Lohnabzug. Die Situation ändert sich selbst nach Feierabend nicht: Viele Arbeiter leben in großen Schlafsälen neben den Fabriken, sind im schlimmsten Fall in Bruchbuden untergebracht und arbeiten in Fertigungshallen, die keinerlei Bauvorschrift einhalten – so wie die Textilfabrik Spectrum Sweater in Bangladesch. In dieser starben im April 2005 64 Schichtarbeiter, weil das Dach des neunstöckigen Gebäudes über ihnen zusammenfiel. Die fünf oberen Geschosse waren ohne Genehmigung gebaut worden. Im Schutt fand man Etiketten von Lara, Karstadt/Quelle, New Yorker.

Die Arbeitsbedingungen in den Billiglohnländern haben sich in den zurückliegenden Jahren kaum verbessert. Im Gegenteil: Preisdruck und Wettbewerb nehmen zu – und damit das Elend in den Fabriken. Nicht nur in Fernost, sondern auch in unserer Nähe, der Türkei – nach Angaben des Industrieverbands German Fashion nach China immerhin das zweitwichtigste Importland für deutsche Hersteller. Die Türkei exportiert jährlich Textilien im Wert von mehr als zehn Milliarden Euro. Viele Menschen verlassen ihre Dörfer und Provinzen, um in einer Textilfabrik Arbeit zu finden – wo viele an der qualvollen Lungenkrankheit Silikose erkranken. Im bitterarmen Ostanatolien hat »Der Spiegel« im März 2009 junge, an Staublunge erkrankte Männer interviewt, die dahinvegetieren: Sie hatten in Fabriken monatelang Jeans sandgestrahlt – ohne Schutzmaske. Das alles, damit der Stoff alt und gebraucht aussieht und in den Läden Preise bis zu 300 Euro pro »Vintage«-Jeans erzielt werden können. Nach mehreren Medienberichten über den Skandal ließ das türkische Arbeitsministerium im April 2009 über 70 Fabriken prüfen – und sogleich 60 davon wegen unzureichenden Arbeitsschutzes und erheblicher Gesundheitsgefährdung schließen.

## DEN PROFIT STREICHEN DIE GROSSEN EIN

Aus Kostengründen lässt der Handel Masse im Ausland produzieren – ein Trend, der schon vor der Abschaffung des streng über Quoten regulierenden Welttextilabkommens im Jahr 2004 begann, seitdem aber noch an Fahrt gewonnen hat. Doch obwohl in Fernost oder Zentralamerika produziert wird, fließt der Großteil der Erlöse an die Auftraggeber: Markenartikler und Handelsunternehmen mit Sitz in Europa oder den USA. Nach Angaben der Kampagne für Saubere Kleidung bleiben den Näherinnen im Erzeugerland gerade mal ein bis zwei Prozent des Endverkaufspreises, den der Käufer in Deutschland für das Paar Markensportschuhe auf den Ladentisch legt – das wären bei einem 100-Euro-Schuh ein bis zwei Euro. Verglichen mit dem Gewinn, den die Marken abschöpfen – und hier sind vor allem auch die Hersteller von Sportartikeln gemeint – ist das marginal: Nach Informationen des Netzwerks Inkota (www.inkota.de), eine der Trägerorganisationen der Kampagne für Saubere Kleidung, streichen die Marken ein Drittel des Endpreises ein. Dass der Löwenanteil des Profits beim Handel bleibt,

## Wenn Kaffeeröster Unterwäsche verkaufen

Der Welthandel mit Textilien umfasste 2007 ein Volumen von 342 Milliarden US-Dollar. Allein in Deutschland gehen nach Angaben des Bundesverbands des Deutschen Textileinzelhandels (BTE) jährlich Kleidungsstücke im Wert von rund 50 Milliarden Euro über die Ladentheke. Rechnet man die Wohntextilien mit, beläuft sich der Umsatz der Branche sogar auf 56 Milliarden Euro. Der BTE vertritt die Interessen von 25.000 Mitgliedsfirmen, deren Marktanteil 80 Prozent ausmacht. Doch unter den zehn größten Textilhändlern befanden sich zuletzt nicht nur die großen Kaufhäuser, Modeboutiquen oder Versandhäuser wie Karstadt (Arcandor), Otto, C&A, H&M oder Peek & Cloppenburg. Ein Großteil an T-Shirts, Sportschuhen oder Frotteehandtüchern liegt inzwischen auch bei Unternehmen in den Regalen, die ihren Sortimentsschwerpunkt im Lebensmittelbereich haben: Aldi etwa ist inzwischen achtgrößter Textileinzelhändler in Deutschland – gleich nach Tengelmann. Unter den Top Ten der Textileinzelhändler befinden sich auch Lidl (Platz 9) und der Kaffeeröster Tchibo (Platz 10).

bestreitet der Branchenverband BTE vehement. Ihm zufolge sind die Gewinnspannen des Bekleidungsfachhandels minimal: Bei diesem sei 2007 nach Abzug des Einkaufpreises und der Kosten für Personal, Miete oder Energie gerade mal ein Prozent als Gewinn verblieben. »Beim Hemd zum Preis von 50 Euro sind das 50 Cent«, so Siegfried Jakobs, Vize-Chef des BTE. Dieses betriebswirtschaftliche Ergebnis »lässt es nicht zu, dass der Handel die eventuell entstehenden Mehrkosten eines fair produzierten Produktes trägt«, sagt seine Kollegin Gudrun Höck, beim Dachverband Referentin für Umwelt und Logistik. Allerdings zählen die Gewinnmargen bei den meisten Firmen zum bestgehüteten Geheimnis. BTE wie auch der Modeindustrieverband German Fashion meldeten in den zurückliegenden Jahren gleichzeitig Gewinnsteigerungen und Umsatzzuwächse bei den meisten größeren Modehäusern und Filialisten – und das, obwohl die Preise für Textilien laut Statistischem Bundesamt im Großen und Ganzen stabil geblieben sind, teilweise sogar sanken. Man kann sich ausrechnen, an welchen Posten die Unternehmen dann gespart haben.

# MASSIVER PREISDRUCK

Nach Schnäppchen suchende Kunden, um Marktanteile kämpfende Unternehmen, immer kürzere Lieferfristen in einer sich rasant wandelnden Modewelt, vom Textilexport abhängige Südländer sowie Konzentrationsprozesse – das alles sorgt dafür, dass in der Textilbranche ein unglaublicher Preis- und Lieferdruck herrscht. Der hat sich in den zurückliegenden Jahren durch die Discounter eher noch verstärkt. Die Folge: Zulieferer werden gegeneinander ausgespielt, und die Preisspirale dreht sich immer weiter nach unten. Dieser Druck wirkt sich auf die ganze Textilkette aus – das beginnt bei der Rohstoffgewinnung und endet in der Verkaufsfiliale. Langfristige Liefervereinbarungen, wie sie im Fairen Handel üblich sind, kennt die Textilbranche kaum.

Die meisten Auftraggeber in Europa, sowohl Modehäuser als auch Einzelhandelsketten, fordern gerne große Margen – und erhöhen den Druck auf die Zulieferer somit noch. Dass die Ware innerhalb weniger Wochen zum Verschiffen bereitstehen muss – die Mode-Zyklen sind kurz – macht das Ganze noch schlimmer. Häufig sind die Zeitvorgaben der Bestellenden so eng, dass sich das Ganze für den Zulieferer »nur rechnet, wenn seine Maschinen rund um die Uhr laufen«, sagt Gewerkschafter Neil Kearny, Chef der Internationalen Textil-, Bekleidungs- und Lederarbeiter Vereinigung mit Sitz in Brüssel. Muss es noch schneller gehen, springt auch mal ein Sub-Subunternehmen ein. Wie und ob bei diesem die Arbeitsrechte eingehalten werden, das weiß kaum ein deutscher Händler – oder will es nicht wissen. Selbst europäische Handelshäuser und Markenartikler, die auf ihren Internetseiten gerne vollmundig mit ihrem sozialen Engagement werben, drücken immer wieder ein Auge zu, wenn Zulieferfirmen die Rechte der Arbeiter mit Füßen treten. Sie befinden sich so in guter Gesellschaft mit vielen Verantwortlichen aus den Produzentenländern selbst. Die sind sich ihres Standortvorteils durchaus bewusst – wie auch der Gefahr, Investoren abzuschrecken, sollten die sozialen Minimalstandards im Land allzu sehr angehoben und streng werden. Der Trend der großen Unternehmen, ihre Produktion in noch billigere Länder zu verlagern, gibt vielen Produzenten und Politikern in Fernost, Afrika oder Zentralamerika leider Recht. Wohin die Karawane weiterzieht, dürfen sie derzeit in China beobachten. Dort konnten Arbeiter und Gewerkschaften in einigen Fabriken bereits die

ersten Verbesserungen durchsetzen. Etlichen Herstellern, die in Europa zu-
hause sind und die für den deutschen Markt produzieren, ist der Lohn damit schon zu hoch. Sie wandern ab – ins noch billigere Vietnam.

## Ganz schön unsportlich: Adidas, Nike, Puma & Co.

In den zurückliegenden Jahren wurden die Missstände in den asiatischen Fabriken der Sportartikelhersteller wie Adidas oder Puma
von Medien besonders scharf angeprangert. Dabei sind die Arbeitsbedingungen bei den Zulieferern der Sportkonzerne »weder besser
noch schlechter als bei anderen in der Textilbranche«, so die Fair
Wear Foundation.

Allerdings ist die Diskrepanz zwischen Werbe-Image und Realität, zwischen Einnahmen und Ausgaben, zwischen Glanz und Realität bei keinem anderen Produkt so ausgeprägt wie in der Sportartikelindustrie, schreibt die Organisation CCC. Die Einkaufspraxis von
Sportkonzernen wie Adidas, Nike oder Puma mit ihren knallharten
Preisbedingungen und Lieferfristen stehe in krassem Gegensatz zu
den Absichtserklärungen ihrer Verhaltenskodizes, kritisiert auch
das entwicklungspolitische Institut Südwind.

Zwei der großen Konzerne, auf die das zutrifft, sind Adidas und
Puma – beides Unternehmen mit Sitz in Deutschland. China Labour Watch (CLW) hatte 2008 den Hersteller Puma massiv kritisiert:
dieser lasse Schuhe »unter schwerer Ausbeutung von Arbeitern«
fertigen – Vorwürfe, die Puma als unbegründet von sich wies. Die
Adidas-Group, seit der Übernahme von Reebok 2006 Weltmarktführer bei Sportartikeln, wird seit 2002 regelmäßig mit Missständen in
den Zulieferfirmen konfrontiert, die über Lohndumping oder unbezahlte Überstunden hinausgehen. So sei den Arbeitern in Thailand
nach Recherchen der Autoren des »Schwarzbuch Markenfirmen«
mit Amphetaminen angereichertes Trinkwasser verabreicht worden, damit sie bis in die tiefe Nacht arbeiten könnten. In Honduras
habe man Frauen entlassen, die ihr Recht auf gewerkschaftliche
Organisation wahrnehmen wollten.

Der US-Hersteller Nike kam sogar wegen Vorwürfe von sexueller
Belästigung und physischen Missbrauchs in die Schlagzeilen. Als
es daraufhin Proteste hagelte und Verbraucher zum Nike-Boykott
aufriefen, hat der Konzern 2005 eine Liste seiner Zulieferbetriebe

veröffentlicht – was internationalen Menschenrechtsgruppen erstmals eine gewisse Kontrolle ermöglichte. Auch Puma reagierte auf Vorwürfe der Kampagne für Saubere Kleidung und begann 2006 ein gemeinsames Projekt: Unabhängige Institutionen sollten in einigen Werken prüfen, ob der CCC-Kodex und der Puma-interne Verhaltenskodex tatsächlich eingehalten werden. Das Pilotprojekt scheiterte noch im selben Jahr: Nach Ende der Fußball-WM war der Konzern nicht mehr bereit, Geld in dieses Projekt zu stecken.

1997 hat der Weltverband der Sportartikelhersteller (World Federation of the Sporting Goods Industry) mit Sitz im Schweizer Lausanne einen Musterkodex entwickelt, an dem Mitglieder ihre Kodizes orientieren können. Allerdings handelt es sich lediglich um Empfehlungen, deren Einhaltung nicht kontrolliert wird. Auf der Webseite www.wfsgi.org hat der Verband die sozialen Aktivitäten und Standards seiner Mitglieder zusammengefasst (s. S. 176ff).

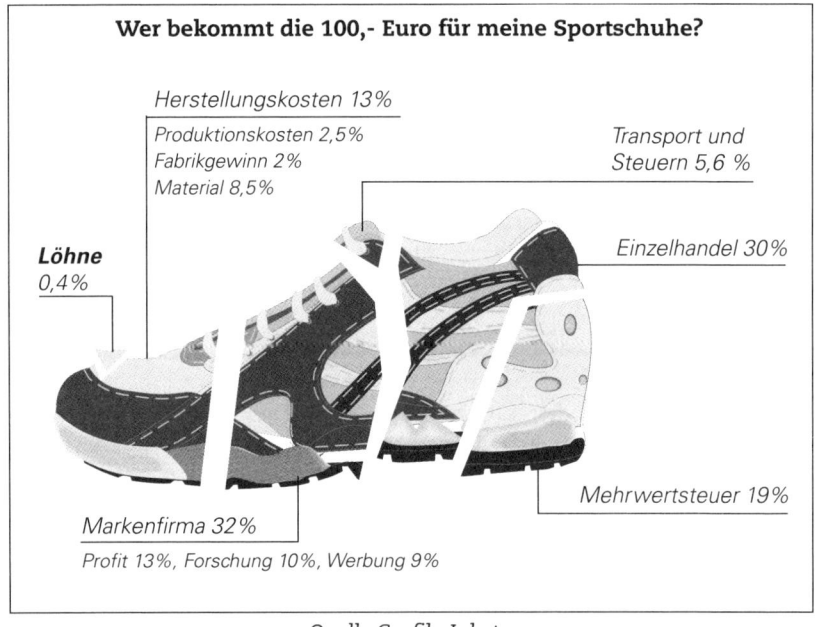

**Wer bekommt die 100,- Euro für meine Sportschuhe?**

*Herstellungskosten 13%*
*Produktionskosten 2,5%*
*Fabrikgewinn 2%*
*Material 8,5%*

*Transport und Steuern 5,6 %*

**Löhne**
*0,4%*

*Einzelhandel 30%*

*Mehrwertsteuer 19%*

*Markenfirma 32%*
*Profit 13%, Forschung 10%, Werbung 9%*

Quelle Grafik: Inkota

Bei einigen Verantwortlichen im Textilhandel ist in den zurückliegenden Jahren jedoch ein Umdenken zu beobachten. Unternehmen achten verstärkt auf die Bedingungen, unter denen ihre Produkte hergestellt werden – und verpflichten ihre Partner über (leider meist ungenügend kontrollierte) Verhaltens-Kodizes, soziale Mindeststandards einzuhalten. Damit reagieren die Bekleidungsunternehmen und Markenartikler zum einen auf die Skandale um Ausbeutung oder Kinderarbeit in vielen Nähstuben und Schuhfabriken – Medienberichte über die Missstände hatten der Branche in den zurückliegenden Jahren einige Umsatzeinbußen beschert. Soziale Standards gewinnen in der Textilbranche jedoch auch an Bedeutung, weil immer mehr Konsumenten nach ethisch einwandfreier Mode fragen. Laut einer Studie der Gesellschaft für Konsumforschung (Gfk) in Nürnberg gab jeder vierte Verbraucher an, es sei ihm beim Kauf von Bekleidung »sehr wichtig«, dass die Produkte umwelt- und sozialverträglich hergestellt werden. Jeder Zweite zeigte sich sogar bereit, für »saubere« Kleidung und Schuhe mehr zu zahlen – wenngleich das tatsächliche Kaufverhalten zumindest derzeit noch ein eklatant anderes ist. Besonders groß scheint das Interesse an fairer und ökologisch hergestellter Kleidung bei der kaufkräftigen, modisch anspruchsvollen Altersgruppe der 40- bis 60-Jährigen.

## Kontrollinstanz: Die Fair Wear Foundation (FWF)

Die Fair Wear Foundation (FWF, www.fairwear.org) ist eine unabhängige Non-Profit-Organisation mit Sitz in Amsterdam. Sie wurde 1999 von der Kampagne für Saubere Kleidung, Gewerkschaften, Nichtregierungsorganisationen sowie Vertretern der Industrie gegründet. Aufgabe der FWF ist es, die Verhaltenskodizes ihrer Mitgliedsunternehmen zu überprüfen, welche zu besseren Arbeitsbedingungen in den Fertigungsstätten führen sollen. Dabei verifiziert die FWF in der Herstellungskette den Nähprozess, vergibt aber – anders als TransFair für den Rohstoff Baumwolle – kein Label. Eine solche Zertifizierung sei angesichts der langen, unüberschaubaren Lieferkette bei Textilien kaum möglich, argumentiert die FWF. Die Mitgliedsfirmen – darunter im April 2009 als einziges deutsches Unternehmen Hess Natur sowie u.a. die beiden großen Schweizer Outdoor- und Sportausrüster Mammut und Odlo – dürfen jedoch mit ihrer Mitgliedschaft bei der FWF werben. Allerdings bezieht sich das Ganze auf die Wahrnehmung der unternehmerischen Sozialverantwortung – und nicht auf die Produkte.

Der Arbeitsverhaltenskodex der FWF ist identisch mit dem der Clean Clothes Campaign. Konkret läuft die Verifizierung der Textiler und ihrer Zulieferer so ab: Bevor interessierte Firmen den sehr strengen Verhaltenskodex der FWF unterschreiben und damit anerkennen, wird gemeinsam ein Arbeits- und Zielplan erstellt. Hierfür muss das Textilunternehmen seine Lieferantendaten ebenso offen legen wie sein internes Managementsystem – so auch Preisgestaltung oder Lieferanforderungen. Über diesen Plan und seine Anforderungen werden auch die Zulieferer informiert. Ob diese die Standards des Kodex einhalten, prüfen die Mitgliedsfirmen der FWF in einem ersten Schritt intern, indem sie Sozialaudits durchführen – und zwar nicht mit nach Fernost entsandten Mitarbeitern großer Audit-Unternehmen, sondern mit »lokalen Spezialisten, die das Land kennen und auch die Sprache der Belegschaft verstehen«, wie Marianne Ernstberger, Koordinatorin der FWF in der Schweiz, betont. Anschließend einigen sich die FWF-Mitgliedsfirmen und die Zulieferer auf Verbesserungsmaßnahmen, die dann schrittweise umgesetzt werden. Im ersten Jahr der Mitgliedschaft kontrollieren die Unternehmen mindestens 40, im zweiten Jahr 60 Prozent und im dritten Jahr alle Zulieferer. Danach steht – je nach Umsetzung der geplanten Schritte – eine jährliche Überprüfung der Zulieferer an. Die Anstrengungen der Mitglieder werden in einem jährlichen Sozialbericht zusammengefasst und im Internet unter www.fairwear.org sowie auf der Webseite der Firmen veröffentlicht.

Die FWF hat neben ihrem internationalen Büro in Amsterdam für den deutschsprachigen Raum ein Büro in der Schweiz. Die Organisation zählt 60 Mitglieder in sieben europäischen Ländern und ist in 13 Produktionsländern aktiv. Seit Dezember 2008 nimmt die FWF neben Kleidung auch die Konfektion von Heimtextilien und Schuhen unter die Lupe. Auch Lieferanten in den Produktionsländern sollen künftig die Möglichkeit bekommen, bei der FWF Mitglied zu werden.

# GREEN FASHION: GRÜN, ABER UNFAIR?

Der Bio-Boom bei Lebensmitteln hat auf den Textilsektor übergegriffen: Immer mehr Bio-Mode oder Kleidungsstücke aus ökologisch angebauter Baumwolle hängen in den Boutiquen. Rund 3,2 Milliarden Dollar setzte der Handel 2008 weltweit mit Textilien aus Bio-Baumwolle um. Zum Vergleich: 2005 waren es nur 0,6 Milliarden Dollar. Fast alle großen Textilhersteller haben eine »Natur-« oder »Öko«-Eigenmarke beziehungsweise Kollektion auf den Markt gebracht und versuchen so, die wachsende Zielgruppe »grüner« Konsumenten zu erreichen. Handelsriesen wie Wal-Mart, C&A, Nike oder H&M sind inzwischen die größten Anbieter von Bio-Baumwolle.

Baumwolle wird heute vor allem in den USA, China, Burkina Faso, Indien, Pakistan oder der Türkei angebaut. Weltweit haben Bauern 2008 rund 26 Millionen Tonnen der Naturfaser geerntet. Der Anteil der Bio-Baumwolle hat sich im vergangenen Jahr nach Angaben des Branchenverbands BTE dabei mehr als verdoppelt. So sind die Mengen in der Saison 2007/2008 um 152 Prozent auf rund 150.000 Tonnen gestiegen – das entspricht allerdings noch immer lediglich einem Anteil von etwa einem halben Prozent der gesamten Baumwollproduktion von 26 Millionen Tonnen. Dass elegante T-Shirts oder Hemden aus Bio-Baumwolle gekauft werden, hilft nicht nur den Baumwoll-Bauern in den Produzentenländern – allein in Afrika ist die Baumwolle für 20 Millionen Menschen Haupteinnahmequelle –, sondern auch den Böden. Denn der Anbau der sehr empfindlichen und schädlingsanfälligen Pflanze gehört zu den umweltschädlichsten Wirtschaftszweigen überhaupt: Er verbraucht sehr viel Wasser, lässt als Monokultur ganze Landstriche veröden, und bei konventionell angebauter Baumwolle werden jede Menge Kunstdünger, Insektizide und Fungizide eingesetzt: allein ein Viertel der Insektizide und zehn Prozent der Pestizide werden weltweit auf Baumwollfeldern verwendet. Oftmals erhalten die Pflanzer und Pflücker nicht einmal Anzüge, Brillen oder Atemmasken zum Schutz gegen die Chemiekeule, sondern rühren die giftigen Spritzmittel mit nackten Armen an – um sie nachher mit Handpumpen zu versprühen.

## Fashion aus Bio-Baumwolle

Bei den Fashion Weeks in New York, Paris und London gelten die Modeschauen der »grünen« Designer als Geheim-Tipp. Viele kleine, visionäre Modelabels wie etwa Kuyichi oder Edun setzen auf Öko-Kollektionen. Auch große Markenanbieter und Textilhäuser wie der Vorreiter in Sachen nachhaltiges Wirtschaften, der Versandriese Otto, sowie H&M (»organic cotton«), Peek & Cloppenburg, Calida, Benetton, Nike, Adidas, Levi's oder GAP haben inzwischen eine eigene Öko-Kollektion entwickelt und versuchen, mehr Naturfasern aus organischem Anbau zu verarbeiten.

Selbst der Discounter Plus bot 2008 über das Label »Vitality-Fashion of Nature« erstmals Produkte aus einer nach der EU-Öko-Verordnung zertifizierten Bio-Baumwolle an. Die beiden Schweizer Supermarktketten Coop und Migros haben mit Öko-Textilien sogar einen Massenmarkt erreicht. Kritiker bezeichnen diese Initiativen jedoch auch als Versuch des *Greenwashing*: Unternehmen wie Gardeur oder Otto, monieren sie, schmückten sich mit einer einzelnen »grünen« Kollektion. Bei dieser würden zwar ökologische Kriterien berücksichtigt. Doch das Gros ihrer Waren beziehen diese Konzerne noch immer aus konventionellen Rohstoffen und Quellen.

Mit dem GOTS-Zeichen, das für Global Organic Textile Standard steht, hilft dem Verbraucher seit August 2008 ein neues internationales Siegel beim umweltbewussten Shoppen. Initiiert hat es unter anderem der Internationale Verband der Naturtextilwirtschaft e.V. IVN (www.naturtextil.com) mit dem Ziel, dem Verbraucher im Dschungel der Bio- und Öko-Label Orientierung zu bieten. Mittlerweile sind über tausend Betriebe GOTS-zertifiziert. Vereinzelt haben auch Aldi oder Plus Unterwäsche im Angebot, auf deren Etiketten das Siegel prangt.

Bis Herbst 2009 will die International Working Group on Global Organic Textile Standard mit Sitz in Stuttgart ihre Datenbank der GOTS zertifizierten Firmen auf die Homepage (www.global-standard.org) stellen. Dann erfahren Kunden, welche Anbieter in Deutschland bereits Produkte mit dem GOTS Siegel anbieten. Das Zeichen berücksichtigt den ökologischen Anbau nach der EU-Öko-

Verordnung sowie alle weiteren Produktionsschritte in der gesamten Textilkette – also vom Baumwollfeld über die Spinnerei bis zu den Konfektionären, ist jedoch kein Siegel des klassischen Fairen Handels. Als Basis für die Sozialauflagen – beispielsweise der Zahlung Existenz sichernder Löhne – gilt die Konvention der Internationalen Arbeitsorganisation ILO.

Dass immer mehr Verbraucher auch bei der Mode auf soziale und ökologische Kriterien achten, ist bemerkenswert. Allerdings liegt der Schwerpunkt der nachhaltigen Fashion auf einer umweltschonenden Herstellung der Textilien – und weniger auf dem Los der Textilarbeiter. Daher aufgepasst: Nicht jede Öko-Mode ist automatisch auch fair – und fair bedeutet im Umkehrschluss auch nicht immer Bio. Im Gegenteil: Ein Großteil der Kleidungsstücke, die heute in Naturkollektionen aus Bio-Baumwolle auf dem Markt sind, werden wie jedes andere konventionell gefertigte Kleidungsstück zusammengenäht und gehandelt. Diese Mode ist dann zwar chemisch rückstandsfrei, aber unter Umständen sozial belastet.

### Reine Kosmetik der Modehäuser?

Hinzu kommt, dass die Großen, heißen sie nun C&A oder Levi Strauss, zumeist nur einzelne Teile aus Bio-Baumwolle in ihr Sortiment aufgenommen haben. Diesen Punkt kritisiert denn auch Berndt Hinzmann von Inkota: »Es kann doch nicht darum gehen, für einzelne ausgezeichnete Kleidungsstücke oder Teile der Produktionskette eine saubere Produktion nachzuweisen, während andere Produkte der gleichen Firma unter unwürdigen Bedingungen hergestellt werden.« Er fordert von den Textilunternehmen, die ganze Beschaffungspraxis zu ändern.

»Reine Kosmetik« nennt auch Christiane Schnura von der Kampagne für Saubere Kleidung die Aktivitäten so manch großer Modehäuser, lediglich eine Kollektion ökologisch oder sozial sauber produzieren zu lassen. Selbst die Macher des Bremer Online-Shops www.fairtragen.de räumen auf ihrer Internetseite ein, dass es »im Moment noch sehr schwierig ist, Kleidung zu beziehen, die gleichzeitig alle drei Bedingungen – den biologischen Anbau der Rohstoffe, die umwelt- und menschenschonende Verarbeitung und die Einhaltung sozialer Standards – erfüllt.«

## KLAMOTTEN AUS FAIR ERZEUGTER BAUMWOLLE

Eine Beschaffungspraxis, die nicht nur grün, sondern auch sozial ist, versucht der Verein TransFair in einem ersten Schritt zu erreichen. Um nicht nur den Umweltschutz, sondern auch die Arbeitsbedingungen und das Einkommen der Bauern auf den Plantagen zu verbessern, hat TransFair im September 2007 das Siegel Fairtrade certified cotton für Baumwolle auf den Markt gebracht. Rund 844.000 Textilien wie Jeans, T-Shirts und Stofftaschen sind damit ausgestattet. Weltweit wurden 2008 nach Angaben der FLO 27,5 Millionen Textilien mit dem Fairtrade-Gütesiegel verkauft – davon 8,3 Prozent Biotextilien. Mit Waren aus fair erzeugter Baumwolle wurden 2008 weltweit 176 Millionen Euro umgesetzt – das entspricht etwa sechs Prozent des Gesamtumsatzes von Fairtrade-Waren.

Das Fairtrade certified cotton-Siegel garantiert dem Verbraucher, dass die Baumwoll-Bauern einen fairen und stabilen Mindestpreis bekommen, der über dem Weltmarktpreis liegt, sowie einen Fairtrade-Aufschlag für soziale Projekte. Ein Beispiel: Im Dezember 2008 lag der Preis für konventionelle Baumwolle in Burkina Faso bei etwa 25 Cent pro Kilogramm. Für Bio-Baumwolle hingegen zahlte FLO den Bauern mehr als das Doppelte, nämlich rund 55 Cent pro Kilo. Der stabile Mindestpreis ist für die Baumwollbauern in den armen Ländern umso wichtiger, da die Preise für Baumwolle seit den sechziger Jahren des vergangenen Jahrhunderts massiv eingebrochen sind: Weil die USA und andere reiche Länder ihre Baumwoll-Farmer subventionieren (s. S. 24), bekommen die kleinen Kooperativen und Bauern aus Afrika oder Asien keinen Zugang zum Weltmarkt – oder können sich dort nicht halten. Diesen Ausschluss versuchen Fairtrade-Organisationen über ihren direkten Kontakt zum Baumwollbauer zu umgehen. Baumwoll-Partner von TransFair sind beispielsweise kleine Webergruppen und größere Kooperativen in Indien, Bangladesch, Nepal, Sri Lanka, Peru, Brasilien, Nigeria und anderen Ländern. Das Siegel garantiert dem ethisch und modebewussten Verbraucher nach Angaben von TransFair Deutschland außerdem, dass bei der Produktion des T-Shirts weder Kinder noch Erwachsene ausgebeutet wurden – ein Punkt, den Dominik Kloos vom Südwind-Institut bezweifelt: »Das kann kein Siegel der Welt garantieren.«

## Anbieter fairer Baumwoll-Textilien

In Deutschland boten im Frühsommer 2009 – also noch keine zwei Jahre nach Einführung des Siegels »Fairtrade certified cotton« – rund 30 Firmen Textilien mit Fairtrade-Baumwolle an. Sie sind im Internet auf der Webseite von TransFair (www.transfair. org/produkte/baumwolle/einkaufen.html) aufgeführt.

Certified Cotton

In der Schweiz und in Frankreich vergibt Max Havelaar (www.maxhavelaar.ch) seit 2005 das Fairtrade-Siegel für Textilien aus Fairtrade-Baumwolle an Lizenznehmer, in Österreich die Organisation Fairtrade Österreich (www.fairtrade.at).

In Großbritannien, wo faire Baumwoll-Kleider mittlerweile bei großen Supermarktketten wie Marks & Spencer, Tesco oder Sainsbury's ausliegen, ist die Fairtrade Foundation (www.fairtrade. org.uk) die Organisation, die das Fairtrade-Siegel von FLO vergibt.

Das TransFair-Label für fair erzeugte Baumwolle findet sich heute auf T-Shirts von armedangels (www.armedangels.de), Arztkitteln von Better Merchandising (www.better-merchandising.de), Handtüchern von Christy (www.cepura.de), Küchentüchern von Dömer Clarysse (Heine-Versand), Taschen von Fabrizio (www.fabrizio.de), Baumwollbeuteln der Schweizer Entwicklungsorganisation Helvetas (www.helvetas.ch), Polo-Shirts des jungen österreichischen Labels Ainoah oder auf Damentuniken von Portocolonia (www. portocolonia.com). Auch die dänische Jeansmarke Jack and Jones (www.jackjones.com), das T-Shirt-Label Fairliebt aus Hamburg (www.fairliebt.com), Milch aus Köln (www.milch-fairtradeshirt.de) oder der Hersteller Gardeur (www.gardeur.de) haben einen Lizenzvertrag mit dem Verein TransFair abgeschlossen. Modemarken wie das Wiener Label »Göttin des Glücks« (www.goettindesgluecks. at), das französische »Nu streetwear« (www.le-jeans-nu.com), Eco Logika aus Australien (www.tierraecologia.com), das Versandhaus People Tree (www.peopletree.co.uk), Katherine Hamnett (www. katharinehamnett.com) oder Gossypium (www.gossypium.co.uk) verarbeiten nach eigenen Angaben fair gehandelte Baumwolle.

Das Dilemma für die Fairhandels-Bewegung besteht bislang allerdings darin, dass in der Regel nur die Rohbaumwolle und der Handel mit ihr, nicht aber das fertige Kleidungstück zertifiziert werden. So auch bei FLO-CERT, der Kontrollinstanz der Fairtrade-Standards. Zertifiziert wird mit der Baumwolle lediglich der erste – wenngleich sehr wichtige – Schritt in der langen Produktionskette eines T-Shirts oder Bettlakens. Das heißt konkret: Auch das Label Fairtrade certified cotton garantiert keineswegs, dass das Produkt aus fairer Baumwolle auch in der nachfolgenden Produktionsebene, also in der Spinnerei oder Näherei, fair weiterverarbeitet wird. FLO, der Dachverband der SiegelInitiativen, setzt sich mit diesem Dilemma auseinander und fragt sich selbst in einer FLO-Broschüre: »Die Wertschöpfungskette der Faser für Fertigprodukte beträgt meist unter fünf Prozent, möglicherweise sogar unter ein Prozent – reicht das aus, um diese Vorprodukte als fair gehandelt anzuerkennen?«

Dennoch: Ein Fairtrade-Siegel für das fertige Kleidungsstück wird es von FLOs deutscher Siegelorganisation TransFair und anderen Organisationen auch in naher Zukunft nicht geben – »zu schwierig sind die Bedingungen für den Fairen Handel auf dem Textilien-Massenmarkt«, räumt Maren Richter von TransFair ein. Der Verein verlangt allerdings von den Herstellern und Händlern, mit denen er Lizenzverträge abschließt, dass sich die restlichen Beteiligten der Lieferkette – Spinnereien, Webereien und Konfektionäre – zumindest an die Kernarbeitsnormen der Internationalen Arbeitsorganisation ILO halten. Produzenten können dieses dann durch ein Zertifikat des Sozialstandards SA 8000 oder durch eine Mitgliedschaft bei der Fair Wear Foundation nachweisen lassen. Dennoch bekommen die weiteren Beteiligten der Lieferkette, anders als die Baumwollbauern, keine Fairtrade-Prämie gezahlt.

Wenngleich nicht die gesamte Wertschöpfungskette nach Fairtrade-Kriterien zertifiziert wird, so schafft FLO mit der Baumwollzertifizierung einen ersten wichtigen Schritt hin zu einer faireren Kleidungsproduktion. Die Ansätze von TransFair, der Fair Wear Foundation und der Clean Clothes Campaign ergänzen sich damit durchaus: Während TransFair am Anfang der Lieferkette, bei den Baumwollbauern, ansetzt und den direkten Kontakt zu den Erzeugern hat, konzentrieren sich FWF und CCC auf die Arbeitsbedingungen in den weiteren Schritten der Lieferkette – alle drei mit dem Ziel, die gesamte Handelskette fairer zu gestalten.

## EINKAUFSHILFEN FÜR DEN VERBRAUCHER

Woran erkennt der Verbraucher bei einem fertigen Kleidungsstück, dass es ein Unternehmen wirklich fair produzieren lässt und es wirklich ernst meint mit sozialen Kriterien – und nicht nur werbewirksame Imagepflege betreibt? Kaum eine Verkäuferin wird dem Kunden im Laden darüber Auskunft geben können, wie das Kleid hergestellt worden ist. Armut und Ausbeutung stehen nicht auf dem Preisschild. Es gibt auch kein Label und keine Institution, die eine soziale Zertifizierung des fertigen Kleidungsstücks vornimmt, wie sie bei Blumen oder Kaffeebohnen bereits üblich ist. »Man sieht einer Hose oder einem Hemd nicht an, unter welchen Bedingungen sie hergestellt wurden«, sagt Christian Thorun vom Bundesverband der Verbraucherzentralen in Berlin. »Alle Faustregeln sind hier unbrauchbar.«

Das stimmt leider. Der Blick auf das Etikett des neuen Outfits verrät dem Kunden nicht, ob der Anzug von einem Kind zusammengenäht worden ist oder ob Frauen beim Färben der Baumwolle mit giftigen Stoffen in Berührung gekommen sind. Selbst wenn auf dem Etikett China oder Vietnam als Ursprungsland vermerkt ist, kann der Kunde nicht automatisch darauf schließen, dass das Hemd unter miesen Bedingungen produziert worden ist. Denn in China oder Indien herrschen unterschiedliche Arbeitsbedingungen – wenngleich gute Arbeitsbedingungen in den Textilfabriken Asiens selten sind. Nur noch »Made in Germany« zu kaufen, macht allerdings ebenso wenig Sinn – hierzulande wird kaum noch produziert. Made in Germany heißt auch nicht, dass ein Kleidungsstück in Deutschland hergestellt wurde. Ein einzelner kleiner Arbeitsschritt in Deutschland reicht für diese Bezeichnung aus – beispielsweise, wenn hierzulande nur noch der Knopf ans Hemd genäht wird.

Ebenso irreführend wie das Etikett ist ein hoher Preis des neuen Kostüms. Wenn etwas teuer ist, heißt das noch lange nicht, dass arbeitsrechtliche Minimalkriterien bei der Produktion eingehalten worden sind: Mit einer teuren Levi's Jeans kauft sich der Kunde keine besseren Arbeitsbedingungen. Bei teuren Klamotten von Armani oder Escada müssen Verbraucher genauso genau hingucken wie beim Discounter. Auch teure Markenanbieter lassen ihre noble Garderobe in Billiglohnländern und manchmal sogar beim gleichen Zulieferer, in derselben Fabrik wie die Billigheimer herstellen – und schöpfen damit sogar einen noch höheren Gewinn ab als die

Discounter. Aussagekräftig ist hingegen ein Dumpingpreis: Man muss kein Rechenkünstler sein, um zu ahnen, wie wenig bei einem Shirt unter vier Euro beim Näher bleibt. Und so kann der Kunde durchaus davon ausgehen, dass billig automatisch unfair ist: »Bei Ware aus dem Discounter ist die Gefahr einfach viel höher, dass das Hemd in der letzten Klitsche produziert wurde«, sagt Berndt Hinzmann von Inkota.

Solange nur die Baumwolle zertifiziert wird, nicht jedoch das fertige Kleid, und solange es kein verlässliches oder einheitliches Label für Textilien gibt, das die Einhaltung von Sozialstandards garantiert, bleiben dem ethisch bewussten Konsumenten bei der Wahl seiner Garderobe im Grunde nur folgende Möglichkeiten:

FAIR WEAR FOUNDATION-LISTE (www.fairwear.org)

Die Fair Wear Foundation, kurz FWF, nennt auf ihrer Webseite ihre Mitglieds-Textilunternehmen, die sich für eine faire Produktion einsetzen und dies auch unabhängig durch die FWF verifizieren lassen. Der Arbeitsverhaltenskodex der FWF gilt als einer der strengsten in der Textilbranche. Firmen, die diesen Kodex akzeptieren, prüfen zunächst intern, inwiefern sie diese Kriterien erfüllen, berichten dies der FWF und lassen ihre Zulieferer dann einmal im Jahr von unabhängigen Kontrolleuren überprüfen. Hess Natur (www.hess-natur.de) ist bislang das einzige deutsche FWF-Mitglied. In der Schweiz sind u.a. die beiden Outdoor-Ausrüster Mammut (www.mammutsportsgroup.ch) und ODLO (www.odlo.com) der FWF beigetreten.

WELTLADEN

Auf Nummer sicher geht der Verbraucher, wenn er seine Kleidung im Welt laden einkauft. Dort findet er etwa von der GEPA die Jeans La Khochalita, die fair in einer kleinen Fabrik in Bolivien hergestellt wird. Konsumenten können dort auch T-Shirts und Sweatshirts aus Assisi Garents in Indien kaufen: Der Frauenorden bietet behinderten Frauen und Mädchen eine Chance, etwas Geld zu verdienen. Der Fairhändler EL PUENTE hat außerdem eine eigene Modelinie Fair Fashion kreiert. Unter www.worldshops.org finden Verbraucher Links zu 15 Weltladenverbänden in 13 europäischen Ländern, in deren Läden sie fair erzeugte Baumwollprodukte kaufen können. Die Adressen der Weltläden in Deutschland stehen unter www.weltlaeden.de. Der Nachteil: Dem modisch bewussten Konsumenten steht im Weltladen kein allzu großes Sortiment zur Auswahl – mit Ausnahme der Kleidung von EL PUENTE. Nur ethisch korrekt einzukaufen, wird ihm daher angesichts der noch immer sehr geringen Auswahl eher schwer fallen – zumal das Angebot in den einzelnen Weltläden sehr unterschiedlich ist. Das soll sich allerdings ändern, sagt Davina Brückner vom Weltladen-Dachverband in Mainz: »Wir bekommen von den Weltläden ganz viele Anfragen, welche Importeure fair gehandelte Kleidung anbieten – das ist sehr im Kommen.«

### DER LEITFADEN VON SÜDWIND/CCC

Das Südwind-Institut hat für die CCC einen Leitfaden Fairer Textiler für Verbraucher erstellt. Diese Textilfirmen, Händler und Modemarken berücksichtigen Sozial- und Umweltstandards und machen transparent, wo und wie sie produzieren lassen. Der Leitfaden »Sozial-ökologische Modeanbieter« ist ab September 2009 unter www.suedwind-institut.de abrufbar. Er soll dem Verbraucher den Weg durch den Dschungel unterschiedlicher Nachhaltigkeits-Textil-Labels, Anbieter und Kollektionen erleichtern. Die Marktübersicht www.ecotopten.de des Öko-Instituts in Freiburg führt ebenfalls eher kleinere Unternehmen auf, die Kleidung aus schadstofffreier Baumwolle herstellen und größtenteils auch unter fairen Bedingungen produzieren.

### STIFTUNG WARENTEST (www.test.de)

Die Berliner Stiftung Warentest untersucht seit einigen Jahren in einzelnen Tests auch das soziale und arbeitsrechtliche Engagement der Hersteller. Bislang haben die Tester beispielsweise Funktionsjacken und Hemden untersucht – sowie im Juni 2009 in China hergestellte Laufschuhe. Die elf Hersteller im Test nahmen ihre Unternehmensverantwortung dabei ganz unterschiedlich wahr. Drei Markenhersteller – Asics, Brooks und Nike – haben jegliche Auskünfte über die Lage in den Zulieferfabriken verweigert. Deichmann, Reno und Lidl erlaubten den Testern nicht, die Sohlenfabriken in Fernost zu besichtigen und dort mit Arbeitern zu sprechen. Transparent zeigten sich der Stiftung Warentest gegenüber hingegen die Konzerne Adidas, Reebok, New Balance und Karstadt. Als sie den Karstadt-Zulieferer in China besuchten, stießen die Tester allerdings auf erhebliche Missstände wie fehlenden Arbeitsschutz oder unbezahlte Überstunden. Nähere Infos im Internet unter www.test.de/themen/bildung-soziales/special/.

**Hier gibt's fair und sauber produzierte Mode**

- Armedangels (www.armedangels.de)
- Artgerechtes (www.artgerechtes.de)
- Designer-Kollektiv »Göttin des Glücks« (www.goettindesgluecks. com)
- Glore (www.glore.de)
- Hessnatur (www.hess-natur.de)
- Katherine Hamnett (www.katharinehamnett.com)
- Kuyichi (www.kuyichi.com)
- Living Crafts (www.livingcrafts.de)
- Misericordia (über www.unique-nature.com, www.misionmisericordia.com)
- People-Tree (www.peopletree.co.uk)
- Switcher (www.switcher.com). Tipp: Mittels eines mechanischen Barcodes auf dem Etikett der Schweizer Firma kann der Kunde übers Internet die Produktionskette zurückverfolgen
- True fashion (www.true-fashion.com oder www.true-fashion.de)
- www.fairemode.ch
- www.zuendstoff-clothing.de

### EINKAUFSHILFE FAIRTRADE-SIEGEL

TransFair, der deutsche Ableger der Siegelorganisation FLO, zeichnet Kleidungsstücke aus fair gehandelter Baumwolle aus (s. S. 169). Die zertifizierten Unternehmen müssen auch in der weiteren Produktionskette – also in Spinnereien oder Nähereien – darauf achten, dass sie für die Arbeiter soziale Mindeststandards erfüllen.

### DAS VERBRAUCHERINFORMATIONSGESETZ

Im Mai 2008 hat der Deutsche Bundestag das Verbraucherinformationsgesetz – kurz VIG – verabschiedet. Es sieht zwar gegenüber Verbrauchern eine Auskunftspflicht von Behörden, nicht jedoch von Unternehmen vor – weswegen die Kampagne für Saubere Kleidung das VIG »eine Lachnummer« nennt. Auch Greenpeace bezeichnet das Gesetz als »Mogelpackung«: »Aktuelle Informationen bleiben Mangelware.« Hersteller müssten vielmehr verpflichtet werden, über Herkunft und Produktionsbedingungen entlang der

## Zehn Fragen an Unternehmer

1. Haben Sie einen Verhaltenskodex verabschiedet?
2. Wenn ja – beinhaltet er auch das Recht der Mitarbeiter, sich gewerkschaftlich zu organisieren?
3. Umfasst Ihr Verhaltenskodex die gesamte Zulieferkette?
4. Was tun Sie, um Ihre Zulieferbetriebe für das Thema Arbeitsrechte zu sensibilisieren?
5. Wie sichern Sie, dass die Arbeiter in den Herstellungsfabriken für Ihre Produkte auch von ihren Rechten erfahren?
6. Wer aus dem Management Ihres Unternehmens ist dafür verantwortlich, dass der Verhaltenskodex umgesetzt wird?
7. Wie prüfen Sie, ob Ihre Zulieferer Fortschritte in der Umsetzung des Kodex machen?
8. Wie überprüfen Sie generell die Einhaltung des Kodex?
9. Was tun Sie, um Lieferdruck zu verhindern?
10. Ist der Preis, den Sie Ihren Zulieferbetrieben zahlen, hoch genug, damit die Arbeiter davon leben können?

gesamten Produktionskette zu berichten. Solange diese Pflicht nicht Gesetz ist, sollten Verbraucher dennoch bei Unternehmen nachhaken, wo diese ihre Produkte unter welchen Bedingungen herstellen lassen, rät Manfred Redelfs von Greenpeace: »Wenn die Firma blockt, sagt mir das als Verbraucher sehr viel.« Für ihn gibt es nur eine Konsequenz: »Als Kunde halte ich mich dann doch lieber an kooperative Hersteller.«

Alternativ können Kunden auch im Laden immer wieder nachhaken, wo das Kleid oder das Hemd gefertigt worden sind – und die Firmen auffordern, soziale Standards einzuhalten und diese vor allem auch unabhängig prüfen zu lassen. »Irgendwann«, sagt Dominic Kloos vom Südwind Institut, »kommt das vielleicht auch bei den Herstellern an.« Einen Musterbrief des Instituts können Konsumenten unter www.sauberekleidung.de herunterladen.

### DER VERHALTENS-KODEX DER TEXTILUNTERNEHMEN

Verbraucher können den Verhaltens-Kodex des jeweiligen Unternehmens im Internet unter die Lupe nehmen. Noch immer sind viel zu wenige Firmen zu einer solchen Selbstverpflichtung bereit: Von den rund 400.000 Betrieben der weltweiten Textilindustrie lassen schätzungsweise nur 30.000 Firmen ihre Produktionsbedingungen kontrollieren. Doch selbst Firmen, die einen sogenannten *Code of Conduct* verabschiedet haben und mit ihren CSR-Aktivitäten werben, halten diese Minimalstandards, wie sie beispielsweise die ILO festgelegt hat, nicht immer ein, wie Gewerkschafter Neil Kearny von der Internationalen Textilarbeitergewerkschaft warnt. Auch Berndt Hinzmann von Inkota sieht in den Kodizes nur Unternehmenskosmetik: »Scheinheilig« und »total widersprüchlich« sei die Einkaufspraxis der meisten Textiler: »Der Ethikkodex auf der einen und die knallharte Preispolitik samt kurzen Lieferzeiten auf der anderen Seite – das passt einfach nicht zusammen.« Wie, fragt Hinzmann, können die Auftraggeber in Europa in ihren Kodizes die Einhaltung der Arbeitszeiten fordern – und gleichzeitig von Lieferanten in China, Nicaragua oder Bulgarien erwarten, dass diese die kurzen Lieferfristen einhalten?

Tatsächlich haben die Verhaltenskodizes weder bei der Otto-Tochter Heine-Versand noch bei Tchibo oder Esprit Skandale um Kinderarbeit verhindern können. Alle drei Unternehmen rühmen auf ihrer Homepage eine strenge Kontrolle der Arbeitsbedingungen vor Ort. Doch selbst bei Otto, einem der wenigen Konzerne, der die Standards der ILO komplett übernommen hat und dafür auch mehrfach ausgezeichnet worden ist, hat das Magazin »Stern« 2007 enthüllt, wie verängstigte Kinder und Teenager in »stinkenden Kellerlöchern« in Indien 14 Stunden am Tag modische T-Shirts für den Heine-Versand mit Pailletten bestickten oder modische Damen-Tops für das Haus Esprit zusammennähten. Die Kampagne für Saubere Kleidung hat überdies im Jahr 2005 herausgefunden, dass die bei Tchibo verkauften Schlafanzüge unter menschenunwürdigen Bedingungen hergestellt worden waren. Tatsächlich hat auch kaum einer der führenden Textileinzelhändler die von Stern-Redakteuren gestellte Frage »Können Sie garantieren, dass die Textilprodukte, die Sie oder Ihre Tochterfirmen vertreiben, ohne Kinderarbeit hergestellt werden?« mit einem klaren Ja beantwortet. Eine ehrliche Antwort. Denn kein Besteller kann angesichts der unübersichtlichen Produktionsketten zu hundert Prozent ausschließen, dass nicht irgendwo doch Kinder mitgearbeitet haben können. »Wir sind nicht in der Lage, 24 Stunden dafür zu sorgen, dass alle Vorschriften eingehalten werden«, räumte dann auch ein Sprecher von Karstadt/Quelle gegenüber dem TV-Magazin

»Monitor« ein. Die schwedische Modekette H&M erklärte, es sei unmöglich, eine solche Garantie zu geben.

## Knackpunkt bleibt die Kontrolle

Diese Fälle zeigen: Selbst für Textiler, die darauf achten, fair zu produzieren, stellt das Auditoring, also die Kontrolle, ein großes Problem dar. Die Vielzahl von Zulieferern zu überprüfen, ist in der Textilbranche, anders als bei den einfachen Handelsketten von Fußbällen oder Tee, enorm schwierig – »zu komplex und übersichtlich ist die Lieferkette und das Geflecht von Zulieferern«, meint Dominic Kloos von Südwind: »Bis es auf dem Ladentisch liegt, hat ein T-Shirt bis zu 50.000 Kilometer zurückgelegt.« Hier können nur staatliche Regulierungen helfen, sagt Kloos. »Freiwillige Maßnahmen bleiben immer unzureichend«.

Dass es »fast unmöglich (ist) zu kontrollieren, unter welchen Bedingungen Textilien hergestellt wurden«, schreibt auch das Magazin »Ökotest«. Manche Konzerne haben mehrere Tausend Zulieferer auf mehreren Kontinenten sitzen, die in die Wertschöpfungskette einer Socke oder eines Herrenanzugs involviert sind. Berndt Hinzmann von Inkota ist da allerdings anderer Auffassung: »Eine Rückverfolgung ist aufwendig, aber möglich«, ist er überzeugt. Gehe es innerhalb der Wertschöpfungskette um Qualitätskontrolle, Kosteneinsparpotentiale oder die Rückverfolgung von Markenklau, scheuten Unternehmen diesen Aufwand auch nicht. Ein Kleidungs-Label für das Hemd oder die Jeans werde Inkota oder die CCC dennoch nicht forcieren, sagt Hinzmann: »Die Gefahr, dass ein solches Label als Alibi-Funktion missbraucht wird, ist viel zu groß.«

# 4-Globaler Tourismus – Viel Schatten, wenig Licht

> Reise mit Lust, doch reise bewusst – die Welt lädt
> Dich ein, doch ist sie nicht Dein.
>
> Autor unbekannt

Glückwunsch Deutschland! Wir haben unseren Titel verteidigt und sind wieder mal Weltmeister – Reiseweltmeister. Seit Jahren stehen die Bundesbürger, was die Ausgaben für Tourismus angeht, unangefochten an der Spitze. Knapp 43 Milliarden Euro war uns der Urlaub 2008 nach Angaben der Kieler Forschungsgemeinschaft Urlaub und Reisen (FUR) wert. Pro Person entspricht dies 834 Euro. Drei von vier Deutschen unternahmen 2009 eine Urlaubsreise von fünf oder mehr Tagen. Eine ähnliche Reiselust zeigen sonst nur Amerikaner und Briten. Daran scheint auch die Wirtschaftskrise in diesem Jahr nur wenig zu ändern. Die Devise vieler Reiselustigen lautet nach der 39. Reiseanalyse der FUR vielmehr: »Eher im und am Urlaub sparen als totaler Reiseverzicht«.

Das dürfte nicht weiter schwierig sein. Denn Billigofferten gibt es zuhauf. Die Welt lockt mit Sonne, Strand und Schnäppchen: Zehn-Tage-Alles-inklusive-Kreuzfahrten in der Westkaribik für 999 Euro, Hin- und Rückflug nach Thailand für 499 Euro oder sechs Hotelübernachtungen auf Mallorca für nur 52 Euro – das alles ist nur ein Mausklick entfernt oder im Reisebüro um die Ecke zu buchen.

## Tourismus hat zwei Gesichter

Betrachtet man lediglich die ökonomischen Daten, dann ist der Tourismus eine einzige lange Erfolgsgeschichte. Die jährlichen internationalen Touristenzahlen haben 2008 die 900 Millionen-Marke überschritten. Bis zum Jahr 2020 prognostiziert die zu den Vereinten Nationen gehörende Welttourismusorganisation (UNWTO) weltweit 1,6 Milliarden Reisende – beinahe eine Verdoppelung. Mit Tourismus wurden 2007 rund 625 Milliarden Euro

179

umgesetzt. Damit zählt die Reisebranche weltweit zu den größten und am stärksten expandierenden Wirtschaftssektoren. Der Tourismus erwirtschaftet beinahe zehn Prozent des weltweiten Bruttosozialprodukts. Für Großorganisationen wie die Weltbank oder die UNWTO stellt der Tourismus zudem ein probates Mittel dar, die Armut auf unserem Planeten zu beseitigen. Sie fördern bewusst touristische Großprojekte in ärmeren Ländern, um dort Arbeitsplätze zu schaffen und die Wirtschaft anzukurbeln. Auf den ersten Blick mit Erfolg: Laut Weltbank verdoppelte sich zwischen 1991 und 2001 die Zahl der Touristen dorthin. Kann man bei solchen Zahlen daran zweifeln, dass der Tourismus ein Segen ist?

**Wunderwaffe Tourismus?**

Das kommt auf den Blickwinkel an. Der Tourismus ist eine Wunderwaffe – im positiven wie auch im negativen Sinne. Er hat in den vergangenen Jahrzehnten Millionen von Arbeitsplätzen geschaffen. Nach Angaben des World Travel & Tourism Council (WTTC) arbeiteten 2008 weltweit 219 Millionen Menschen in dieser Branche – das ist etwa jeder dreizehnte Arbeitnehmer. Der Tourismus hat damit vielen Menschen einen Weg aus der Armut gezeigt, ihnen ermöglicht, einen Beruf zu ergreifen, sich weiterzubilden. Er stimuliert lokale Investitionen und er verbindet Kulturen. Außerdem hat er vielerorts Naturreservate geschützt, die ohne Touristen den Kettensägen oder Baggern zum Opfer gefallen wären. Nicht zuletzt trägt der Tourismus zur Gleichberechtigung der Geschlechter bei: In Dienstleistungsbranchen wie Hotels oder Gastronomie haben Frauen in vielen Ländern erstmals überhaupt einen bezahlten Job gefunden.

Doch der Tourismus hat auch ein hässliches Gesicht. Allerdings redet niemand gerne über die negativen Seiten des Reisens. Weder die großen Reiseveranstalter, die Jahr für Jahr fette Gewinne einstreichen, noch die Regierungen derjenigen Länder, deren Bruttosozialprodukt ganz entscheidend vom Tourismus abhängt – und auch nicht die Touristen: Sie wollen während ihres hart erarbeiteten Urlaubs entspannen und genießen.

Eine Urlaubsreise außerhalb Deutschlands gehört für viele von uns zum Leben wie Autofahren oder heiß duschen. Doch eine Reise ins Ausland bleibt laut UNWTO für rund 96 Prozent der Weltbevölkerung weiterhin ein unerschwinglicher Luxus. Ferntouristen stammen fast ausschließlich aus reichen Industrieländern und den wohlhabenden Schichten der übrigen Staaten. Hinzu kommt, dass ein Großteil der Einnahmen aus dem Reisegeschäft bei Reiseveranstaltern, Hotelketten und Fluglinien in den reichen Nationen hängen bleibt.

Dennoch haben sich die Einnahmen der Entwicklungsländer aus dem Tourismusgeschäft nach Angaben der Internationalen Arbeitsorganisation (ILO) zwischen 2000 und 2007 auf 260 Milliarden US-Dollar versechsfacht. Für ein Drittel aller Entwicklungsländer ist der Tourismus sogar die wichtigste Einnahmequelle. Laut ILO erreicht der Anteil des Tourismus am Bruttosozialprodukt in Entwicklungsländern bis zu 40 Prozent, während es in entwickelten Staaten 3 bis 10 Prozent sind. Dennoch schafft es der Tourismus nicht, die wirtschaftliche Lage der Menschen im Land generell zu verbessern. Dies ist auch nicht seine primäre Absicht. In ihrem 2008 erschienenen Buch »Tourism Development – Growth, Myths and Inequalities« schreiben die Autoren, »dass es unglücklicherweise nicht das allererste Ziel internationaler Tourismusunternehmen (Hotelketten, Immobilienmakler und Reiseveranstalter) ist, Armut zu reduzieren, sondern ein akzeptables Niveau finanziellen Nutzens beim kleinstmöglichen Risiko zu erreichen«. Daher sind es auch diese Großunternehmen, die sich vom Tourismuskuchen das größte Stück abschneiden.

## Sexuelle Ausbeutung von Kindern

Am 18. Januar 2002 trat das Zusatzprotokoll zur UN-Kinderrechtskonvention in Kraft. Darin wird festgelegt, dass sexuelle Handlungen an Kindern gegen die Menschenrechte verstoßen. Ungeachtet dessen hat sich das Problem Kinderprostitution in den vergangenen Jahren verschlimmert. Jedes Jahr fliegen laut terre des hommes (www.tdh.de, www.child-hood.com) rund 10.000 deutsche Männer gezielt ins Ausland, um Sex zu haben – oftmals mit Minderjährigen. Nach Angaben des Kinderhilfswerks UNICEF werden weltweit mehr als zwei Millionen Kinder sexuell ausgebeutet, allein in Indien sind es nach Schätzungen von terre des hommes 400 000, in Thailand etwa 150 000. Obwohl die Tourismusindustrie nicht der Auslöser für Kinderprostitution ist, trägt sie in Form von billigen Flugreisen und Hotelangeboten in exotischen Reisezielen

maßgeblichen Anteil am Problem. Bereits vor rund 20 Jahren konnten asiatische Kirchen in einer Studie nachweisen, dass es einen
Zusammenhang zwischen wachsendem Tourismus und zuneh-
mender Kinderprostitution gibt. 2001 erarbeitete die internationale
Kinderschutzorganisation ECPAT (www.ecpat.net) einen Verhaltenskodex zum Schutz von Kindern vor sexueller Ausbeutung im
Tourismus. Der Code of Conduct for the Protection of Children from
sexual Exploitation in Travel and Tourism (kurz: The code, www.
thecode.org) wurde vom Deutschen Reisebüro- und Veranstalter-
verband (DRV) und vom Bundesverband der deutschen Tourismus-
wirtschaft (BTW) als Selbstverpflichtung unterzeichnet. Doch beim
Thema Kinderprostitution sind nicht nur die Großen der Branche,
sondern ist jeder einzelne Reisende gefordert. Die brasilianische
Tourismusbehörde empfiehlt in einer Kampagne: »Zeigen Sie pä-
dophile Sextouristen an!«

Natürlich profitieren auch Millionen Kleinunternehmer in Entwicklungsländern mit einfachen Herbergen, Souvenirständen, Garküchen oder als
fliegende Händler für Strandbedarf oder Ramsch vom Tourismus. Doch
die Auswirkungen des Massentourismus auf den Wohlstand einer unter-
entwickelten Nation sind begrenzt. Der sogenannte trickle down effect – der
Sickereffekt von oben nach unten – bleibt aus, wie eine Untersuchung des
arbeitskreises tourismus & entwicklung in Basel aus dem Jahr 2008 zur Lage
in Ägypten belegt: Dort stiegen die Touristenzahlen 2008 zwar um 22 Prozent auf rund 11.1 Millionen Besucher an. Dem Land bescherte der Boom
9,4 Milliarden US-Dollar an Einnahmen – was rund 20 Prozent der gesamten jährlichen Deviseneinnahmen entspricht. Dennoch leben 40 Prozent
der Ägypter an oder unter der Armutsgrenze. Sie müssen laut der Basler
Untersuchung mit einem US-Dollar oder weniger täglich auskommen.
Ähnliches ist in Ländern wie Mexiko, China oder der Türkei zu beobachten.
Obwohl diese Länder unter den Entwicklungs- und Schwellenländern Spit-
zenpositionen einnehmen, was Touristenzahlen und Einnahmen aus dem
Tourismus betrifft, haben es die Regierungen dieser Länder bislang nicht
geschafft, den Reichtum gleichmäßiger zu verteilen.

Vielen dieser Länder bietet der Tourismus eine große Chance. Er erzeugt
aber auch Abhängigkeiten. In der Hoffnung auf Arbeitsplätze, Devisen und

wirtschaftlichen Aufschwung investieren gerade ärmere Länder, verschuldete Länder und kleine Inselstaaten einseitig in touristische Infrastruktur – oftmals gedrängt durch Weltbank, Internationalen Währungsfonds und Welttourismusorganisation. Ein Plan B existiert in den seltensten Fällen.

Doch wer einseitig auf Tourismus setzt, spielt ein riskantes Spiel. Denn das Geschäft mit den Reisenden aus aller Welt ist hochsensibel. Dies konnte man besonders gut nach dem 11. September 2001, dem Tag des Terroranschlags auf das World Trade Center in New York, beobachten: Tagelang war der weltweite Flugverkehr lahm gelegt. Viele US-Touristen mieden das Ausland noch Jahre später. Auch der gewaltige Tsunami, der im Dezember 2004 mindestens 231.000 Tote in acht asiatischen Ländern forderte, brachte den Tourismus in der Region vorübergehend zum Erliegen. Kaum vorhersehbare Ereignisse wie die politische Krise in Birma 2008 oder das Erdbeben in Peru im Jahr davor bringen den Einheimischen nicht nur persönliches Leid. Bleiben die Touristen vorübergehend aus, verlieren zahlreiche Menschen auch ihre einzige Einkommensquelle.

**Kein Traumberuf**

Selbst wenn alles nach Plan läuft und die Hotels, Strände, Bars und Restaurants voller Touristen sind, haben es die Beschäftigten der Tourismusindustrie – besonders in Entwicklungsländern – nicht leicht. Kaum ein Tourist wundert sich darüber, dass der Kellner ihnen morgens das Frühstück serviert, mittags am Buffet steht und abends noch immer den Cocktail in der Strandbar des Hotels kredenzt. Für seinen in der Branche nicht unüblichen Zehn- bis Zwölf-Stunden-Tag erhält er einige wenige Euro – und etwas Trinkgeld.

Bei vielen Arbeitsplätzen im Tourismus handelt es sich um einfache Tätigkeiten, für die keine besondere Qualifikation oder Ausbildung nötig und die entsprechend schlecht entlohnt sind. Lange Arbeitszeiten sind – besonders während der Saison – in dieser Branche üblich. Dies trifft nicht nur auf Entwicklungsländer zu, sondern auch auf reiche Länder wie beispielsweise die Schweiz. Trotz Vollbeschäftigung im Tourismus liegt der Verdienst vieler Angestellten unter dem Existenzminimum in armen und kaum über Sozialhilfe-Niveau in reichen Ländern. In einem aktuellen Bericht, der die Auswirkungen der Globalisierung auf den touristischen Arbeitsmarkt beschreibt, stellt die Internationale Arbeitsorganisation ILO fest, dass die Löhne im Tourismus um durchschnittlich 20 Prozent niedriger liegen als in anderen Branchen. Es ist nur das Trinkgeld, das die Differenz ein bisschen ausgleicht. Besonders in südlichen Reisezielen außerhalb Europas sind soziale Absicherung und Qualifizierungs- und Aufstiegsmöglichkeiten der Angestellten meist unbekannt. Vielfach werden in Entwicklungsländern die Kernarbeitsnormen der ILO (s. S. 129) nicht eingehalten. Auch Kinderarbeit ist im Tourismus weit verbreitet. Die ILO schätzt, dass weltweit 13 bis 19 Millionen Kinder und Jugendliche unter 18 Jahren im Tourismus beschäftigt sind.

Ein besonders krasses Beispiel für die Ungerechtigkeiten im Tourismus ist Indien: »Früher waren etwa 60 Prozent des Personals festangestellt, heute sind es nur noch 20 bis 25 Prozent«, sagt John Rego, Generalsekretär der Gewerkschaft Workers Union of Cidade de Goa im indischen Bundesstaat Goa. »Wann immer ein festangestellter Arbeiter seinen Job aufgibt, wird die Stelle nicht neu besetzt«. Regos Gewerkschaft vertritt die Arbeiter und Angestellten der gleichnamigen Luxusferienanlage Cidade de Goa am Vainguinim-Strand. Und die Arbeitsbedingungen verschlechtern sich weiter. Inzwischen haben viele Hotels in Goa einem Bericht der tourismuskritischen Organisation Tourism Concern (www.tourismconcern.org.uk) zufolge sogar einen Zwölf-Stunden-Tag eingeführt.

Wie zwiespältig Tourismus sein kann, zeigt die Situation der Einheimischen, die als Träger auf dem weltberühmten »Inkatrail« in Südperu arbeiten. Fast 140.000 Menschen legen jährlich die 33 beschwerlichen Kilometer zu den Inkaruinen von Machu Picchu zurück – die Touristen und Guides meist mit einem leichten Daypack, die Träger mit 30 Kilo oder mehr auf dem Rücken. Und die Touristen lassen sich dieses Erlebnis etwas kosten: Rund 400–1500 US-Dollar zahlen sie für die viertägige Tour – alles inklusive. Doch es gibt viele Träger, oft einfache, arme Kleinbauern, die selbst für einen Dumpinglohn bereit sind, das Gepäck der Touristen zu schleppen. Das wissen auch die Trekking-Agenturen, die den Trip nach Machu Picchu organisieren. Wegen des starken Wettbewerbs um die Träger-Jobs ist es ihnen ein Leichtes, den Lohn zu drücken. Oder die Träger zu zwingen, mehr als die gesetzlich vorgeschriebene Last von 20 Kilo zu tragen.

Auch im Umfeld touristischer Regionen gibt es wenig Erfreuliches zu berichten. Das Spektrum der Probleme reicht von Landvertreibung und Ressourcenvergeudung über sexuelle Ausbeutung (s. S. 181) bis hin zu Umweltzerstörung und damit der Vernichtung von Lebensgrundlagen. Bereits 2002 warnte Dante, die Arbeitsgemeinschaft für Nachhaltige Tourismusentwicklung (www.dante-tourismus.org), dass »der Tourismus nicht nur Arbeit schafft, sondern auch Arbeitsplätze in traditionellen Erwerbszweigen wie der Fischerei oder der Landwirtschaft vernichtet«.

**Welten prallen aufeinander**

Auch Honduras dient als Beispiel für die fatalen Folgen eines verantwortungslosen Tourismus: An den kilometerlangen Traumstränden der Bucht von Tela an der Karibikküste des Landes prallen wegen eines touristischen Großprojektes Welten aufeinander. Ana Abarca, ehemalige Geschäftsführerin des honduranischen Tourismusinstituts (IHT), empfindet die leeren Strände als eine Verschwendung. Die Strände, glaubt sie, müssten touristisch entwickelt werden. Doch an den Stränden leben die Garifuna, eine afrokaribische Minderheit. Für sie bedeutet das geplante Großprojekt den Verlust ihrer kommunalen Landrechte. Diese waren ihnen 1992 gesetzlich zugesagt worden. Zwei Jahre später jedoch erklärte ein Gericht die kollektiven Landtitel der Garifuna für ungültig und erlaubte ihre Umwandlung in Privatgrundstücke. Nun üben Baufirmen und Spekulanten Druck auf einzelne Landbesitzer aus – mit Geld und Gewalt. Nach Angaben der Menschenrechtsorganisation Amnesty International wurden einzelne Dorfbewohner mit vorgehaltener Pistole bedroht. Sie sollten ihr Land gegen ihren Willen verkaufen. Das geplante Großprojekt konnte bislang dennoch nicht realisiert werden. Der Kampf der Garifuna geht weiter, auch wenn sie sich in einem »kriegsähnlichen Zustand« befinden, wie es der Führer der Garifuna-Gemeinde Miami Alfredo Lopez ausdrückt. Er sagt auch: »Wenn wir unser Land verlieren, dann verlieren wir alles«.

Selbst in Costa Rica, dem mittelamerikanischen Vorzeigeland für Ökotourismus, läuft etliches schief. Hier wird um Wasser gekämpft. Im trockenen Nordwesten des Landes hatten die Besitzer mehrerer Großhotels in der Nähe von Sardinal versucht, eine Wasserleitung von einer kommunalen Quelle bis zu den Hotels zu bauen. Das Einverständnis der nationalen Wasserbehörde lag ihnen vor. Doch die Bewohner der Region fürchteten um ihre Wasserversorgung. Sie reagierten mit heftigen und auch gewaltsamen Protesten. Doch erst eine Entscheidung des Verfassungsgerichts im Januar 2009 konnte die Pläne der Hotelbesitzer und der Regierung stoppen: Das Gericht ordnete an, dass die Einheimischen in die Entscheidungsprozesse um die Wassernutzung mit einbezogen werden. Und dass eine Untersuchung erst mal klären müsse, ob überhaupt genügend Wasser vorhanden ist.

**Alternative Netzwerke**

An vielen Orten auf dieser Erde spielt sich ähnliches wie in Costa Rica ab: Großinvestoren kaufen große Landflächen auf, um sie dann touristisch zu erschließen. Was zählt, ist der Profit. Doch immer öfter wehren sich Gemeinden mit internationaler Hilfe erfolgreich gegen touristische Großprojekte und bieten den Reisenden wie beispielsweise im Nordosten Brasiliens Alternativen an. Die 576 Kilometer lange Küste des Bundesstaates Ceará mit ihren traumhaft schönen Sandstränden hat schon vor Jahrzehnten die Begehrlichkeiten von Investoren geweckt. Einige Bauprojekte konnten sie realisieren. Die Einheimischen wurden dabei nur selten gefragt. In einigen Fällen wurden die Projekte sogar mit falschen Grundstücksurkunden umgesetzt. Doch die Fischer, die an der Küste von Ceará leben, haben aus den schlechten Erfahrungen der Vergangenheit gelernt – und sich zusammengeschlossen. Inzwischen ist aus der Widerstandsbewegung ein eigenständiges Netzwerk geworden.

Das Netzwerk Rede Tucum (http://en.tucum.org/) bietet Touristen mit seinem Modell eines »Turismo Comunitario« eine Alternative, die »für ein lokal aktives, aber regional vernetztes Wirtschaftsmodell zugunsten der armen, einheimischen Bevölkerung steht« Mit diesen Worten begründete der Studienkreis für Tourismus und Entwicklung, warum er das Projekt 2008 im Rahmen des »TO DO! – Wettbewerbs für sozialverantwortlichen Tourismus« mit einem Preis ausgezeichnet hatte. Der Wettbewerb richtet sich an tourismusrelevante Projekte, deren Planung und Realisierung auch die unterschiedlichen Interessen und Bedürfnisse der Betroffenen berücksichtigen.

Leider gibt es noch nicht viele vergleichbare Projekte – die wenigsten überleben langfristig oder tragen sich finanziell selbst. Das bestätigt Bernadette Kurte, Tourismusexpertin beim Deutschen Entwicklungsdienst (DED): »Aus Fischern und Bauern Tourismusexperten zu machen gelingt nur, wenn sie von Anfang an bei den entsprechenden Projekten mitbestimmen können und eine aktive Rolle in der Tourismusentwicklung übernehmen – und zwar ganz ohne Druck von außen«. In einem Artikel der tourismuskritischen Zeitschrift »Tourism Watch« des Evangelischen Entwicklungsdienstes (EED) schlussfolgert Fremdenverkehrsgeographin Isabelle Schunck: »Armutsbekämpfung durch Tourismus wird nur *mit* und nicht *für* die Armen erfolgreich sein«.

Daran wird sich auch das mit üppigen Geldmitteln der Welttourismusorganisation ausgestattete ST-EP-Programm (www.unwto.org/step) messen lassen müssen. Die Initiative wurde 2003 gestartet. Im Rahmen der Milleniumsziele (s. S. 35) sollen 5.000 nachhaltige Tourismusprojekte bis 2015 in 57 Ländern ihren Beitrag dazu leisten, die Armut zu überwinden. Ziel ist, möglichst viele Arbeitsplätze für die einheimische Bevölkerung im Tourismus zu schaffen. Dazu zählen Projekte wie die Errichtung eines Netzwerks für nachhaltigen Tourismus in Mali, die Entwicklung einer »Kaffeeroute« in Guatemala oder die Erschließung von Wanderrouten in Nepal. Dass das Programm, das laut UNTWO-Berater Geoffrey Lipman vorwiegend auf »gesteigerte Geldflüsse« setzt, sinnvoll ist, davon ist nicht jedermann überzeugt. So glaubt die Afrikanische Union, dass es wichtiger sei, »Probleme wie Aids, Malaria, mangelnde Gleichstellung von Frauen und chronische Armut zu lösen, als fragwürdige Einnahmen durch undurchsichtige Tourismusprojekte zu erzielen«. Bereits zur Eröffnung des vierten ST-EP-Forums auf der ITB Berlin 2006 hatte der argentinische Tourismusminister gefragt: »Wohin fließt das ganze Geld«? Die Antwort auf diese Frage blieben die ST-EP-Beauftragten der UNWTO schuldig.

## Was heißt nachhaltiges Reisen?

Noch vor kurzem bedeutete nachhaltiges Reisen, dass Naturschutz und Tourismus in Einklang miteinander gebracht werden. Ökotourismus heißt das schwammige Zauberwort, das sich viele Veranstalter, Hotels und Entwicklungsorganisationen auf ihre Fahnen geschrieben haben. Nachhaltig ist Ökotourismus jedoch nur zu einem Teil. Denn soziale, kulturelle oder ethische Fragen lässt er in der Regel außen vor. »Wir haben festgestellt, dass viele Unternehmen nicht wissen, was Nachhaltigkeit ist«, sagt Rolf Pfeifer, Ge-

schäftsführer beim forum anders reisen. Auch für viele Touristen ist nachhaltiges Reisen noch ein Fremdwort. Eine umfassende Definition bietet in diesem Zusammenhang die Deutsche Gesellschaft für Technische Zusammenarbeit (GTZ) an:
»Nachhaltiger Tourismus erfüllt soziale, kulturelle, ökologische und wirtschaftliche Verträglichkeitskriterien. Er ist sozial gerecht, kulturell angepasst, ökologisch tragfähig und insbesondere für die ortsansässige Bevölkerung wirtschaftlich sinnvoll und ergiebig«.

Für den Schweizer Arbeitskreis tourismus & entwicklung umfasst ein fairer Handel im Tourismus aus der Sicht der lokalen Bevölkerung die Eckpunkte faire Arbeitsbedingungen, faire Preise, gleichberechtigte Beziehungen zwischen allen Beteiligten, Einbindung in lokale Wirtschaftskreisläufe und regionale Entwicklung sowie nachhaltige Nutzung der Ressourcen und Umweltgerechtigkeit.

# SIEGEL, NORMEN, KODIZES –

## ES TUT SICH WAS IM TOURISMUS

Was sich bei Bananen, Baumwollhemden und Rosen mehr und mehr durchsetzt, hält nun auch im Tourismus Einzug. Begriffe wie »Fair Reisen«, »Nachhaltigkeit« (s. S. 67) oder »Corporate Social Responsibility« (CSR, s. S. 190f) sind in aller Munde. Auch am Reisemarkt sind bereits mehrere Sozial-Kodizes und die ersten fairen Tourismus-Siegel aufgetaucht. Die weltgrößte Tourismusmesse, die Internationale Tourismusbörse Berlin (ITB, www.itb-berlin.de), hat 2009 auf diese Entwicklung regiert: Sie bot zum ersten Mal einen ganzen Tag lang bestens besuchte Vorträge und Podiumsdiskussionen zum Thema CSR an.

Doch die neue Bewegung steckt noch in den Kinderschuhen – der Weg bis zur komplett sozial und ökologisch verträglichen Reise ist noch weit. Erste Ansätze existieren jedoch bereits. So bietet beispielsweise das forum anders reisen ein neues Tourismussiegel an. Der österreichische Reiseveranstalter Ruefa Reisen (s. S. 203) hat seit kurzem Reisen nach Ecuador, Indien und Costa Rica im Programm, bei denen Reisende Fairtrade-zertifizierte Kooperativen und Plantagen besuchen können. Für sie ist das insofern interessant, dass sie erstmals vor Ort erleben können, wie fair gehandelte Bananen, Tee oder Kakao gepflückt und verpackt werden – und in welche sozialen Projekte die Fairtrade-Prämie fließt. Auch wenn sich die Nachfrage nach solchen Reisen noch in Grenzen hält, wächst das allgemeine Interesse. Laut GfK Travel Scope 2009 interessiert sich jeder fünfte bundesdeutsche Haushalt für ökologisches und sozial verantwortliches Reisen. Familien oder Einzelpersonen sind ebenfalls bereit, für entsprechende Produkte mehr zu zahlen, hat die Umfrage ergeben.

**Mehr Verantwortung**

Doch ähnlich strenge Standards zu entwickeln, wie sie der Faire Handel bereits kennt – davon ist die Tourismusbranche noch weit entfernt. Dabei existieren die entsprechenden Regelwerke bereits. 1994 trat das branchenspezifische Übereinkommen N° 172 der Internationalen Arbeitsorganisation (ILO) in Kraft. Es regelt unter anderem die angemessene Bezahlung von Überstunden, den Anspruch auf tägliche und wöchentliche Ruhezeiten und auf bezahlten Urlaub. Doch ratifiziert haben erst 15 Staaten das Übereinkommen, darunter Deutschland, Österreich und die Schweiz.

Fünf Jahre später, 1999, brachte die UNWTO die wichtigsten Vertreter der Tourismusindustrie an einen Tisch, um den »Global Code of Ethics« zu verabschieden. Der Globale Ethik-Kodex legt Leitlinien für einen nachhaltigeren und verantwortungsvolleren Tourismus fest. Er fordert Verantwortung von allen Akteuren, die mit touristischen Aktivitäten und der Tourismusentwicklung befasst sind. Das 2003 von der Generalversammlung der UNWTO eingerichtete Ethikkomitee soll die Akzeptanz und Implementierung des Ethikkodexes fördern. Doch der Kodex ist ein zahnloser Tiger. Er ist freiwillig – und damit weder einklagbar und sanktionierbar noch gesetzlich bindend.

Ebenfalls auf Freiwilligkeit beruht die Global Partnership for Sustainable Tourism Criteria (GSCT). Die Partnerschaft für Globale Kriterien eines Nachhaltigen Tourismus wurde 2008 von der Umweltorganisation Rainforest Alliance (s. S. 41), dem Umweltprogramm der Vereinten Nationen (UNEP), der UN Stiftung und der Welttourismusorganisation (UNWTO) initiiert. Die 27 teilnehmenden Organisationen, zu denen neben führenden Tourismusverbänden auch die Deutsche Gesellschaft für Technische Zusammenarbeit

(GTZ) zählt, möchten mit dem Bündnis laut eigenen Angaben gemeinsam zu einem besseren Verständnis von nachhaltigem Tourismus in der Praxis und zu einer Anwendung weltweiter Prinzipien beitragen. Mithilfe von 38 aufwendig ausgewählten Nachhaltigkeitskriterien sollen Mindestanforderungen in folgenden vier Bereichen umgesetzt werden:

- Maximierung der gesellschaftlichen und ökonomischen Vorteile des Tourismus für die Gemeinden vor Ort;
- Reduzierung der negativen Auswirkungen auf das kulturelle Erbe;
- Reduzierung umweltschädlicher Effekte vor Ort sowie
- Entwicklungsplanung für mehr Nachhaltigkeit.

Auch die Globalisierungskritiker haben sich mit dem Thema Tourismus beschäftigt. Auf dem Weltsozialforum in Brasilien verabschiedeten sie Anfang Februar 2009 die »Declaration of Belém«. Darin prangern die Teilnehmer – Nichtregierungsgruppen aus aller Welt – die Machenschaften der UNWTO, der nationalen Regierungen und internationalen Tourismuskonzerne an. Diese würden die Angestellten ausbeuten und die Umwelt durch Tourismusprojekte zerstören. Außerdem werfen sie dem konventionellen Tourismus vor, massiv zum Klimakollaps beizutragen. Ihre Vision eines nachhaltigen Tourismus umfasst Netzwerke, »die auf den gemeindeorientierten und solidarischen Tourismus im vollen Respekt der lokalen Kultur und der Umwelt setzen«, so der Wortlaut der Erklärung. Esther Neuhaus, Koordinatorin der Tourismusveranstaltungen auf dem Weltsozialforum 2009, sagte in einem Interview von »Tourism Watch«: »Nur so wird sichergestellt, dass das Einkommen aus dem Tourismus nicht traditionelle Einkommensquellen wie die Landwirtschaft und die Fischerei ersetzt, und dass der Gewinn im Dorf bleibt und gemeinschaftlichen Projekten zugute kommt.« Die deutschsprachige Übersetzung der Erklärung findet sich unter www. fairunterwegs.org, Suchbegriff »Weltsozialforum«.

### Das Siegel CSR-Tourism-Certified

Einen eigenen Weg geht das forum anders reisen, ein Zusammenschluss von 150 Reiseveranstaltern (s. S. 201). Seit März 2009 gibt es mit dem Label »CSR-Tourism-Certified« (www.tourcert.org) ein erstes Siegel, das die gesamte Wertschöpfungskette einer Reise auf Nachhaltigkeit überprüft. Diese beginnt beim Papierverbrauch im Reisebüro, geht über die Reisegrup-

pengröße und reicht bis zur Auswahl geeigneter
Hotels, die festgelegte Sozial- und Umweltnormen
erfüllen. Auf der ITB 2009 überreichte der ehemalige Bundesumweltminister Klaus Töpfer den ersten 15 Reiseveranstaltern – allesamt Mitglieder des
Forums – das Zertifikat »CSR-Tourism-Certified«.
Dazu Dina Bauer, CSR-Beauftragte beim forum anders reisen: »Es geht nicht nur darum, Gewinne zu
erwirtschaften, sondern auch darum, wie sie erwirtschaftet werden.«

Heinz Fuchs vom Informationsdienst Dritte-Welt-Tourismus des EED
begrüßt die neue Entwicklung hin zu einem verantwortungsvolleren Tourismus: »Nachdem Nachhaltigkeit lange Zeit sehr stark auf Umweltfragen
beschränkt war, rücken jetzt endlich auch die sozialen Auswirkungen touristischer Produkte stärker in den Blick.« Unternehmensverantwortung,
sagt er, dürfe »allerdings kein Feigenblatt sein«. Häufig würden lediglich
Spenden- und Sozialprojekte außerhalb des touristischen Kerngeschäfts
aufgelistet. Besonders die großen Touristikkonzerne versuchten mit sozi-
alem Engagement zu überdecken, dass lokale Arbeitsbedingungen nicht
oben auf der Agenda stehen.

Ein Beispiel hierfür ist die TUI AG. Das nach eigenen Angaben »führen-
de Reise- und Freizeitunternehmen« Europas hat sich nach dem Tsunami
in Sri Lanka für den Wiederaufbau des Landes eingesetzt, engagiert sich
im Kampf gegen Armut in der Dominikanischen Republik und unterstützt
AIDS-Opfer im Sudan und in Kenia. Außerdem kommen TUI-Mitarbeiter in
den Genuss von Programmen zur Gesundheitsvorsorge, Arbeitssicherheit,
Altersteilzeit und Kinderbetreuung. Für die Arbeiter und Angestellten der
Partnerhotels, in denen TUI-Gäste untergebracht werden, gelten diese sozialen Errungenschaften allerdings nicht. Wohl daher findet sich auch bei der
TUI im Nachhaltigkeitsbericht 2006/2007 kein Bekenntnis zu den Kernar-
beitsnormen der ILO, zu fairen Löhnen und reglementierten Arbeitszeiten
der Angestellten in den Partnerhotels Hotels vor Ort – oder Vorschläge, wie
man Saisonarbeiter außerhalb der Touristensaison unterstützen kann.
Dennoch – so scheint es – hat man auch bei der TUI AG die Zeichen der
Zeit erkannt: »Wir müssen nachhaltig wirtschaften, denn ohne eine intakte
Umwelt oder zufriedene Mitarbeiter vor Ort sägen wir an dem Ast, auf dem

wir sitzen«, sagt Pressesprecher Michael Blum. »Wir fordern, dass sich unsere Hotelpartner an nationale Gesetze halten. Wer diese nicht beachtet, mit dem arbeiten wir nicht mehr zusammen.«

Ebenso wenig Konkretes zum Thema faire Arbeitsbedingungen vor Ort findet sich bei Thomas Cook, dem zweitgrößten deutschen Reiseveranstalter. Der Nachhaltigkeitsbericht des Unternehmens aus dem Jahr 2007 findet sich gut versteckt auf den Webseiten des inzwischen insolventen Mutterkonzerns Arcandor. Nachhaltigkeit wird bei Thomas Cook vorrangig über Umweltschutz definiert. Soziales Engagement beschränkt sich weitestgehend auf einige kleinere Hilfsprojekte. Nicht viel anders sieht es bei der Nummer drei unter Deutschlands Reiseveranstaltern aus, der Touristik der REWE Group. Sie versucht über Kastrationsprogramme das Hygieneproblem streunender Katzen und Hunde in den Ferienorten in den Griff zu bekommen – eine sicherlich notwendige Aktion. Die Einhaltung vertraglich und gesetzlich vereinbarter Arbeitsbedingungen bei den Hotelpartnern scheint der Touristik der REWE Group jedoch nicht ganz so wichtig zu sein: In der Rubrik »Umwelt & Soziales« ihrer Webseite werden unter »Ferienhotels« die Vertragspartner vor Ort lediglich ermuntert, »ihre Häuser ökologisch und sozial verantwortlich zu führen«.

## »Es geht nicht um Gut oder Böse«

*Interview mit Rolf Pfeifer, Geschäftsführer des forum anders reisen e.V., über das neue CSR-Siegel*

*Herr Pfeifer, an wen richtet sich das neue Tourismus-Siegel CSR-certified?*
Mit dem Siegel möchten wir in erster Linie die Veranstalter sensibilisieren. Sie sollen herausfinden, wo sie stehen, wo sie noch nachhaltiger arbeiten können, und wie sie diese Ziele nach und nach umsetzen. Damit die Kriterien von den Kunden auf der Reise gelebt werden können, müssen wir zunächst denjenigen überzeugen, der die Reise organisiert.

*Was hat der Verbraucher vom CSR-Siegel?*
Da die Nachhaltigkeitsberichte in einem einheitlichen Format angefertigt werden, kann der Verbraucher zum ersten Mal verglei-

chen, was die gesiegelten Reiseveranstalter wirklich konkret im Sinne der Nachhaltigkeit unternehmen. Diese Berichte sollen bald auf den Webseiten der einzelnen Veranstalter und des forum anders reisen stehen.

*Müssen sich alle Mitglieder des forum anders reisen siegeln lassen?*

Langfristig ja. Bis 2010 müsse sie zumindest mit dem Zertifizierungsprozess begonnen haben.

*Steigen durch das Siegel die Reisekosten?*

Nein. Denn die Gesamtkosten für den Zertifizierungsprozess tragen die Veranstalter. Und sie verursachen weniger als 0,1 Prozent seiner Umsatzerlöse. Wir benutzen übrigens ein gestaffeltes System, bei dem größere Veranstalter mehr für das Siegel bezahlen als kleine.

*Wie wird zertifiziert?*

Die Veranstalter füllen Checklisten und Fragebögen aus. Zum einen mit Daten über ihre Aktivitäten hier im Inland, aber auch über die Aktivitäten ihrer Leistungspartner, also der Hotels, Partneragenturen, Fluggesellschaften und so weiter. Die Zertifizierungsorganisation Tour-Cert überprüft diese Daten dann und wertet sie aus.

*Wer steht hinter Tour-Cert?*

Der Zertifizierungsorganisation Tour-Cert steht ein achtköpfiger Zertifizierungsrat unabhängiger Tourismusexperten vor. Dieser Rat bestellt einen unabhängigen Gutachter für die Zertifizierung. Mehr Informationen finden sich auf der Webseite www.tourcert.org.

*Das forum anders reisen hatte 2008 lediglich einen Marktanteil von 0,8 Prozent am deutschen Reisemarkt. Glauben sie, dass das von Ihnen mit ins Leben gerufene Siegel auch für den Massentourismus tauglich ist?*

Auf jeden Fall. Es geht nicht darum, Veranstalter in Gut und Böse einzuteilen. Sondern wir wollen sie dazu bringen, ihre jetzige Situation zu betrachten und diese gegebenenfalls zu verbessern. Das funktioniert im Großen wie im Kleinen. ■

# FERNTOURISMUS UND KLIMASCHUTZ – PASST DAS?

Der Tourismus ist zugleich Verursacher und Opfer des Klimawandels. Die Flüge zu den Reisezielen tragen mit dazu bei, dass beliebte Urlaubsorte wie die Seychellen oder die Malediven eines Tages unterzugehen drohen. Es ist bizarr: Je mehr Urlauber in die am stärksten gefährdeten Gebiete fliegen, desto mehr tragen sie zu deren Untergang bei. Denn die meisten $CO_2$-Emissionen, die durch den Tourismus erzeugt werden, stammen aus dem Flugverkehr. Dieser hat einen Anteil von drei bis acht Prozent an den globalen Emissionen, schätzt der Klimarat der Vereinten Nationen (IPCC).

Immer mehr Menschen nutzen das Flugzeug, um zum Ziel ihrer Träume zu gelangen oder weltweit Geschäftstermine wahrzunehmen. Nach Angaben des Statistischen Bundesamts stiegen die Passagierzahlen auf deutschen Flughäfen von 163,5 Millionen im Jahr 2007 auf 165,6 Millionen 2008. Rund 33 Prozent aller Urlaubsreisen ab fünf Tagen Dauer wurden laut Deutschem Reiseverband (DRV) 2008 mit dem Flieger angetreten. Zum Vergleich: 1996 lag diese Zahl erst bei 27 Prozent. Hinzu kommen Kurztrips von einem bis vier Tagen ins Ausland. Diese lagen laut GfK-TravelScope im ersten Halbjahr 2008 um elf Prozent höher als im vergleichbaren Zeitraum 2007.

Der Luftverkehr wird weiter zunehmen, und mit ihm die Emissionen, prognostiziert die Welttourismusorganisation. Reisen wir weiter wie bisher, werden sich die vom globalen Tourismus erzeugten $CO_2$-Emissionen bis 2035 auf über 3.000 Millionen Tonnen $CO_2$ mehr als verdoppeln. Das sind Zahlen, die niemand, der fliegt, ignorieren kann. Was also tun? Um einen Beitrag zum Schutz des Weltklimas zu leisten, ist in den vergangenen Jahren das Thema $CO_2$-Kompensation für Flüge immer mehr ins Licht der Öffentlichkeit gerückt. Jeder Flugpassagier kann mit einer freiwilligen Abgabe an eine private Klimaagentur (s. S. 197) den durch seinen Flug verursachten $CO_2$-Ausstoß ausgleichen. Die Agentur wiederum investiert dieses Geld in Klimaschutzprojekte – vor allem Projekte, die eine alternative Energiegewinnung fördern. Das Geld landet meist in Entwicklungsländern. So werden beispielsweise in Indien Küchen mit Solarenergie betrieben, in Thailand wird das im Abwasser einer Palmölfabrik entstehende Biogas genutzt, und in Honduras sorgt ein kleines Wasserkraftwerk für sauberen Strom. Mit den Kompensationszahlungen werden auch Wälder wieder aufgeforstet.

---

### $CO_2$-Emissionen im Vergleich (kg)

| | |
|---|---|
| Jährlicher Pro-Kopf Durchschnitt in Indien: | 900 |
| Ein Jahr Autofahren, Mittelklassewagen, 12.000 km: | 2.000 |
| Einfacher Flug Frankfurt-New York: | 2.000 |
| Weltweites klimaverträgliches Jahresbudget: | 3.000 |

Ein einfacher Flug von Frankfurt nach New York verursacht nach Berechnung der Klimaagentur Atmosfair rund zwei Tonnen $CO_2$. Das ist mehr als das Doppelte der durchschnittlichen $CO_2$-Menge, die ein Inder pro Jahr laut Atmosfair erzeugt. Für den Flug wären als Ausgleichszahlung bei Atmosfair 47 Euro fällig.

*Quelle: Atmosfair, Stand April 2009*

---

Über Sinn oder Unsinn der $CO_2$-Kompensation streiten sich die Experten. Für die einen ist es billiger Ablasshandel. Andere sehen in den Ausgleichszahlungen ein wichtiges Instrument, um Bewusstsein zu schaffen und den Ausstoß von Treibhausgasen zu neutralisieren. Gerade letzteres scheint aber nicht zu gelingen. In seinem Buch »Die Ökolüge« aus dem Jahr 2009 schildert Autor Stefan Kreutzberger, wie unterschiedliche Studien des Öko-Instituts in Freiburg und der Stanford University die Wirksamkeit vieler Klimaschutzprojekte in Frage stellen. »Es sieht ganz so aus, als ob bei einem bis zu zwei Drittel der Kompensations-Projekte faktisch keine $CO_2$-Ersparnis vorliegt«, so der Autor. In vielen Fällen handle es sich »gar nicht um kleine alternative Energieprojekte, sondern um massiv in den Natur- und Sozialraum eingreifende Großprojekte«.

> TIPP: **Verbraucherinfo.** Die Deutsche Emissionshandelstelle im Umweltbundesamt (DEHSt) hat im Oktober 2008 den Leitfaden zur freiwilligen Kompensation von Treibhausgasemissionen herausgegeben. Er bietet dem Verbraucher Entscheidungshilfen bei der Auswahl des entsprechenden Anbieters. Download unter: www.dehst.de / Publikationen.

## Europa macht ernst

2008 einigte sich die Europäische Union darauf, den internationalen Flug- und Seeverkehr ab 2012 in das europäische Emissionshandelssystem einzubeziehen. Ab diesem Zeitpunkt dürfen Fluggesellschaften nur noch die über Zertifikate zugeteilte $CO_2$-Menge in die Umwelt pusten. Zunächst sollen die Emissionen ab 2012 auf 97 Prozent der Durchschnittswerte von 2004 bis 2006 gesenkt werden. Ob Flugreisen aufgrund dieser Regelung teurer werden, bleibt abzuwarten. Es ist aber wahrscheinlich, dass die Fluglinien ein Teil der entstehenden Kosten auf die Verbraucher abwälzen werden.

Problematisch ist zudem, dass einige Ausgleichsprogramme damit werben, sie seien »klimaneutral«. Dieser Begriff ist irreführend, sagte die Universität Frankfurt und wählte ihn 2007 auf den zweiten Platz bei der Suche nach dem Unwort des Jahres. Die Begründung der Jury: »Kritisiert wird der Versuch, mit diesem Begriff für eine Ausweitung des Flugverkehrs oder eine Steigerung anderer $CO_2$-haltiger Techniken zu werben, ohne dass dabei deutlich wird, wie diese Klimabelastungen »neutralisiert« werden sollen«. Inzwischen werden immer häufiger die Begriffe »klimabewusst« oder »klimafreundlich« verwendet.

Bislang nutzen nur wenige Fluggäste Klimaagenturen wie Myclimate oder Atmosfair. Im 2008 vom Evangelischen Entwicklungsdienst und Naturfreunde International veröffentlichten Bericht »Klimapolitik und Tourismus« wird festgestellt, dass weniger als ein Prozent aller Flugreisenden von Kompensationsmechanismen Gebrauch machen. Über Myclimate wurden 2008 rund 200.000 Tonnen $CO_2$ kompensiert, bei Atmosfair waren es rund 100.000 Tonnen. Das ist sehr wenig in Anbetracht dessen, dass allein der Flugverkehr im Jahr 2000 nach Angaben des Umweltbundesamtes für jährlich rund 532 Millionen Tonnen $CO_2$ verantwortlich war.

Hinzu kommt, dass die verschiedenen Modelle der Klimakompensation den Verbraucher eher verwirren. Denn die Berechnung der $CO_2$-Emissionen eines Fluges fällt je nach Klimaagentur, wissenschaftlicher Institution oder Unternehmen verschieden aus. Sie alle wenden unterschiedliche Berechnungsgrundlagen an. Denn Flugzeuge fliegen in unterschiedlichen Höhen und verursachen dort höhere Emissionen als am Boden. Wie viel mehr,

## Klimakompensationsrechner – seriöse Anbieter

$CO_2$-Emissionen von Flügen zu berechnen, ist schwierig. Berücksichtigt werden müssen unter anderem die Flughöhe, der Flugzeugtyp, das Alter des Flugzeugs, die Flugklasse, der verwendete Treibstoff, Warteschleifen, Umwege und das Rollen am Boden. Daher ergeben sich je nach Berechnungsweise unterschiedliche $CO_2$-Werte. Auf den Webseiten der vorgestellten Klimaagenturen und Klimarechner finden sich genauere Erläuterungen zur jeweiligen Berechnung. Nachfolgend sind nur Klimaagenturen aufgeführt, die in einem Ranking der Bostoner Tufts-Universität (http://www.tufts. edu/tie/carbonoffsets/TCI_Carbon_Offsets_Paper_April-2-07.pdf, S. 37) im Jahr 2006 mit »exzellent« oder »sehr gut« bewertet wurden oder die 2008 in einer Untersuchung des britischen Environmental Data Services (ENDS, www.endscarbonoffsets.com/) auf den ersten drei Plätzen landeten. Die Klimaspenden an Atmosfair sind in Deutschland steuerlich abzugsfähig, ebenso wie die Spenden an Myclimate in der Schweiz.

**Klimaagenturen** (Klimakompensation über die Webseite möglich)
- Atmosfair (Deutschland), www.atmosfair.de
- Climate Friendly, (Australien) www.climatefriendly.com
- Myclimate(Schweiz), www.Myclimate.org
- Native Energy (USA), www.nativeenergy.com
- Offset the Rest (Neuseeland), www.offsettherest.com

**Klimarechner** (Nur Emissions-Berechnung)
- Greenpeace, http://www.greenpeace.klima-aktiv.com
- Umweltbundesamt, http://uba.klima-aktiv.de
- World Wide Fund for Nature (WWF), http://co2-rechner. wwf.de/wwf/

darüber streiten die Experten. Um dieser Problematik Rechnung zu tragen, empfiehlt der Weltklimarat, die $CO_2$-Werte mit dem Durchschnittswert 2,7 zu multiplizieren. Dieser Multiplikator nennt sich Radiative Forcing Index (RFI). Er wird allerdings nicht von allen Organisationen oder Unternehmen zur Berechnung der $CO_2$-Emissionen durch den Flugverkehr verwendet. Das wiederum verzerrt die Resultate. Während sich Klimaagenturen wie

Atmosfair auf die Zahlen des Weltklimarats stützen, verlassen sich tourismusfreundliche Organisationen wie die UNWTO oder der Dachverband der Fluggesellschaften (IATA) auf die Zahlen der International Civil Aviation Organization (ICAO). Diese liegen deutlich unter den Werten des Weltklimarates.

Dass die tatsächlichen Auswirkungen des Flugverkehrs verschleiert werden, »mag kurzfristig Profite sichern«, sagte Heinz Fuchs vom Informationsdienst Tourism Watch 2008 anlässlich des Symposiums Corporate Social Responsibility im Tourismus an der Universität Hamburg. »Der Verantwortung einer UN-Organisation wird es nicht gerecht und stellt nicht mehr als billiges green-washing dar.« Mit ihrer Entscheidung für die ICAO-Methode ignoriere und sabotiere die UNWTO die Arbeit und Erkenntnisse des Weltklimarats. Mit seiner Kritik steht Fuchs nicht alleine da. Im gleichen Jahr hatten internationale Umweltorganisationen und tourismuskritische Organisationen den Generalsekretär der UNWTO, Francesco Frangialli, in einem offenen Brief aufgefordert, »die Klimaemissionen für den Flugverkehr so berechnen zu lassen, wie es nach neuesten wissenschaftlichen Erkenntnissen richtig gemacht wird – und nicht so, wie es der Luftfahrtbranche am besten passt«.

### Kommerz und Klima

Wie groß die Gefahr ist, dass Klimaschutz durch kommerzielle Interessen verwässert wird, zeigt die Kooperation der Klimaagentur Myclimate mit der Lufthansa und der TUI. Lufthansa-Kunden können über die Webseite http://lufthansa.myclimate.org eine Kompensationszahlung leisten. Suggeriert wird damit, dass die Ausgleichszahlung auf den MyClimate-Werten basiert. Doch weit gefehlt: Lufthansa nutzt die Schweizer Klimaagentur zwar zur Abwicklung der Kompensationszahlungen. Doch sie speist lediglich die eigens errechneten Basiszahlen in den Klimarechner ein. Diese liegen deutlich niedriger als die Werte, die man erhält, wenn man denselben Flug direkt über Myclimate.org berechnen lässt. So wären für unseren Beispielsflug von Frankfurt nach New York bei der Lufthansa zwölf Euro fällig. »Kompensiert« man über die offizielle Myclimate Webseite www.myclimate.org, wird es für den Kunden erheblich teurer. Dort würden 31 Euro fällig.

Peter Schneckenleitner, Pressesprecher bei Lufthansa, erklärt diese Differenz damit, dass die Berechnungen seines Unternehmens »den $CO_2$-Ausstoß der Lufthansa-Flotte wiedergeben«. Dafür, so Schneckenleitner, »wurden von der Lufthansa über 58.000 einzelne Flugereignisse ausgewertet. Einen RFI-Faktor nutzen wir zur Berechnung nicht«. Diesen Multiplikator jedoch setzt Myclimate mit Faktor zwei an. Dadurch erreicht MyClimate höhere Werte und damit eine höhere Ausgleichssumme für den Fluggast. Warum aber lässt sich MyClimate vor den Karren der Lufthansa spannen? »Durch die Zusammenarbeit mit der Lufthansa können wir viel mehr Leute erreichen«, räumt Kathrin Dellantonio ein, Marketing- und Kommunikationsbeauftragte von Myclimate. »Der daraus entstehende Nutzen überwiegt eventuelle Kritik an den unterschiedlichen Berechnungsmethoden«.

Auch die TUI Deutschland möchte mit ihrem Klimarechner, wie es scheint, auf keinen Fall Kunden verprellen. Sie kooperiert ebenfalls mit MyClimate. Der Klimarechner der TUI errechnet im Mai 2009 für die Strecke Frankfurt – New York 634 Kilo $CO_2$. Bei MyClimate sind es 1.267 Kilo. Für unseren Beispielsflug wären so bei TUI 12,67 Euro zu zahlen – rund 18 Euro weniger als bei der Berechnung über den Klimarechner von Myclimate. Dieser Betrag wird dem Kunden allerdings erst als zweite Option auf der Ergebnisseite genannt. Zunächst empfiehlt ihm die TUI ohne weitere Erläuterung einen Klimabeitrag in Höhe von zwei Euro zu zahlen – und legt sogar noch einen halben Euro aus eigener Tasche obendrauf.

## FAIR UNTERWEGS

Sozial verantwortliches Reisen liegt im Trend. Immer mehr Touristen interessieren sich für die Menschen, die sie besuchen, und für die Folgen ihres Aufenthalts. Dies belegt eine Untersuchung von EED-Tourism Watch und der Forschungsgemeinschaft Urlaub+Reisen (FUR) aus dem Jahr 2007. Demnach würden 37 Prozent aller Fernreisenden (etwa 1,7 Millionen Reisende) beziehungsweise 57 Prozent aller Fernreisenden, die wissen, was Fairer Handel ist (zirka 800.000 Reisende), ein Fairtrade-Urlaubsangebot buchen. Darauf reagiert auch die Branche: Freiwillige Selbstverpflichtungen, erste Tourismussiegel und Möglichkeiten zum $CO_2$-freundlichen Reisen sind klare Signale. Dennoch ist das Angebot fairer Reisen begrenzt. Vieles hängt vom Verhalten der Reisenden selbst ab. Und diese können vor und während einer Urlaubsreise durchaus einiges tun, um dem Ideal einer sozial verantwortlichen und umweltfreundlichen Reise ein stückweit näher zu kommen.

Fair reisen fängt bereits zu Hause mit der entsprechenden Auswahl des Reiseziels und der Vorbereitung auf die Reise an. Im Internet finden sich Tipps, Kritiken, Berichte und Stellungnahmen zu zahlreichen Reisedestinationen. Für mehr als 50 Länder hat der Studienkreis für Tourismus und Entwicklung in Starnberg (www.studienkreis.org) die preisgünstigen »Sympathiemagazine« herausgegeben, die einen Blick hinter die touristischen Kulissen der Länder werfen und die für Respekt vor dem Fremden, vor anderen Kulturen und Religionen werben. Eine ähnliche Zielsetzung haben die rund 40 Bücher der Reihe »Kultur-Schock« des Verlags Reise-Know How (www.reise-know-how.de). »Fair Reisen mit Herz und Verstand« heißt das vom EED (www.eed.de) veröffentlichte Büchlein im Taschenformat, das voller praktischer Verhaltenstipps für Reisende ist. Man kann es kostenlos unter www.eed.de bestellen oder es sich auf der gleichen Webseite unter Mediathek/Ferntourismus herunterladen.

Der vom Studienkreis für Tourismus und Entwicklung veranstaltete »To-Do-Wettbewerb« (www.todo-contest.org/todo_start.html) zeichnet jährlich sozial verantwortliche Tourismusprojekte aus. Unter den Preisträgern finden sich interessante Projekte, die alle eine Reise wert sind. Wer mit einem Reiseveranstalter in den Urlaub geht, sollte sich im Vorfeld darüber informieren, ob dieser Angaben zur Umweltverträglichkeit und zu den sozialen Auswirkungen der Reise macht. Diese Aussagen sollten während der Reise überprüft werden. Wer Defizite feststellt, sollte den Veranstalter darüber schriftlich informieren. Außer der Option, überhaupt nicht zu fliegen, sind freiwillige Kompensationszahlungen momentan die einzige Form, die An- und Abreise klimafreundlich zu gestalten. Die Teilnahme an solchen Programmen sollte für Flug- aber auch für Schiffstouristen selbstverständlich sein. Da auch Reisen mit dem Bus, der Bahn oder dem privaten PKW $CO_2$-Emissionen verursachen, sollte man auch hier an eine Ausgleichzahlung denken. Seriöse Anbieter von Kompensationsprogrammen finden sich auf S. 197.

Der Markt für nachhaltiges, faires Reisen ist noch klein. Da es noch immer nicht ganz einfach ist, entsprechende Angebote zu finden, möchten wir Ihnen mit nachfolgender Auswahl helfen, die passende Reise zu finden:

## DEUTSCHE ANBIETER

FORUM ANDERS REISEN (www.forumandersreisen.de)
Im forum anders reisen (s. auch Interview S. 192) haben sich rund 150 kleine und mittlere Reiseveranstalter zusammengeschlossen. Sie streben eine nachhaltige Tourismusform an, die laut eigenen Angaben »langfristig ökologisch tragbar, wirtschaftlich machbar sowie ethisch und sozial gerecht für ortsansässige Gemeinschaften sein soll«. Auf der Webseite des Forums können Verbraucher über eine Liste der Reiseunternehmen direkt mit dem jeweiligen Veranstalter in Kontakt treten. Infos auch unter www.tourcert.com.

Folgende Reiseveranstalter des forums anders reisen waren bis März 2009 CSR-zertifiziert: Arkadia Yachtcharter & Segelreisen (Hamburg), Auf und Davon Reisen GmbH (Gummersbach), avenTOURa GmbH (Freiburg), Demeter-Reisen (Nürnberg), INTI Tours e.k. (Deggingen), Neue Wege Seminare & Reisen GmbH (Euskirchen), Nomad Reisen zu den Menschen (Gerolstein), One World – Reisen mit Sinnen (Dortmund), Radissimo GmbH (Karlsruhe), ReNatour (Nürnberg), Rucksack Reisen (Münster), travel-to-nature GmbH (Ballrechten), Urlaub & Natur (Karlsruhe), Weltweitwandern GmbH (Graz) und Windbeutel Reisen (Köln).

VIABONO (www.viabono.de)
Die Marke Viabono vereint unter dem Motto »Reisen natürlich genießen« nachhaltige Tourismusangebote in Deutschland. Die Initiative wurde im Jahr 2001 auf Initiative des Bundesumweltministeriums und des Umweltbundesamtes ins Leben gerufen. Im Vordergrund stehen Umweltaspekte, aber auch die Einbeziehung regionaler Wirtschaftskreisläufe und eine klimaschonende An- bzw. Abreise spielen eine Rolle. Überprüft wird mit Hilfe anhand eines detaillierten Kriterienkatalogs. Zur Viabono-Familie gehören heute 350 Mitglieder, die meisten von ihnen Familienunternehmen. Die Reiseangebote können direkt über die Webseite gebucht werden.

### BIO-BAUERNHÖFE
Urlaub auf Bio-Bauerhöfen wird immer beliebter. Inzwischen sind viele von ihnen im internationalen Netzwerk ECEAT (European Centre for Ecological

and Agricultural Tourism, www.eceat.de) vereint. Sie möchten nach eigenen Angaben »die Förderung von touristischen Aktivitäten, die eine nachhaltige und ökologische Landnutzung, Naturschutz sowie die Erhaltung traditioneller Kultur unterstützen«. Weitere Infos zu Ferienmöglichkeiten auf Bio-Bauernhöfen in Deutschland und Europa unter http://bio.de, http://biohoefe.de und www.oekoreisen.de.

### REISEVERANSTALTER

Nur wenige Veranstalter außerhalb des forums anders reisen haben sich soziale Verantwortung als Unternehmensphilosophie auf die Fahnen geschrieben. Der Schwerpunkt von Nachhaltigkeitsberichten und Firmendarstellungen liegt weiterhin auf Umweltschutz. Einige Unternehmen setzen auf privat organisierte Hilfsprojekte, die von firmeneigenen Stiftungen finanziert werden. Auf einigen Reisen haben die Veranstalter Besuche der von ihnen betreuten Projekte in das Reiseprogramm aufgenommen. Damit erhalten die Reiseteilnehmer einen konkreten Einblick, wie Spendengelder verwendet werden. So fördert beispielsweise die Studiosus Foundation e.V. des Münchner Reiseveranstalters Studiosus (www.studiosus.com) »Projekte zur Verbesserung der Lebensverhältnisse in Entwicklungsländern, zum Schutz der Natur und zum Erhalt des kulturellen Erbes in aller Welt.« Die Georg-Kraus-Stiftung des Veranstalters Wikinger Reisen (www.wikingerreisen.de) engagiert sich in zahlreichen Entwicklungsländern in kleinen, lokalen Projekten.

## EUROPÄISCHE ANBIETER

### GREEN TRAVEL MARKET (www.greentravelmarket.info)

Die europaweite Initiative Green Travel Market mit Sitz in den Niederlanden fördert nachhaltigen Tourismus in ländlichen Regionen. Auf der englischsprachigen Webseite kann man unter »search« weltweit nach entsprechenden Angeboten suchen. Weitere Informationen auf Anfrage. Keine direkte Buchung möglich.

**Ruefa Reisen** (www.ruefa.at)

Der große österreichische Reiseveranstalter Ruefa Reisen, der zur Verkehrs-büro Group gehört, bietet in Kooperation mit Fairtrade Österreich Reisen an, bei denen auch zertifizierte Kleinbauernkooperativen oder Plantagen besucht werden. Somit soll ein Einblick in den Arbeitsalltag der Produzenten ermöglicht und zusätzliche Einnahmen durch Tourismus erzielt werden. In Ecuador werden eine Rosenfarm und eine Bananenkooperative besucht, in Costa Rica sind es Kaffee- und Kakaoproduzenten. In Indien stehen eine Teekooperative und verschiedene Sozialprojekte auf dem Programm.

**Kuoni** (www.kuoni.ch)

Auch der bekannte Schweizer Reiseveranstalter Kuoni besucht auf einer seiner Ecuador-Rundreisen Fairtrade-Projekte. Im Programm enthalten sind unter anderem der Besuch einer Fairtrade-zertifizierten Bananenplantage und einer ebensolchen Rosenzucht. Qualifiziertes Personal der Siegelorganisation Max Havelaar Schweiz begleitet die Reise.

## Anbieter ausserhalb Europas

Weltweit bieten inzwischen zahlreiche Länder alternative Reisemöglich-keiten an. Stellvertretend sei je ein Beispiel aus Afrika, Asien und Lateinamerika erwähnt:

**Fair Trade in Tourism South Africa** (FTTSA; www.fairtourismsa.org.za)

Der weltweite Vorreiter in Sachen »Fair Reisen« sitzt in Südafrika. Das Gü-tesiegel »Fair Trade in Tourism South Africa«, dem sich zahlreiche südaf-rikanische Hotels und Tour Operator sowie Reiseveranstalter aus acht europäischen Ländern angeschlossen haben, existiert seit 2003. Das Label steht für faire Löhne und Arbeitsbedingungen, gerechte Einkaufspraktiken und soziale Absicherung. Ebenso wichtig ist der Respekt gegenüber Kultur, Umwelt und Menschenrechten. Auf der deutschen Seite findet sich neben einer Karte mit den FTTSA-gesiegelten südafrikanischen Touristik-unternehmen eine Liste von deutschen, Schweizer und österreichischen Reisebüros, die mit FTTSA zusammenarbeiten.

TIPP: **Freiwilligenarbeit.** Gerade für junge Leute ist Freiwilligenarbeit im Ausland eine interessante und bereichernde Erfahrung. Nicht vergessen sollte man allerdings, dass die Hilfe im Vordergrund steht und nicht der Helfende. Wichtig ist, einen Zeitraum von mindestens drei Monaten für die Freiwilligenarbeit einzuplanen. Wer nur mal eine Woche guatemaltekische Waisenkinder hüten möchte, verursacht den lokalen Organisationen unnötige Kosten und Zeitaufwand, bekommt aber nur oberflächliche Einblicke in das Alltagsleben.

Genauer hinschauen sollte man bei überteuerten Reiseprogrammen. Oftmals ist es billiger, die An- und Abreise selbst zu organisieren und die jeweilige Partnerorganisation vorher über das Internet zu kontaktieren. Allerdings ist es durchaus üblich, dass der Freiwillige die Kosten für Unterkunft und Verpflegung selbst trägt. Wer nur billig reisen möchte und die Freiwilligenarbeit lediglich als Mittel zum Zweck sieht, ist dort falsch aufgehoben.

Informationen zur Freiwilligenarbeit finden sich auf folgenden Webseiten: www.weltwaerts.de; www.trouble-in-paradise.de/04service/text0402.html, sowie im Heft Nr. 55, Juni 09 von Tourismuswatch »Voluntourism«.

THE BLUE YONDER (www.theblueyonder.com)
Der Verein The Blue Yonder im südwestindischen Bundesstaat Kerala hatte sich ursprünglich das Ziel gesetzt, die zerstörerische Ausbeutung des Flusses Nila im Norden Keralas zu beenden und mit den Einnahmen aus dem Tourismus die Nila Foundation zu unterstützen. Inzwischen hat sich aus Blue Yonder eine mehrfach prämierte Initiative für nachhaltigen Tourismus entwickelt. Mit viel Enthusiasmus zeigen Einheimische den Touristen die ökologischen, wirtschaftlichen und kulturellen Besonderheiten rund um

den Fluss. Die Besucher werden in kleine Werkstätten geführt und können auch gelegentlich am Alltagsleben der Menschen teilnehmen. Neben einem Tempelbesuch und einer Flussfahrt steht der Besuch einer Tanzschule auf dem Programm. Die Einnahmen von »The Blue Yonder« fließen direkt an die beteiligten Einheimischen oder unterstützen die bereits erwähnte Nila Foundation.

**POSADA AMAZONAS** (www.perunature.com)
Die sympathische Dschungellodge Posada Amazonas liegt im südperuanischen Amazonasgebiet. Sie entstand in Kooperation zwischen dem Reiseveranstalter Rainforest Expeditions und der nahe gelegenen indigenen Gemeinde Infierno. Zwischen beiden wurde ein auf 20 Jahre Laufzeit angelegter Vertrag geschlossen. Dieser beteiligt die Gemeinde als Besitzer der Lodge zu 60 Prozent an den Einnahmen und teilt dem Reiseveranstalter als Manager des Tourismusbetriebs der Lodge die übrigen 40 Prozent zu. Mit Vertragsende geht die Lodge zu hundert Prozent in den Besitz der Gemeinde über. Bis dahin wird das aus Mitgliedern der Gemeinde rekrutierte Personal der Herberge kontinuierlich ausgebildet. Im Jahr 2005 gehörte die Lodge zu den Preisträgern des To-Do-Wettbewerbs des Studienkreises für Tourismus und Entwicklung in Starnberg. Mehr hierzu unter www.todo-contest.org/preistraeger/pdf/Posada-preis.pdf.

# 5-Faire Geldanlagen –
# das ungenutzte Potential

> Das höchste Ziel des Kapitals ist nicht,
> Geld zu verdienen, sondern der Einsatz von Geld
> zur Verbesserung des Lebens.
>
> Henry Ford (1863-1947)

W issen Sie eigentlich, was Ihr Geld gerade macht? Kauft es Streu-
munition aus Deutschland, investiert es in eine Ölpipeline im
Irak oder holzt es in Costa Rica Regenwald für eine Bananenplantage ab? Dabei könnte Ihr Geld ebenso ein Schulprojekt in Uganda, eine
Solarkraftanlage in Spanien, ein Kulturereignis in der Lausitz oder einen
Fairtrade-Importeur in Deutschland finanzieren. Das lässt sich beeinflussen – und ist letztendlich die Entscheidung jedes einzelnen Verbrauchers.
Bereits jetzt sind in Deutschland, Österreich und der Schweiz rund 21 Milliarden Euro in nachhaltige Geldanlagen (s. S. 212) investiert worden – Tendenz weiter steigend. Gerade in wirtschaftlich schwierigen Zeiten wird vielen Menschen bewusst, dass Nachhaltigkeit nicht nur ein Modetrend ist,
sondern dazu beitragen kann, die Welt zu verbessern.

## Nachhaltiges Investment ist »in«

Doch Hand aufs Herz: Die meisten unter uns kümmern sich nicht darum,
was mit ihrem Geld passiert, solange es möglichst risikofrei investiert ist
und genügend Zinsen bringt. Die Hausbank wird meist nach praktischen
Gesichtspunkten ausgewählt. Was die Bank mit unserem Geld macht, darüber wissen wir wenig bis gar nichts. Ähnlich verhält es sich mit Geldanlagen. Ob Aktien, Beteiligungen oder Investmentfonds: In der Regel interessiert uns nur das damit verbundene Risiko und der Ertrag. Dabei haben viele
Unternehmen und Konzerne erkannt, dass in zunehmend sensibilisierten
Gesellschaften soziale und ökologische Verhaltensweisen einen Wettbe-

werbsvorteil bedeuten können. Nahezu alle Investmentgesellschaften bieten heutzutage nachhaltige Anlageprodukte an. Das gehört zum guten Ton. Und obwohl Umfang, Vielfalt als auch Anzahl ethisch-sozialer und ökologischer Finanzprodukte in den letzten Jahren weltweit stark zugenommen haben, fristen sie hierzulande immer noch ein Nischendasein. »Unternehmen wollen Rendite, für 70 Prozent ist das Thema Nachhaltigkeit lediglich eine Marketingstrategie«, fasst Volker Weber vom Forum Nachhaltige Geldanlagen die Situation zusammen.

Doch auch bei der Geldanlage sollten wir uns immer fragen: In welcher Welt möchten wir leben? Was wollen wir unseren Kindern und Enkeln hinterlassen? Weltweit umrunden täglich Hunderte Milliarden Euro auf der Suche nach lukrativen Anlageformen den Globus, auf deutschen Privatkonten schlummern weitere Billionen Euro. Geld ist also reichlich vorhanden, aber um seine Verwendung sollten wir uns mehr Gedanken machen. Selbst wer keine großen Ersparnisse hat, kann bereits mit der Wahl seiner Bank eine Entscheidung für oder gegen nachhaltige Entwicklung treffen. Allerdings macht es die Finanzbranche den Anlegern nicht gerade einfach. Statt auf Transparenz und konkrete Verbraucherinformation, setzt sie vornehmlich auf viel Schein statt Sein, auf moderne Hochglanzbroschüren und ansprechende Websites. Der Markt ist für den Privatkunden tatsächlich unübersichtlich: Denn wie Nachhaltigkeit definiert wird, bestimmen die Anbieter der Finanzprodukte letztendlich selbst. Sowohl Bekanntheitsgrad als auch Vertrauen in nachhaltige Finanzprodukte sind weiterhin unterentwickelt.

Dies belegt eine Studie der imug Beratungsgesellschaft für sozial-ökologische Innovationen aus dem Jahr 2007. Dafür wurden 1.000 Haushalte zu ihren Kenntnissen über nachhaltige Investmentfonds interviewt. Auf die Frage »Haben Sie schon einmal von nachhaltigen Investmentfonds gehört?«, antworteten 70 Prozent der Befragten mit »Nein«. Nur 2,6 Prozent der Befragten hatten schon einmal Geld in eine nachhaltige Anlageform investiert. Das Interesse an nachhaltigen Anlageprodukten – auch das ergab die Umfrage – nahm aber stark zu, sobald der Berater der Bank auf sie hingewiesen hatte. Unter dieser Voraussetzung war etwa die Hälfte der Kunden bereit, zumindest einen Teil ihres Vermögens in ethische, soziale oder ökologische Finanzprodukte zu investieren. Damit kommt den Kundenberatern der Banken eine entscheidende Rolle bei der Verbreitung nachhaltiger Geldanlagen zu, denn rund drei Viertel aller Verbraucher legen ihr

## Kategorien nachhaltiger Geldanlagen

**Ethikfonds:** Fonds, die allein oder vorwiegend ethisch motivierte Ausschlusskriterien verwenden (u.a. Kinderarbeit, Zwangsarbeit, Menschenrechtsverletzungen, Rüstung, Diskriminierung von Minderheiten, Kernkraft, Chlorchemie, Gen-/Bio-Technologie, Tierversuche). Der Begriff hat seine Wurzeln im Anglo-Amerikanischen.

**Nachhaltige Investments:** Geldanlagen, die über ökonomische Faktoren hinaus auch soziale und ökologische Kriterien berücksichtigen.

**Social Responsible Investments (SRI):** Im englischen Sprachraum verwendeter Oberbegriff für nachhaltige Geldanlagen.

**Themenfonds:** Fonds, die in eine spezielle Branche oder ein spezielles Nachhaltigkeitsthema (z.B. Wasser, erneuerbare Energien) investieren. Zudem kann zusätzlich eine Anlagebeschränkung auf bestimmte Branchen oder Wertpapierformen existieren. Die Tatsache, dass ein Unternehmen in einen Themenfonds mit einem Nachhaltigkeitsthema investiert, bedeutet nicht zwangsweise, dass es auch nachhaltig agiert.

**Umweltfonds/Öko-Fonds:** Nachhaltigkeitsfonds, die überwiegend Umweltkriterien berücksichtigen.

**Werteorientierte Investments:** Oberbegriff für Investments, die neben rein finanziellen Aspekten zusätzliche Kriterien berücksichtigen (unter werteorientierte Investments fallen z.B. auch islamische Fonds).

*Quelle: Forum Nachhaltige Geldanlagen*

Geld über eine Bank an.»Berater bieten diese Produkte allerdings nur dann an, wenn sie vom Vorstand entsprechende Anweisungen erhalten haben«, betont Volker Weber vom Forum für nachhaltige Geldanlagen.

Zu Recht fragen sich viele Konsumenten, was eine nachhaltige Geldanlage überhaupt bewirkt. Die Antwort darauf lautet: sehr viel – je nachdem, wo anlegt wird! Die Auswahl an nachhaltigen Finanzprodukten ist groß. Doch weil sich, wie in jeder anderen Branche, auch schwarze Schafe auf dem nachhaltigen Markt tummeln, kommt der interessierte Verbraucher nicht umhin, sich zu informieren und aktiv die Kontrolle über sein Geldvermögen zu übernehmen. Nur so kann er gewährleisten, dass – wie auch beim bewussten Einkauf – sein Geld dort landet, wo er es haben möchte. Um

Ihnen die Entscheidung zu erleichten, erklären wir Ihnen, was nachhaltige Geldanlagen (s. S. 212) sind, wie ihre Performance einzuschätzen (s. S. 217) ist und welche Ratings (s. S. 218) und Indizes (s. S. 219f) angesagt sind.

## Von »sin stocks«
## zur nachhaltigen Geldanlage

Ethische und sozial motivierte Geldanlagen sind keine Erfindung moderner Zeiten. Bereits zu Beginn des vergangenen Jahrhunderts vermieden es Methodisten und Quäker in den USA, ihr Vermögen in »Sündenaktien« zu investieren. Zu diesen *sin stocks* gehörten Anteilsscheine von Waffenherstellern, Glücksspielbetreibern oder Alkohol- und Tabakproduzenten. Als Protest gegen den Vietnamkrieg, und um Anlegern sozialverträgliche und ökologische Alternative zu bieten, legten die Methodisten Reverend Dr. Luther Tyson und Reverend Dr. Jack Corbett 1971 den ersten ethischen Investmentfonds auf. Das Startkapital des Pax World Funds, der auch noch existiert, belief sich auf die aus heutiger Sicht lächerliche Summe von 101.000 US-Dollar. Auch die Apartheidpolitik Südafrikas sorgte dafür, dass viele Anleger Aktien aus dieser Region mieden. Der daraus resultierende Kapitalabfluss hat mit dazu beigetragen, das Regime zu stürzen.

In den achtziger Jahren verlagerte sich der Anlagen-Schwerpunkt auf regenerative Energien und den sinnvollen Umgang mit erneuerbaren Ressourcen wie etwa Windparks und Solarzellen. 1989 legte die BfG-Bank (heute SEB AG) mit dem Luxinvest Securarent (heute Luxinvest ÖkoRent) den ersten deutschen grünen Fonds auf. Schwung in die Szene ökologischer und ethisch-sozialer Geldanlagen brachten die Enthüllungen des 2007 mit dem Friedensnobelpreis ausgezeichneten Intergovernmental Panel on Climate Change (IPCC) zur Lage des Weltklimas sowie der Film »Eine unbequeme Wahrheit« mit dem früheren US-Vizepräsidenten Al Gore, der vor den Folgen des Klimawandels warnte. In den Folgejahren rückte das Thema Nachhaltigkeit immer stärker in den Vordergrund. Im englischen Sprachraum bürgerte sich der Begriff *Socially Responsible Investments (SRI)* für nachhaltige Geldanlagen ein. Heute verfolgen nachhaltige Geldanlagen meist einen ganzheitlichen Ansatz, indem sie neben ethischen Komponenten wie Menschenrechten oder Korruptionsbekämpfung auch ökologische Themen wie Energieeffizienz oder Klimaschutz einbeziehen.

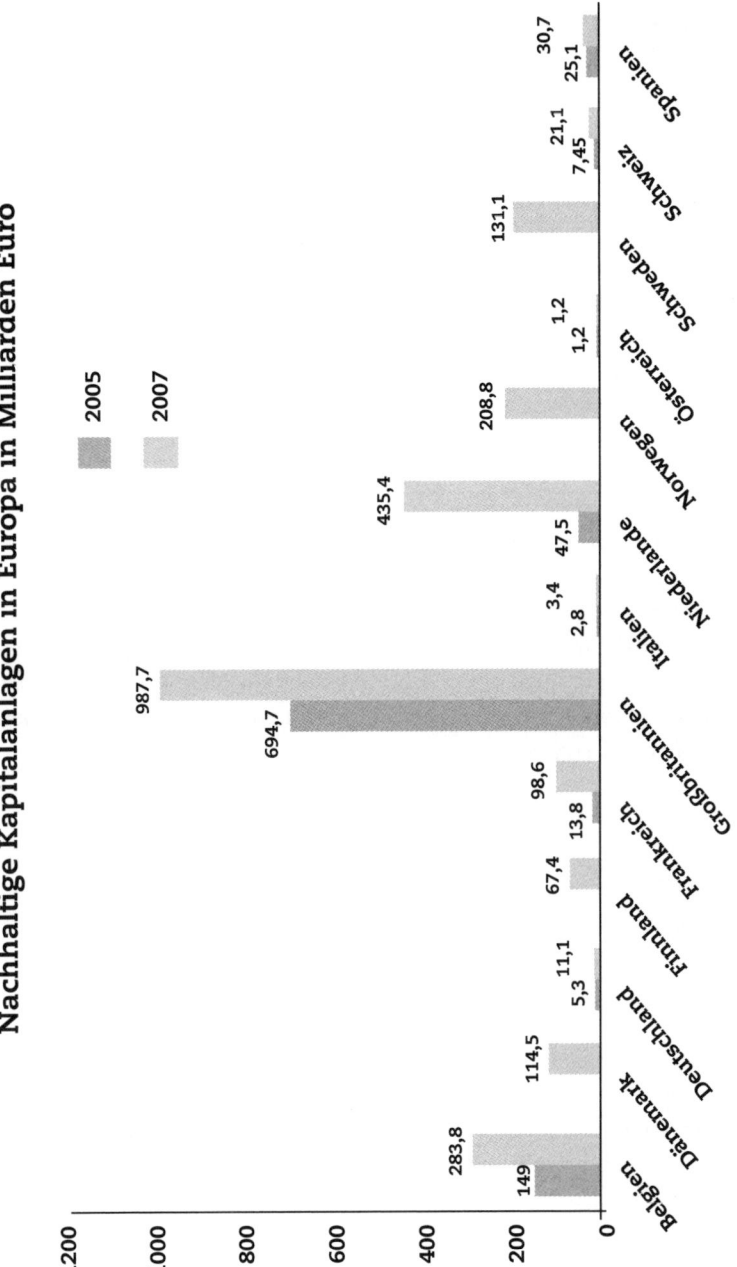

Nachhaltige Kapitalanlagen in Europa in Milliarden Euro

2005
2007

Belgien: 283,8 / 149
Dänemark: 114,5
Deutschland: 5,3 / 11,1
Finnland: 67,4 / 13,8
Frankreich: 98,6
Großbritannien: 987,7 / 694,7
Italien: 3,4 / 2,8
Niederlande: 435,4 / 47,5
Norwegen: 208,8
Österreich: 1,2 / 1,2
Schweden: 131,1
Schweiz: 21,1 / 7,45
Spanien: 30,7 / 25,1

*Grafik Oekom Research*

Nach Angaben des Corporate Responsibility Review 2009 von oekom research wurden Ende 2007 in Europa rund 2.665 Milliarden Euro in nachhaltige Geldanlagen investiert. Das entsprach einem Wachstum von 42 Prozent gegenüber dem Vorjahr. Damit wird in Europa inzwischen jeder sechste Euro nachhaltig angelegt. Der Marktanteil in der EU liegt bei 17,6 Prozent. Der mit Abstand größte Markt bezogen auf das Anlagevolumen ist Großbritannien (rund 38 Prozent des Gesamtmarkts), gefolgt von den Niederlanden, Belgien und den skandinavischen Ländern. Einen strengen Nachhaltigkeitsansatz (Core-SRI), bei dem umfassende Ausschlusskriterien sowie der Best-in-Class-Ansatz (s. S. 216) zum Tragen kommen, verfolgten allerdings nur rund 20 Prozent der Anlagen. Vier von fünf nachhaltigen Finanzprodukten bedienen sich eines weiter gefassten Nachhaltigkeitsansatzes (Broad SRI), der zwei oder mehr Ausschlusskriterien ( s. S. 216) sowie Strategien eines aktiven Aktionärstums nutzt (s. S. 223).

Im Vergleich hierzu fristen nachhaltige Geldanlagen in Deutschland, Österreich und der Schweiz immer noch ein Nischendasein: Wie Paschen von Flotow vom Sustainable Business Institute in Oestrich-Winkel mitteilt, lag das Gesamtvolumen der 274 zugelassenen nachhaltigen Fonds zum Jahresende 2008 bei rund 21 Milliarden. Hiervon waren rund 14,3 Milliarden Euro in Aktienfonds angelegt, die im schwierigen Börsenjahr allerdings Einbußen zwischen 4 und 79 Prozent hinnehmen mussten. Trotz starker Zuwächse in den vergangenen Jahren decken nachhaltige Fonds nur rund 0,7 bis ein Prozent des gesamten Anlagemarktes ab. Der Einfluss der Fonds ist erheblich geringer, als sie öffentlich zugeben wollen.

Doch das Potenzial für nachhaltige Geldanlagen ist gewaltig: Ende 2007 besaßen die Deutschen nach Angaben des Bundesverband Deutscher Banken ein Privatvermögen von 4.564 Milliarden Euro.

## WAS SIND NACHHALTIGE GELDANLAGEN?

In seinem Statusbericht »Nachhaltiger Anlagemarkt« aus dem Jahr 2008 definiert das Forum Nachhaltige Geldanlagen (www.forum-ng.de) nachhaltige Investments als »Geldanlagen, bei denen über ökonomische Faktoren hinaus auch soziale und ökologische Kriterien berücksichtigt werden«. Begriffe wie sozial verantwortlich, ethisch oder ökologisch klingen

## Nachhaltige Geldanlage – was man beachten sollte

**Für nachhaltige und konventionelle Anlageprodukte gilt:**
- Analysieren Sie Ihre finanziellen Voraussetzungen und beziehen Sie Faktoren wie Lebensplanung, Zukunftsvorstellungen, Einkommensverhältnisse und steuerliche Situation mit ein.
- Suchen Sie eine Anlageform aus, die Ihren Kriterien von Sicherheit, Liquidität und Rentabilität entspricht.
- Beachten Sie, dass eine ausgewogene Verteilung der Risiken auf verschiedene Anlageformen die Sicherheit erhöht.

**Für nachhaltige Geldanlagen sollte man außerdem beachten:**
- Fragen Sie sich, was Sie mit Ihrer nachhaltige Geldanlage erreichen wollen.
- Informieren Sie sich über das Internet bei Anbietern nachhaltiger Geldanlagen, Ratingagenturen und Informationsdiensten (s. Infoteil).
- Machen Sie sich mit den unterschiedlichen Auswahlkriterien nachhaltiger Geldanlagen vertraut (s. S. 209).
- Fragen Sie den Anlageberater Ihrer Hausbank gezielt nach nachhaltigen Geldanlagen.
- Fragen Sie Ihren Anlageberater, wie das Finanzprodukt Nachhaltigkeit umsetzt und nach welchen Kriterien.
- Fragen Sie Ihren Anlageberater, ob der Anbieter des nachhaltigen Geldprodukts die Eurosif-Transparenzrichtlinien (s. S. 214f) unterzeichnet hat.
- Achten Sie darauf, dass die Einhaltung der Anlagegrundsätze und die Berücksichtigung der nachhaltigen Kriterien von einer externen Prüfstelle kontrolliert wird.
- Investieren Sie zunächst nur einen Teil ihres Vermögens in nachhaltige Geldanlagen, um sich mit deren Möglichkeiten und Grenzen vertraut zu machen.

im Zusammenhang mit Wertanlagen zwar gut. Doch im Grunde sagen sie wenig aus. Keiner dieser Begriffe ist rechtlich geschützt. Dies wissen auch Investmentmanager, die ihre Kunden gerne mit Fondsnamen wie »Ethical Europa Fund«, »Ökoselect«, »Nachhaltig Wachstum PI« oder »Euro Bond Sustainable Growth« einlullen. Keine Frage: »Sustainable Fund« klingt besser als »ethische Geldanlage«, macht das Produkt aber nicht notwendigerweise sauberer. »Geldanlagen sind nicht schon dann nachhaltig, wenn sie fortlaufend gute Erträge bringen; sie müssen auch in ökologischer und sozial-kultureller Hinsicht zur Zukunftsfähigkeit der Menschheit beitragen«, schreibt das renommierte Wuppertal Institut für Klima, Umwelt Energie GmbH auf seiner Webpage. Das Institut ist eines der treibenden Kräfte der »Darmstädter Definition Nachhaltiger Geldanlagen«, (www.wupperinst.org/uploads/tx_wibeitrag/ws31.pdf), die im April 2004 von einer 19-köpfigen Expertengruppe erarbeitet wurde. Sie versuchte damit, etwas Licht ins »Nachhaltigkeitsdickicht« zu bringen. Dort heißt es im Vorwort: »Nachhaltig bedeutet... mit der Erde so umzugehen..., dass wir künftigen Generationen nicht die Möglichkeit nehmen, ihre eigenen Bedürfnisse zu erfüllen.«

Auf europäischer Ebene hat das European Sustainable and Responsible Investment Forum (EUROSIF, www. eurosif.org) Richtlinien für nachhaltige Geldanlagen entwickelt. Bereits 2004 hat dieses Europäische Netzwerk zur öffentlichen Bekanntmachung und zur Weiterentwicklung nachhaltigen Investments klare Transparenzleitlinien für Nachhaltigkeitsfonds veröffentlicht. Der Anspruch der gemeinnützigen Mitgliedervereinigung aus Pensionsfonds, Finanzdienstleistern, wissenschaftlichen Einrichtungen, Forschungsvereinigungen und Nichtregierungsorganisationen ist es, »das Vertrauen der Verbraucher in den sehr dynamischen und wachstumsstarken Markt der sozialen, ethischen und ökologisch orientierten Geldanlagen zu steigern«, so Eurosif. Die Leitlinien schaffen Transparenz im Markt der Publikumsfonds: »Sie garantieren, dass der Anleger einen genauen Einblick davon erhält, in welche Wertpapiere sein Geld tatsächlich fließt.« Damit Verbraucher seriöse Anbieter erkennen können und wissen, in welche Wertpapiere die eigenen Gelder angelegt werden, hat Eurosif 2008 das Europäische Transparenzlogo für Nachhaltigkeitsfonds entwickelt. Dieses Gütesiegel wird an die Unterzeichner der

Transparenzleitlinien verliehen und soll laut Forum Nachhaltige Geldanlagen – Gründungsmitglied von EUROSIF – »Anlegern die Möglichkeit geben, schnell und sicher festzustellen, ob und wo sie ausführliche Informationen über die nachhaltige Anlagestrategie eines Investmentprodukts finden«. Zu beachten ist allerdings, dass es sich bei den Eurosif-Leitlinien lediglich um freiwillige Absichtserklärungen zur Transparenz der Anlagepolitik von Nachhaltigkeitsfonds im Privatanlegerbereich handelt. Das Logo gibt keine Auskunft darüber, wie nachhaltig die Anlage in Wirklichkeit ist. Dies zu beurteilen, überlässt man weiterhin dem Käufer.

Selbst die Vereinten Nationen befassen sich mit dem Thema Nachhaltiges Investment. Die Finanzinitiative des UN-Umweltprogramms (UN Environment Programme's Finance Initiative) und der Globale Pakt der Vereinten Nationen (UN Global Compact) unter Leitung des UN-Generalsekretärs entwickelten 2005 zusammen mit dem privaten Finanzsektor sechs Grundsätze für verantwortungsbewusstes Investment, die »Principles of Responsible Investment (PRI)«. Sie beinhalten im Kern die Einbeziehung ökologischer, sozialer und institutionell-rechtlicher Themen in den Investions- und Anlageprozess.

### Wer wendet EUROSIF-Kriterien an?

Die Leitlinien von EUROSIF werden von folgenden Unternehmen berücksichtigt:

- KBC, Belgien, (Fondsgesellschaft; www.kbc.com)
- Ökoworld, Deutschland (Kapitalanlegegesellschaft; www.oekoworld.de)
- Pictet, Schweiz, (Vermögensverwaltungsgesellschaft; www.pictetfunds.com)
- Sustainable Asset Management (Sam), Schweiz (Fondsgesellschaft; www.sam-group.com)
- Sarasin, Schweiz (Bank; www.sarasin.de)
- SwissCanto, Schweiz (Anlage-Dienstleistungen; www.swisscanto.ch)

Anmerkung: Von den aufgeführten Unternehmen bietet lediglich Ökoworld ausschließlich nachhaltige Fonds an.

## Auswahlkriterien für nachhaltige Anlagen

Wer sein Geld nach sozial-ethischen und ökologischen Maßstaben anlegt, stellt bald fest, dass die Kriterien und Prinzipien, nach denen Banker und Investmentberater ihre Finanzprodukte bewerten, je nach Methode sehr unterschiedlich sein können. Im jeweiligen Fondsprospekt finden sich hierzu genauere Angaben. Auf folgende Unterschiede sollten Sie achten:

**1 Ausschluss- bzw. Negativkriterien**
Der Fonds darf nicht in Unternehmen aus bestimmten Branchen, Hersteller von bestimmten Produkten oder Nutzer bestimmter Produktionsverfahren investieren. Beispiele für diese *Blacklist*: Menschenrechtsverletzungen, Kinderarbeit, Einsatz von Gentechnik, Waffenproduktion oder Tierversuche. Ausschlusskriterien gehören in Deutschland zu den meistverwendeten Prinzipien.

**2 Positivauswahl**
Gekauft werden lediglich Aktien von Unternehmen, die bestimmte Produkte und Dienstleistungen anbieten oder bestimmte Produktionsverfahren nutzen. Oftmals beinhaltet die Positivauswahl eines Unternehmens die Einhaltung einer Norm (z.B. der ILO oder einer ISO-Produktionsnorm) oder eine Selbstverpflichtung (z.B. keine Kinderarbeit oder die Verwendung bio und/oder fair zertifizierter Rohmaterialien).

**3 Best-in-Class-Ansatz**
Das Geld des Fonds wird in den jeweiligen Branchenprimus investiert, also jenes Unternehmen, das innerhalb der eigenen Branche ökologische und/oder ethische-soziale Standards am Besten umsetzt. Dies kann beispielsweise zu der kuriosen Situation führen, dass sich im Portfolio eines Fonds Aktienanteile von BP (British Petroleum), einem der größten Ölkonzerne der Welt, finden. Der Grund: BP ist auch einer der weltweit größten Hersteller von Solarzellen und verhält sich damit weniger umweltschädlich als die Konkurrenz. Wie der Best-in-Class-Ansatz an seine Grenzen stößt, erklärt Volker Weber vom Forum Nachhaltige Geldanlagen: »Wenn beispielsweise unter allen Landminenherstellern ein Klassenbester ausgewählt wird, möchte doch niemand so ein Unternehmen in seinem nachhaltigen Fonds haben«.

# GELD VERDIENEN MIT NACHHALTIGEN INVESTITIONEN

»Im Wertpapiergeschäft wird mit Performance auch die Wertentwicklung eines Wertpapiers bezeichnet. Sie spiegelt beispielsweise den Anlageerfolg eines Fondsmanagements wider«, schreibt das Börsenlexikon (www.boer sen-lexikon.com).Tatsächlich dreht sich in der modernen Wirtschaftswelt alles um Gewinnmaximierung und Shareholder Value, also dem Aktienwert (Preis mal Menge der Wertpapiere), den ein Anteilseigner (*shareholder*) an einer Aktiengesellschaft besitzt. Ob der Gewinn durch den Abbau von Arbeitsplätzen oder durch massive Spekulation mit faulen Immobilienkrediten zustande kommt, interessiert nur die wenigsten. Fondsmanager, Börsenspekulanten und Aufsichtsräte profitieren über Bonussysteme oder Aktienbeteiligungen von diesen Gewinnen, wie auch immer sie entstehen. Doch Gewinne können auch auf sozial verantwortliche Weise, ethisch korrekte und ökologisch verträgliche Weise zustande kommen. Das Argument, alternative Anlageformen brächten schlechtere Renditen als vergleichbare konventionelle Finanzprodukte, trifft heute nicht mehr zu. Die Wirtschaftswissenschaftler Henry Schäfer und Ralf Stederoth konstatierten bereits 2001 in ihrem Werk »Portfolioselektion und Anlagepolitik mittels Ethik-Filtern«: »Ethische Kapitalanlagen können gegenüber konventionellen Produkten sogar eine Outperformance erzielen.« 2002 hieß es in einer Studie der Bank Sarasin in Zusammenarbeit mit dem Zentrum für Europäische Wirtschaftsforschung und dem Institut für Ökologie und Unternehmensführung: »Nach derzeitigem Kenntnisstand beeinflussen gute Umwelt- und Sozialleistungen die Aktienrendite von Unternehmen tendenziell positiv.«

Diese Ergebnisse haben sich im Laufe der Jahre bestätigt. 2007 zog eine umfangreiche Performance-Analyse von oekom research folgende Bilanz: »In allen sechs betrachteten Jahren war die durchschnittliche Rendite des Prime-Portfolios besser als die Performance des MSCI World Aktienindexes.« In vier der sechs Jahre schnitt das Prime-Portfolio deutlich besser ab als der MSCI World. Studien des Mannheimer Zentrums für Europäische Wirtschaftsforschung (ZEW; www.zew.de) und eine Analyse der internationalen Beratungsagentur A.T. Kearney (www.atkearney.com) kommen unabhängig voneinander zu dem Ergebnis, dass Nachhaltigkeit die Aktienrendite positiv beeinflusst und dass nachhaltig agierende Unternehmen in der aktuellen Finanzkrise in nahezu allen Industriesektoren eine deutlich bessere Performance aufweisen. Und auch die etablierte Schweizer Vermö-gensverwaltungsgesellschaft Sustainable Asset Management (SAM, www.sam-group.com), die jedes Jahr eine großangelegte Umfrage unter den 2.500 weltweit größten Firmen durchführt, kommt in ihrem Jahrbuch 2009 zu dem Schluss: »Die Ergebnisse deuten klar auf eine positive Beziehung zwischen Nachhaltigkeit und Wertentwicklung hin«.

Natürlich bleiben auch nachhaltige Wertanlagen von Börsentiefs nicht unberührt. Aber sie verlieren nicht mehr als andere Wertpapiere oder Fonds. Im Vergleich zum MSCI World-Index, einem der weltweit wichtigsten Indizes und Referenz für viele Aktienfonds, der das Jahr 2008 mit einem Minus von 39,5 Prozent beendete, verloren die 121 Aktienfonds in Deutschland durchschnittlich 44,17 Prozent, während es bei den 33 Mischfonds nur zu einem Minus von 16 Prozent kam. Hingegen konnten die 20 nachhaltigen Rentenfonds nach Angaben der oekom Corporate Responsibility Review 2009 ein durchschnittliches Plus von 1,5 Prozent erzielen.

**Rating-Agenturen**

Um beurteilen zu können, ob und wie ein Unternehmen die angegebenen Nachhaltigkeitskriterien erfüllt, werden Rating-Agenturen gebraucht. Sie bewerten das ökologische, ökonomische und ethische Verhalten der Unternehmen mit unterschiedlichen Methoden (s. Auswahlkriterien S. 216). Die bestmögliche Note ist AAA (*triple A*), am Ende der Skala gibt es nur ein »D«. Um die Verfahren transparenter zu gestalten, hat die Association for Independent Corporate Sustainability and Responsibility Research (CSRR; www.csrr-qs.org), ein Zusammenschluss unabhängiger europäischer Ratingagenturen, einen Qualitätsstandard für ein unabhängiges Rating entwickelt. Er nennt sich wenig romantisch CSRR-QS und verpflichtet die Rating-Agenturen unter anderem zur Unabhängigkeit, qualifizierten Analyse-Personal, der Nachvollziehbarkeit der Ergebnisse und Transparenz.

Der neue Standard ist erforderlich, da nicht immer nachvollziehbar war, wie die Rating-Ergebnisse zustande kamen, welche Angaben von Unternehmen verlangt werden, um etwa als Branchenbester eingestuft zu werden, und auf welche Quellen die Bewertung zurückgreift.

Zudem hat der Ruf von Rating-Agenturen aufgrund der Finanzkrise stark gelitten. Vor allem die Pleite der US-Investmentbank Lehmann Brothers hat

stark am Image der Branche gekratzt. »Bis zum plötzlichen Zusammen-
bruch genossen die Papiere noch größtes Vertrauen in der Finanzwelt«,
sagte Manfred Jäger vom Institut der Deutschen Wirtschaft in einem Interview des Radiosenders SWR. In Europa sind momentan etwa 25 Rating-
Agenturen aktiv, von denen 15 in die Entwicklung des CSRR-QS-Standards
eingebunden waren. In Deutschland teilen sich die Rating-Agenturen imug
(www.imug.de), oekom research (www.oekom-research.com) und scoris
(www.scoris.de) den Markt.

### Frankfurter-Hohenheimer-Leitfaden (FHL)

Der Frankfurter-Hohenheimer-Leitfaden – kurz FHL – gilt mit rund
850 Bewertungskriterien als der umfassendste Kriterienkatalog für
ethische Investments. Er wurde bereits 1997 von einer interdiszip-
linären Forschungsgruppe um die beiden deutschen Professoren
Johannes Hoffmann und Gerhard Scherhorn entwickelt. Der FHL
bewertet die Kultur-, Sozial- und Naturverträglichkeit von Unternehmen. Er dient Rating-Agenturen, Fondsanbietern, Banken, Unternehmen, Interessengruppen aber auch Privatpersonen als Orientierung bei der Bewertung nachhaltiger Geldanlagen. Mehr unter:
www.ethisches-consulting.de/frankfurthohenheimerleitfaden/de-
fault.aspx

## NACHHALTIGE AKTIENINDIZES

Nachhaltigkeitsindizes geben dem Anleger die Möglichkeit, ethisch-ökologische Finanzprodukte besser zu bewerten und auch mit anderen Produkten zu vergleichen. Der Indexanbieter stellt nach festgelegten Kriterien
eine Auswahl derjenigen Unternehmen zusammen, die seiner Meinung
nach nachhaltig wirtschaften. Da der Begriff »Nachhaltigkeit« nicht eindeu-
tig definiert ist, muss man sich die Auswahlkriterien der jeweiligen Indizes
genauer anschauen. Nachhaltigkeitsindizes wie beispielsweise der DJSI und
der FTSE4Good (s. S. 221) werden von Kritikern argwöhnisch beäugt. Ihnen
sind die Ratings, die in diesen beiden Fällen auf dem Best-of-Class-Ansatz
beruhen, nicht transparent und nachprüfbar genug. Tatsächlich erscheinen

dort immer wieder Unternehmen als »Klassenbeste«, die sich ökologischer und ethisch-sozialer als die vergleichbare Konkurrenz verhalten. Dies bezieht sich oftmals aber nur auf einzelne Firmenteile, die nachhaltig arbeiten – ohne dass die gesamte Produktions- und Lieferkette nachhaltig umgestellt wird. Die Befürworter von Ratings halten dagegen, dass diese Indizes ein gutes Instrument seien, um Unternehmen zu »erziehen«: Denn um in den Indizes ganz vorne zu landen, müssen Konzerne die Weichen Richtung Nachhaltigkeit stellen.

Bei der Performance hingegen brauchen sich nachhaltige Aktienindizes gegenüber den konventionellen Indizes nicht zu verstecken: Im Jahr 2005 kam eine Studie von Michael Schröder vom Mannheimer Zentrum für Europäische Wirtschaftsforschung (ZEW), in der die 29 der bekanntesten nachhaltigen Ratings untersucht wurden, zu folgendem Ergebnis: »Alle Nachhaltigkeitsindizes verhielten sich gleich gut oder besser als die klassischen Aktienindizes, mit denen sie verglichen worden waren. Jedoch können das oftmals verengte Branchenspektrum und kleinere, stärker schwankende Werte zu einem erhöhten Anlagerisiko führen.«

**Dow Jones Sustainability-Indizes (DJSI)** (www.sustainability-index.com) 1999 wurde die Dow Jones Sustainability Index-Familie (DJSI) vom amerikanischen Verlagshaus Dow Jones&Company, STOXX Ltd. – einem Joint Venture zwischen der Deutsche Börse AG, Dow Jones & Company und der SWX Schweizer Börse – und der Schweizer Vermögensverwaltungsgesellschaft Sustainable Asset Management SAM ins Leben gerufen. Sie berücksichtigt neben ökologischen auch soziale Kriterien. Für die verschiedenen Indizes werden die jeweiligen größten Unternehmen nach gewichteten Kriterien untersucht und in 57 Branchen eingeteilt. Die besten 10 Prozent jeder Branche (gilt für DJSI-World; 20 Prozent im DJSI Stoxx) werden nach dem Best-in-Class-Ansatz (s. S. 216) in den Index aufgenommen. Weltweit sind nach eigenen Angaben rund 4.7 Milliarden Euro nach den Kriterien des DJSI angelegt. Aus den Hauptindizes werden speziellere Indizes abgeleitet, die bestimmte Branchen (z. B. Waffen, Alkohol, Glücksspiel, Tabak) ausschließen.

**FTSE4Good** (www.ftse.com/Indices/FTSE4Good_Index_Series/index.jsp)
Die FTSE4Good Indexserie mit Sitz in London misst seit 2001 das soziale, ökologische und ethische Verhalten von Unternehmen. Sie wird von der FTSE Group ermittelt, einem Joint Venture der Londoner Börse mit der »Financial Times«. Um in die Indexserie aufgenommen zu werden, müssen Unternehmen offenlegen, wie sie die wesentlichen sozialen und ökologischen Risiken ihres Geschäfts identifizieren, managen und ihre Aktionäre und Interessengruppen (*Stakeholder*) darüber informieren. In der FTSE4Good Indexserie werden überwiegend große und mittlere Unternehmen anhand von Ausschluss- und Positivkriterien bewertet. FTSE spendet die Lizenzeinnahmen der FTSE4Good Serie für die Finanzierung von UNICEF-Projekten.

**FTSE KLD 400 Social Index** (www.kld.com/indexes/ds400index/index.html)
Seit 1990 bewertet der von der Ratingagentur Kinder, Lydenberg, Domini und Co. ins Leben gerufene FTSE KLD 400 Social Index (Nachfolger des Domini 400 Social Index) nachhaltige Verhaltensweisen von 400 US-amerikanischen Unternehmen. In ihm finden sich rund 250 Aktien aus dem Standards&Poor 500 Aktienindex (listet 500 der größten, börsennotierten US-amerikanischen Unternehmen), etwa 100 Großunternehmen, die nicht im Standard & Poor's 500 gelistet sind, sowie rund 50 weitere Unternehmen, die sich durch ein besonderes soziales Engagement auszeichnen. Der FTSE KLD 400 Social Index wendet Negativ- und absolute Positivkriterien gleichermaßen an. Ausgeschlossen sind Unternehmen, die Alkohol, Tabak, Glücksspiel, Schusswaffen, Rüstungsgüter und Atomkraft produzieren. Pluspunkte gibt es für den Schutz der Menschenrechte, die Einbeziehung von Frauen und Minderheiten in Führungspositionen, eine aktive Umweltschutzpolitik und gute Mitarbeiterbeziehungen im Unternehmen.

**Natur-Aktien-Index NAI** (www.nai-index.de)
1997 entwickelte die Zeitschrift »Natur & Kosmos« den Natur-Aktien-Index NAI. Er wird heute von der Hamburger Krankenkasse Securvita betreut. Der NAI umfasst »30 internationale Unternehmen, die nach besonders konsequenten Maßstäben als erfolgreiche Öko-Vorreiter ausgewählt werden.« Im Ausschuss des NAI sitzen unter anderem Vertreter des Wuppertal-Institut für Klima, Umwelt, Energie sowie von Germanwatch, Südwind, Urgewald und dem Institut für angewandte Umweltforschung. Doch nicht nur öko-

logische Prinzipien stehen beim NAI im Vordergrund. Ausschlusskriterien sind ferner Atomenergie, Waffenproduktion, Diskriminierung von Frauen, von sozialen oder ethnischen Minderheiten, sowie Kinderarbeit, Tierversuche, Gentechnik in der Lebensmittelproduktion und die Erzeugung von ausgesprochen umwelt- oder gesundheitsschädlichen Produkten.

**ETHICAL INDEX GLOBAL** (www.ecpindices.com)
Stark an christlich-katholischen Werten orientiert sich seit dem Jahr 2000 die italienische ECPI Index Family. Ihr Flaggschiff, der Ethical Index Global, besteht aus etwa 300 Aktien aus 24 Ländern. Die Auswahl der Werte erfolgt in drei Schritten: Im Negativ-Screening werden diejenigen Unternehmen herausgefiltert, die in nichtnachhaltigen Branchen (u.a. Alkohol, Tabak, Glücksspiel, Pornografie, Militär, Nukleartechnik und Pharmaunternehmen, die Verhütungsmittel herstellen) tätig sind und die die Menschenwürde nicht respektieren. Positiv werden Unternehmen bewertet, die hohe Standards in den Bereichen soziale und ökologische Verantwortung erfüllen. Schließlich werden im Best-of-class-Ansatz Unternehmen einbezogen, die eine gute Umwelt- und Sozialperformance aufweisen. Über die Auswahl entscheidet ein unabhängiges Komitee aus Salesianern, Jesuiten und Kapuzinern.

> TIPP: **www.nachhaltiges-investment.de.** Ausführliche Portraits zu mehr als 30 Nachhaltigkeitsindizes bzw. -indexfamilien. Für folgende Indexfamilien sind auch die Einzelindizes beschrieben: DAXglobal Sarasin Sustainability, DJSI STOXX, DJSI World, Ethibel Sustainability Index, ECPI Index Family, FTSE4Good, HSBC Global Climate Change Benchmark Index.

# FAIR INVESTIEREN VON A-Z

Fair investieren kann man sein Geld auf unterschiedliche Weise. Die Bandbreite reicht von Fördersparmöglichkeiten bei alternativen Banken über Direktinvestitionen in nicht börsennotierte Unternehmen bis hin zu ethisch-ökologischen Investmentfonds. Dabei ist die Rendite beim ethischen Investment durchschnittlich genauso hoch oder höher als bei entsprechenden herkömmlichen Produkten. Hingegen liegt der Zinssatz bei alternativen Banken ein wenig unter dem Schnitt. Denn diesen Geldinstituten sind soziale, ethische und ökologische Kriterien wichtiger als hohe Renditen. Nachfolgend ein Überblick ohne Anspruch auf Vollständigkeit.

## AKTIEN

Als Nachhaltige Aktien werden Wertpapiere bezeichnet, die von Unternehmen stammen, die sich ökologisch und/oder ethisch-sozial korrekt verhalten. Da der Begriff Nachhaltigkeit keiner klaren Definition unterliegt, müssen die jeweiligen Kriterien beachtet werden. Hilfreich sind Nachhaltigkeitsindizes und Rating-Agenturen. Ihre Bewertungen allein sollten aber nicht ausreichen, um einen Aktienkauf zu tätigen. Nachhaltige Aktien unterliegen den gleichen Spielregeln wie konventionelle Wertpapiere und sind als ebenso riskant einzustufen. Gute Vorabinformationen zu den jeweiligen Unternehmen und ihrer wirtschaftlichen Lage sowie professionelle Beratung sind also unerlässlich.

### »Aktives Aktionärstum«

Im Dezember 2008 hat das Südwindinstitut (www.suedwind-institut.de) die Machbarkeitsstudie »Chancen und Entwicklungsmöglichkeiten für ein Aktives Aktionärstum in Deutschland« von Silke Riedel und Antje Schneeweiß veröffentlicht. Dort wird das in Deutschland bislang wenig beachtete Phänomen der direkten Einflussnahme von Aktionären auf börsennotierte Unternehmen über die Hauptversammlungen beschrieben. Dessen Ziel ist es, die Unternehmen zu nachhaltigem Wirtschaften zu verpflichten.

Das im Englischen unter dem Begriff *Engagement* oder *Shareholder Activism* bekannte Eingreifen der Aktionäre umschreibt den Versuch, als Miteigentümer – die jeder Aktienbesitzer tatsächlich und nach geltendem Recht ist – die Belange des Unternehmens zu beeinflussen. Inzwischen bündeln Organisationen die Interessen der Aktionäre und artikulieren sie in deren Namen auf Hauptversammlungen. Reagieren die Konzerne nicht auf die Forderungen, gehen die Aktionärsvertreter an die Öffentlichkeit oder schreiben ihre Forderungen direkt an den Vorstand. Wie Aktionäre vorgehen und welchen Einfluss sie auf Unternehmen nehmen können, zeigt das Beispiel der Church of England: Ihre Ethical Investment Advisory Group hatte in der 2007 veröffentlichten Studie »Fair Trade Begins at Home« Supermarktketten, an denen sie bedeutende Mengen an Aktien besitzt, aufgefordert, deren unfaire Einkaufspraktiken (beispielsweise Ausnutzung der Marktmacht in der Vertragsgestaltung, Preisdruck auf Farmer und Verschleierung der Produktherkunft) zu unterlassen.

Eine zentrale Anlaufstelle für deutsche Kleinanleger ist der Dachverband der Kritischen Aktionärinnen und Aktionäre (www.kritischeaktionaere.de) Über 4.000 Anleger haben dem Verein mit Sitz in Köln die Stimmrechte ihrer Aktien übertragen, um auf diesem Weg ihre soziale und ökologische Verantwortung wahrzunehmen. Auch der Verein für ethisch orientierte Investoren (CRIC, Corporate Responsibility Interface Center, www.cric-online.org) engagiert sich konkret im Dialog mit Unternehmen.

## ANLEIHEN

Eine Anleihe, auch Rentenpapier oder (fest)verzinsliches Wertpapier genannt, dient in der Regel zur langfristigen Fremdfinanzierung oder Kapitalanlage. Ihre wichtigsten Merkmale sind der einfache An- beziehungsweise Verkauf über die Börse, die relativ konstanten Kurse und die relative Sicherheit im Vergleich zu Aktien oder Direktbeteiligungen. Nachhaltige Anleihen werden von Unternehmen, Staaten oder supranationalen Organisationen emittiert. Allein die Weltbank begibt jedes Jahr mehrere Anleihen mit einem Gesamtvolumen von rund zehn Milliarden Euro. Anleihen werden wie Aktien nach ökologischen, sozialen und ethischen Kriterien bewertet. In der Studie »Nachhaltigkeit öffentlicher Finanzinstitutionen« der Schweizer Sarasin Bank aus dem Jahr 2005 wurden nur sechs von 28 untersuchten Organisationen hinsichtlich ihrer Umwelt- und Sozialverträglichkeit als vorbildlich eingestuft. Dazu gehörten unter anderen neben der Weltbank auch die österreichische Kontrollbank und die Entwicklungsbank des Europarates. Wie schnelllebig solche Studien sind, zeigt die in finanzielle Schieflage geratene Landesbank Baden-Württemberg, deren Anleihen 2005 noch als vorbildlich eingestuft worden waren. Sie machte allein 2008 einen Verlust von 2,1 Milliarden Euro.

### oekom country rating

Auch private Anleger können sich Anleihen eines anderen Landes kaufen. Um den internationalen Anlagenmarkt bewertbarer zu machen, führt oekom research seit 2001 ein fundiertes kostenpflichtiges Länder-Rating durch. Mit Hilfe von 150 Indikatoren, identifiziert von Experten aus Wissenschaft und Forschung, werden die institutionellen Rahmenbedingungen und die Performance eines Landes in sechs sozialen und ökologischen Bereichen analysiert. Deutschland wurde 2008 von oekom reserach mit B+ bewertet (etwa einer 2+ bei Schulnoten vergleichbar).

Damit landete Deutschland auf Platz 7 von 50 bewerteten Ländern (die komplette Bewertung lässt sich unter folgendem Link sehen: www.oekom-research.com/homepage/Germany_LARA_08. pdf). Zu Beginn des Jahres 2009 konnte sich Deutschland auf Platz 6 vorarbeiten, direkt hinter Österreich und zwei Plätze vor der Schweiz. Platz 1 belegt Norwegen, gefolgt von Schweden, Finnland und Dänemark. Weit abgeschlagen landeten die USA auf Platz 40. Die Schlusslichter auf Platz 49 bzw. 50 bilden China und Indien.

## BANKEN

Um die Eröffnung eines Bankkontos kommt heute so gut wie niemand mehr herum. Was danach mit unseren Einlagen passiert, bleibt uns immer noch weitestgehend verborgen. Doch seit der Immobilienkrise in den USA, in die auch viele renommierte deutsche Geldinstitute verwickelt sind, stellen sich immer mehr Verbraucher die Frage, ob sie ihrer Bank weiterhin trauen können und wollen. Glücklicherweise gibt es mit einigen ethisch-ökologischen Banken inzwischen gute Alternativen. Diese trotzten der Wirtschaftskrise bislang nicht nur, sondern konnten aufgrund ihrer konservativen Anlagestrategien nach Angaben von ecoreporter.de im Jahr 2008 deutliche Zuwächse in der Bilanzsumme und bei den Kundenzahlen vermelden. Zweifellos müssen auch alternative Banken wirtschaftlich arbeiten – aber der Gewinn steht bei Ihnen nicht so stark im Vordergrund. Sie wählen ihre Kreditnehmer nach ökologischen, sozialen und ethischen Kriterien aus und legen auch ihre Rücklagen weitestgehend nachhaltig an. Bei einigen dieser Banken hat der Kunde ein Mitspracherecht, mit dem er die Verwendung seins Geldes an bestimmte ethische Kriterien bindet oder sich ein Projekt aussucht, das sich am ehesten mit seinen Vorstellungen einer nachhaltigen Geldanlage deckt. Da die Alternativbanken nicht nach dem Prinzip der Profitmaximierung arbeiten und sie Kreditnehmern etwa in der Dritten Welt günstige Konditionen bieten, können die Zinsen bei ihnen niedriger liegen als auf dem konventionellen Kapitalmarkt. Nachfolgend eine alphabetische Auflistung ethisch-ökologisch ausgerichteter Banken.

### Alternative Bank ABS (www.abs.ch)

Laut eigenen Angaben refinanziert sich Alternative Bank ABS aus Olten in der Schweiz fast ausschließlich mit Spargeldern der Kunden. Ungewöhnlich für unseren südlichen Nachbarn: Die Bank hat mit dem Einverständnis ihrer Kreditkunden einen Teil des Bankgeheimnisses aufgehoben und veröffentlicht Namen von Kreditnehmern und den Verwendungszweck des Geldes in einer separaten Kreditliste. 2008 betrug die Bilanzsumme des Unternehmens 842 Millionen Schweizer Franken. Die Bank gewährt ihren rund 22.000 Kunden einen landesüblichen Einlagensicherungsschutz von 100.000 Schweizer Franken.

### EthikBank (www.ethikbank.de)

Die in Deutschland und Österreich tätige EthikBank mit Sitz in Eisenberg ist eine Tochter der dortigen Volksbank. Die breite Produktpalette reicht vom Online-Girokonto über Tagesgeld bis zur Baufinanzierung. Der Sicherheitsfaktor ist hoch: Die Bankguthaben sind laut eigenen Angaben in unbegrenzter Höhe gedeckt. Die Bank investiert das Geld der 7.574 Kunden (2008) am Kapitalmarkt in Staatsanleihen der Länder, die nach einem strengen sozi-

al-ökologischen Rating zu den überdurchschnittlichen OECD-Staaten gehören. Ein ausführlicher Kriterienkatalog vereint sowohl Positiv- als auch Ausschlusskriterien (s. S. 216). Die Zinsen liegen in etwas auf Marktniveau. Die
Kunden haben die Möglichkeit, 0,25 Prozent ihrer Zinsen für ausgesuchte
Entwicklungsprojekte in den Bereichen Ethik, Frauen und Umwelt zu spenden. Die Bilanzsumme 2008 betrug 68 Millionen Euro.

**GLS BANK** (www.gls.de)
Die Genossenschaftsbank mit Sitz in Bochum und Filialen in Berlin sowie
München unterstützt nach Übernahme der Ökobank im Jahr 2003 inzwischen rund 4.800 nachhaltige Projekte. Das Geldinstitut wurde 2008 mit
dem »Utopia Award« als bestes Unternehmen ausgezeichnet und offeriert
seinen Kunden ein breitgefächertes Sortiment alternativer Finanzanlagen
von Tagesgeldkonten über Investmentfonds bis hin zu Beteiligungen. Die
Bank ist der Sicherungseinrichtung des Bundesverbandes der Deutschen
Volksbanken und Raiffeisenbanken BVR angeschlossen. Somit sind die Einlagen der 62.000 Kunden in vollem Umfang abgesichert. Die Bilanzsumme
konnte 2008 um mehr als 27 Prozent auf 1,013 Milliarden Euro gesteigert
werden. Die Zinsen liegen unter Marktniveau.

**KIRCHENBANKEN**
Werden die deutschen Kirchen zukünftig wie angekündigt ihre angelegten
60 Milliarden Euro effektiver und gemeinschaftlicher verwalten, hätte dies
nachhaltigen Einfluss auf die Unternehmen, die dieses Geld von den Kirchen erhalten. Geplant ist eine Bündelung der Interessen, um auf Aktio-
närsversammlungen künftig von Unternehmen mehr soziale Gerechtigkeit
einzufordern. Auch ansonsten befinden sich kirchliche Kreditinstitute im
finanziellen Aufwind. Immer mehr Kunden vertrauen ihnen ihr Geld an, da
die Kirchen die Möglichkeit bieten, in nachhaltige Geldanlagen zu investieren, auf deren Auswahl der Kunde über einen Kriterienkatalog Einfluss nehmen kann. Wichtige Kirchenbanken sind: Steyler Bank (www.steyler-bank.
de), Bank für Kirche und Caritas (www.bkc-paderborn.de) und die Bank für
Orden und Mission (www.ordens-bank.de).

**UMWELTBANK AG** (www.umweltbank.de)
Ganz auf nachhaltig-ökologische Projekte mit Schwerpunkt Wind- und So-larenergie hat sich die Umweltbank in Nürnberg spezialisiert. Die Förder-bank im Umweltbereich bietet marktübliche Konditionen für die breitge-fächerten Anlagemöglichkeiten. Man kann bei ihr allerdings kein Girokonto führen. Die Bilanzsumme stieg 2008 um 12,9 Prozent auf 1,16 Milliarden Euro, die Kundenzahl hat die 70.000 überschritten. Die Bank ist Mitglied der gesetzlichen Einlagensicherung. Diese garantiert dem Kunden einen Schutz von 90 Prozent seiner Einlagen – maximal jedoch 20.000 Euro.

**TRIODOS FINANZ GMBH** (www.triodos.de)
Seit September 2005 finanziert die Triodos Finanz GmbH Unternehmen, die ökologisch, sozial und kulturell engagiert sind. Die Bank ist eine hundert-prozentige Tochter der Triodos Bank NV und in Zeist/Niederlande ansässig. In Frankfurt am Main befindet sich die Tochtergesellschaft Triodos Finanz GmbH. Die Kunden, die überwiegend aus den Niederlanden, Belgien, Groß-britannien und Spanien stammen, können unter nachhaltigen Kreditfinan-zierungen, Projektfinanzierungen (Schwerpunkte: Erneuerbare Energien, Naturkosthandel, nachhaltige Immobilien) und Kapitalbeteiligungen wäh-len. Mitte 2008 betrug die Bilanzsumme zwei Milliarden Euro.

## DIREKTBETEILIGUNGEN

Der Investor stellt dem Unternehmen direkt Kapital zur Verfügung und weiß somit genau, wofür sein Geld verwendet wird. In der Regel werden konkrete Projekte gefördert. Nachhaltige Direktbeteiligungen findet man im Bereich von Solar- oder Windkraftanlagen, Aufforstungen, ökologischen Bauernhöfen, Biogasanlagen und Klimaschutz. Sie eignen sich für mutige Investoren, die über genügend Kapital verfügen, um auch einen Totalverlust wegstecken zu können. Natürlich sind auch die Gewinnchancen deutlich höher als bei herkömmlichen Anlageformen. Kleinsparer sollten von die-ser Form der Kapitalanlage, die oftmals über geschlossene Fonds (s. S. 230) oder Beteiligungsgesellschaften abgewickelt wird, aufgrund der oft schwer zu bewertenden Risiken Abstand nehmen. Eher für Idealisten geeignet sind Genossenschaftsanteile bei ethisch-ökologischen Banken. Dort erhält man in der Regel keinen oder nur einen geringen Zins.

## Direktbeteiligung Fairhandels-Importorganisation

Die Göttinger Handels- und Beratungs-GmbH CONTIGO bietet interessierten Anlegern eine Festgeldanlage an, mit der das Unternehmen den wachsenden Kapitalbedarf für die Warenversorgung und die Gründung neuer Läden direkt und ohne Banken als Vermittler finanziert. Dafür erhält der Anleger einen Zins, der über dem marktüblichen Satz liegt, aber unter dem Zinssatz, den CONTIGO für einen handelsüblichen Kredit zahlen müsste. Über das Risiko einer solchen Anlage sollte man sich allerdings bewusst sein: Im Fall einer Insolvenz ist das angelegte Geld futsch! Mehr Informationen unter www.contigo.de

## Der deutsche Fondsmarkt

In Deutschland werden 75 Prozent des Fondmarkts von drei großen Finanzgruppen beherrscht. Dazu gehört zum einen die Deka-Bank (www.deka.de) der Sparkassen-Finanzgruppe, die keine eigenen Nachhaltigkeitsfonds sondern nur Fremdprodukte anbietet. Die DWS Investments (www.dws.de) der Deutschen Bank Gruppe offeriert lediglich Nachhaltigkeitsfonds im Bereich Umwelttechnologie, während sich das nachhaltige Angebot der Union Investment (www.union-investment.de) auf institutionelle Anleger beschränkt.

# Fonds

Private und institutionelle Anleger greifen bei den nachhaltigen Finanzprodukten am liebsten zu Mischfonds. Jeder kann diese Anteile erwerben – und zwar in beliebiger Stückzahl. Doch ist Vorsicht geboten: So gut wie jeder Anbieter von Finanzprodukten hat inzwischen einen oder mehr nachhaltige Mischfonds im Angebot. Da es keine einheitlichen Richtlinien bezüglich der Definition von Nachhaltigkeit gibt, werden ethisch-soziale und ökologische Grundsätze nicht immer den Wünschen der Anleger entsprechend umgesetzt. Der Verbraucher ist auf die Unterstützung seines Bankberaters angewiesen oder muss einen nicht unbeträchtlichen Zeitaufwand für die Eigenrecherche der Informationen einplanen. Wie wichtig eine gute Beratung ist, zeigt die im Frühjahr 2008 im Auftrag der Vermögensverwaltung Axa Investment Managers durchgeführte Untersuchung »Die Deutschen und ihr Wissen über Fonds«: 44 Prozent der Befragten (gegenüber 37 Prozent 2007) empfanden die Anlage in einen Fonds als sehr kompliziert und wünschten sich eine bessere Beratung.

Tatsächlich bleiben viele Fondsanbieter den Nachweis der Nachhaltigkeit schuldig. Es mangelt an Transparenz. Die ist aber nach einhelliger Expertenmeinung unabdingbar, soll sich marktoffener, »sauberer« Publikumsfonds breitenwirksam entwickeln. Rating-Agenturen leisten durchaus brauchbare Hilfestellung. Doch auch sie haben ihre Kriterien bezüglich Ethik und Ökologie (noch) nicht vereinheitlicht (Ausnahme EUROSIF-Transparenzlogo, s. S. 214). Hinzu kommt, dass finanzielle Bewertungen sich auf die Vergangenheit beziehen und sich daraus keine sicheren Erfolgsaussichten für die Zukunft ableiten lassen können. Daher empfehlen sich nachhaltige Fonds am ehesten für langfristig denkende Investoren, denen eine hohe Rendite ebenso wichtig ist wie die Umsetzung einzelner ethisch-ökologischer Kriterien. Wer den Schwerpunkt im nachhaltigen Bereich setzen möchte, sollte sich nach Alternativen umsehen und bevorzugt direkt in entsprechende Projekte investieren (s. S. 209).

## Erhöhtes Risiko bei geschlossenen Fonds

Vorsicht ist bei sogenannten geschlossen Fonds geboten. Dabei handelt es sich laut Börsenlexikon der »Frankfurter Allgemeinen Zeitung« um Fonds, deren Mittel durch den Verkauf einer bestimmten, von vornherein begrenzten Anzahl von Anteilen aufgebracht werden. Wenn das geplante Volumen erreicht wird, wird der Fonds geschlossen und die Ausgabe von Anteilen eingestellt«. Geschlossene Fonds, zu denen beispielsweise Immobilienfonds, Schiffsfonds und im nachhaltigen Bereich Windkraft- und Biogasfonds gehören, unterliegen keiner staatlichen Aufsicht. Sie werden über den »grauen Kapitalmarkt« vertrieben. Ob die oft langfristig angelegten Gewinnprognosen der Anbieter eingehalten werden, ist bei vielen Produkten mehr als zweifelhaft. Der Ausstieg aus solch langfristigen Investitionen ist oftmals nur mit saftigen Abschlägen möglich. Unter den Anbietern von geschlossenen Fonds findet sich daher auch das eine oder andere »schwarze Schaf«. Vor diesen und

anderen unseriösen Anbietern warnt die Stiftung Warentest in un-
regelmäßigen Abständen mit kostenpflichtigen Dokumenten (zuletzt März 09), die über die Webseite www.test.de unter Themen/
Geldanlagen/Banken/Infodokumente abrufbar sind.

## Mikrokredite und sozial verantwortliche Kredite

Josefa Avelina Sandoval führt einen kleinen Gemischtwarenladen in La
Coruña, El Salvador. Sie würde den Laden gerne vergrößern, kann aber die
dafür benötigten 740 Euro nicht aufbringen. Wie Josefa geht es Millionen
Menschen weltweit. Selbst einen Kredit von wenigen hundert Euro zu erhalten, ist für sie immer noch unmöglich. Zu hoch sind die Auflagen der
Banken bezüglich der Sicherheiten. Zudem behaupten viele Geldinstitute,
das Geschäft mit den niedrigen Geldsummen lohne sich nicht – und be-
deute nur zu viel Verwaltungsaufwand bei viel zu wenig Ertrag. Dass dies
alles so nicht stimmt, hat die Realität inzwischen gezeigt. Kleinstkredite
haben sich als probates Mittel herausgestellt, die Lebensbedingungen von
Menschen in ärmeren Ländern zu verbessern. Dies konnte der Wirtschaftswissenschaftler Muhammad Yunus aus Bangladesch, Erfinder der Mikro-
kredite und Autor des Buches »Die Armut besiegen«, eindrucksvoll mit der
von ihm aufgebauten Grameen Bank (www.grameen.de) nachweisen. Für
sein Engagement hat er 2006 den Friedensnobelpreis erhalten.

Mit Mikrokrediten arbeitet auch die ökumenische Entwicklungsgenos-
senschaft Oikocredit (www.oikocredit.org). Seit 1975 vergibt die Bank unter
dem Motto »Nicht Spenden, sondern faire Kredite« Darlehen, Bürgschaften
und Kredite an Menschen, Genossenschaften oder Kleinunternehmen, die
bei lokalen Banken als nicht kreditwürdig eingestuft werden. Damit ermöglicht Oikocredit ihnen, sich eine Lebensgrundlage aufzubauen, dank der sie
besser essen oder ihre Kinder auf eine Schule schicken können. Mit der
bewilligten Darlehenssumme von 181.8 Millionen Euro erreicht Oikocredit
nach eigenen Angaben mit seinen 739 Projekten bis Ende 2008 etwa 15 Millionen Haushalte weltweit. Die Rückzahlungsquote der Kredite liegt bei über
90 Prozent. Auch Privatpersonen können Ihr Geld bei Oikocredit anlegen.
Ein Anteilschein ist bereits für 200 Euro erhältlich. Dafür kann man bestim-

men, in welche Projekte das Geld fließen soll. In der Regel zahlt Oikokredit eine jährliche Dividende von zwei Prozent auf das eingezahlte Kapital.

Ähnlich wie Oikocredit arbeitet die englische Kreditgenossenschaft Shared Interest (www.shared-interest.com). Sie ist Mitglied der Internationalen Fairhandels-Organisation WFTO (s. S. 27). Ihr Ziel ist es, die Armut auf dieser Welt mit fairen und gerechten Finanzdienstleistungen zu bekämpfen. Die Genossenschaft hat über 8.400 Mitglieder und verwaltet ein Kapital von rund 20 Millionen britischen Pfund. Mitgliedschaft ist nur mit Wohnsitz in Großbritannien möglich.

Interessant ist auch ist die responsAbility Social Investments AG (www.responsability.com) mit Sitz in Zürich: Sie bietet Anlagen über den Global Microfinance Fund, der Mikrofinanzinstitutionen die Vergabe von Mikrokrediten und anderen Finanzdienstleistungen ermöglicht. Der Fonds investiert auch in den Fairen Handel. Der Media Development Basket, ein weiteres Finanzprodukt der Aktiengesellschaft, investiert in die Förderung unabhängiger Medien in Entwicklungs- und Schwellenländern.

Noch bequemer und direkter kann man seit 2005 über das Internet Kleinunternehmern Geld zur Verfügung stellen: Die US-amerikanische Hilfsorganisation Kiva macht's möglich. Auf ihrer Webseite www.kiva.org stellen sich Kreditsuchende aus aller Welt vor und beschreiben dort ihr Anliegen. So bekam die Näherin Noha aus dem Libanon einen Kredit über 300 US-Dollar für den Kauf von Fäden, und Najeeb aus Afghanistan konnte mit den 1.075 US-Dollar seines Kredits neue Reifen für seine Reparaturwerkstatt anschaffen. Zinsen bekommen die Kreditgeber keine. Allerdings zahlen die Kreditnehmer Zinsen an lokale Mikrofinanzorganisationen. Diese decken damit ihre Kosten für die Auswahl der Kreditnehmer und die Überwachung der Rückzahlung. Der Zinssatz liegt deutlich unter dem ortsüblichen Niveau. Das Kreditkapital wird nach einem vorher festgelegten Zeitraum zurückgezahlt. »Es funktioniert«, bestätigt Produktentwicklerin Dagmar Blessmann aus Bad Neuenahr-Ahrweiler, die Kiva getestet hat. »Ich habe mein Geld zurückbekommen und gleich wieder in ein anderes Projekt investiert«. Ganz unumstritten ist diese Art der Entwicklungshilfe à la Web 2.0 nicht. Auch wenn Banken als Mittelsmänner umgangen werden, bleibt die Abhängigkeit von Geldgebern aus überwiegend westlichen Ländern. Zudem scheint das spontane gute Gefühl wichtiger zu sein, als Menschen zu helfen.

## Private Altersvorsorge

Es sind wohlklingende, Namen wie »winFonds Rente«, »LifeLine Garant«, »Swiss Life Temperament« oder »ProfiPlan Strategie Natura«. Es handelt sich um nachhaltige Finanzprodukte, die dazu dienen sollen, die Altersversorgung ihrer Kunden zu sichern. Ob sie dies in der angekündigten Form schaffen, werden die Anleger erst wissen, wenn sie das Rentenalter erreichen. Noch handelt es sich beim Markt nachhaltiger Finanzprodukte zur Altersvorsorge um einen Nischenmarkt – der allerdings stark wächst. Wie auch bei anderen Wertanlagen, scheinen die Anbieter wenig Interesse zu haben, besonders transparent zu arbeiten. Und dies, obwohl seit 2001 eine gesetzlich abgesicherte und seit 2005 eine erweiterte Berichtspflicht besteht. Danach müssen Pensionsfonds, Pensionskassen und betriebliche Direktversicherungen den Verbraucher vorab schriftlich informieren, ob und wie sie ökologische und soziale Kriterien bei der Kapitalanlage berücksichtigen.

Allzu ernst scheint die Branche diese Vorschrift nicht zu nehmen. »Noch immer können sich Unternehmen ungestraft aus der Verantwortung stehlen, wenn sie in ihre Berichte konkret reinschreiben, dass sie nicht nachhaltig anlegen«, kritisiert daher Volker Weber vom Forum Nachhaltige Geldanlagen. Dabei wird hier eine große Chance vertan: Denn nachhaltige Lebensweise und langfristige Anlagestrategien ergänzen sich hervorragend. Es entsteht eine win-win-Situation für alle, da Lebensgrundlagen geschützt und dennoch wettbewerbsfähige Renditen erzielt werden. Das findet auch der Bundesverband der Verbraucherzentralen (vzbv) in Berlin. »Die Berücksichtigung ethischer, sozialer und ökologischer Anlagekriterien hat keinen signifikant negativen Einfluss auf die Rentabilität nachhaltiger Vorsorgeprodukte oder die Höhe der späteren Rente«, so der vzbv bereits 2002. »Im Gegenteil: Sofern das Produkt seinen Anlageschwerpunkt in Wertpapieren von Unternehmen aus besonders umweltverträglichen Branchen hat, besteht sogar die Chance auf eine deutlich bessere Rendite.«

TIPP: 1. Wie man Schritt für Schritt zum passenden Produkt gelangt, wird anschaulich auf der Webseite www.vorsorgedurchblick.de erklärt. 2. Eine Auswahl von mehr als 50 nachhaltigen Altersvorsorgeprodukten hat EcoTopTen, die Verbraucherinformationskampagne des Öko-Instituts e.V. unter http://www. ecotopten.de/prod_vorsorge_prod.php veröffentlicht. Die Angebote sind ohne Bewertung mit Angabe des Nachhaltigkeitsaspekts nach Kategorien aufgeteilt und in alphabetischer Reihenfolge gelistet.

Die Vielfalt der Produkte nimmt zu und reicht von Riester- und Rürup-Rentenprodukten über die betriebliche Altersvorsorge bis hin zu Kapitallebensversicherungen und Angeboten der privaten Rentenversicherung. Das verwirrt die Konsumenten, denn ein einheitliches Gütesiegel fehlt. Die Nichtregierungsorganisation Germanwatch empfiehlt deshalb, darauf zu achten, ob ein externes Gremium, beispielsweise ein Anlageausschuss, über die Einhaltung der Nachhaltigkeitskriterien wacht. Bei der privaten Altersvorsorge gilt daher wie auch bei anderen nachhaltigen Wertanlagen: Zeit nehmen, beraten lassen und selbst ein wenig die Initiative ergreifen.

## Zertifikate

Die Anteilsscheine eines Investmentfonds zählen zu den Derivaten – also Finanzinstrumente, deren Wert sich an den Kursschwankungen oder den Preiserwartungen anderer Investments ausrichtet. Damit eignen sie sich einerseits zur Risikominderung, andererseits aber auch zur Spekulation auf den Basiswert (Aktie, Aktienkorb, Index, usw.), auf den sich das Zertifikat bezieht. Nachhaltige Zertifikate werden oft als Themenfonds (s. S. 209) aufgelegt (erneuerbare Energien, Wasser, Klimaschutz) oder investieren in Nachhaltigkeits-Indizes (s. S. 219). Ein Zertifikate-Test findet sich bei www. ecoreporter.de. Generell eignen sich Zertifikate eher für erfahrene Anleger.

# FAIRER HANDEL

## Internet

**www.agl-einewelt.de**
Gemeinsamer Webauftritt der Eine-Welt-Landesnetzwerke aller Bundesländer, die Fairhandels-Kampagnen durchführen.

**www.faire-woche.de**
Die Faire Woche ist eine zweiwöchige bundesweite Aktion rund um das Thema Fairer Handel, die im September stattfindet.

**www.fair-feels-good.de**
Abgeschlossene Informationskampagne zum Fairen Handel, die der Bundesverband Verbraucher Initiative e.V. ins Leben gerufen hat.

**www.fair4you-online.de**
Informationsangebot des Vereins Fairtrade e.V. (www.fairtrade.de) und der Importorganisation GEPA, das sich an junge Leute richtet.

**www.fairjobbing.net**
Kampagne der Weltladen Dachverbände in Deutschland und Österreich für Jugendliche und junge Erwachsene, die für das Engagement in und rund um Weltläden wirbt.

**www.forum-fairer-handel.de**
Internetportal des Netzwerkes der wichtigsten Akteure des Fairen Handels in Deutschland.

**www.gerechter-welthandel.de**
Zusammenschluss von Kirchen, Gewerkschaften, Jugend-, Menschenrechts-, Umwelt- und Entwicklungspolitik-Gruppen, die mit kreativen Protestaktionen für einen gerechten Welthandel werben.

**www.globalexchange.org**
Global Exchange ist eine Menschenrechtsorganisation, die auf einer gut gemachten englischsprachigen Webpage sehr ausführlich über fairen und unfairen Handel und entsprechende Projekte informiert.

**www.isealalliance.org**
Globale Dachorganisation für Anbieter sozialer und ökologischer Standards, darunter die Fairtrade Labelling Organizations International (FLO), Rainforest Alliance und der Forest Stewardship Council (FSC).

**www.oeko-fair.de**
Das informative Portal der Verbraucher Initiative e.V. bietet Hintergrundinformationen rund ums öko-faire Handeln im Alltag.

**www.swissfairtrade.ch**
Nachfolgeorganisation des Schweizer Forums für Fairen Handel, in dem die führenden Akteure der Schweizer Fairtrade-Szene vertreten sind.
**www.wbgu.de**
Der Wissenschaftliche Beirat der Bundesregierung Globale Umweltveränderungen (WBGU) wurde 1992 von der Bundesregierung gegründet, um Erkenntnisse aus allen Bereichen des Globalen Wandels auszuwerten und daraus politische Handlungs- und Forschungsempfehlungen für eine nachhaltige Entwicklung abzuleiten.
**www.weed-online.org**
WEED – Weltwirtschaft, Ökologie & Entwicklung e.V. – wurde 1990 mit der Absicht gegründet, über die Ursachen der weltweiten Armuts- und Umweltprobleme sowie über wirksame Reform- und Transformationsvorschläge aufzuklären.
**www.wftday.org**
World Fair Trade Day am zweiten Sonnabend im Mai Weltweiter Aktionstag des Fairen Handels, organisiert von der World Fairtrade Organization (WFTO).


## Bücher

### Fairer Handel

**Fairer Handel – Engagement für eine gerechte Weltwirtschaft:** Markus Raschke, Matthias Grünewald Verlag, Ostfildern, 2008. Mehr als 500 Seiten dicker Wälzer, der das Thema Fairer Handel im Rahmen einer Dissertation analysiert. Kein Lesebuch, eher für Insider geeignet.
**Fighting the Banana Wars and Other Fairtrade Battles:** Harriett Lamb, Rider, 2008. Die Vorsitzende der britischen Fairtrade Foundation erzählt in diesem englischsprachigen Werk, wie der Faire Handel begann, mit welchen Schwierigkeiten er zu kämpfen hatte und wie er zum dem wurde, was er heute ist.
**Fairer Handel: Kritische Analyse in ökonomischer, ökologischer und sozialer Hinsicht:** Stefanie Wein, VDM Verlag Dr. Müller Saarbrücken, 2008. Eine Darstellung der ökonomischen, ökologischen und sozialen Auswirkungen des Fairen Handels, seiner Chancen und Grenzen.
**Handeln – anders als andere:** Anja Osterhaus (Herausgeberin), Brüssel 2006. Infoheft zum Fairen Handel mit viel Hintergrundmaterial, veröffentlicht vom Lobbybüro der vier internationalen Fairhandelsorganisationen WFTO, FLO, NEWS! und EFTA.

**50 Reasons to Buy Fair Trade**: Miles Litvinoff/John Madeley, Pluto Press, London, 2007. Einsteigerbuch auf englisch zum Thema Fairer Handel, das stark Pro-Fairtrade eingefärbt ist und daher gelegentlich kritische Gegenpositionen vermissen lässt.

**Unfair Trade: Das profitable Geschäft mit unserem schlechten Gewissen:** Jean-Pierre Boris, Goldmann Original, 2006. Der Autor sieht in den durchaus gut gemeinten Aktivitäten des fairen Handels eine naive Blauäugigkeit, die ignoriere, »dass die internationale Wirtschaft ein Krieg ist, ein Schützenkrieg, in dem alle Waffen erlaubt sind«.

**Fairer Handel – Chancen und Schwierigkeiten eines alternativen Marktkonzepts**: Mirja Wuttke, Paulo Freire Verlag, Oldenburg, 2006. Theorie und Praxis des Fairen Handels, dargestellt im Rahmen einer wissenschaftlichen Arbeit.

*Globalisierung*

**Global Fair Trade – Transparenz im Welthandel:** Georgios Zervas, Patmos Verlag, 2008. Zervas' Modell eines Fairhandelssystems soll hemmungsloses Sozial- und Ökodumping weltweit verhindern und eine gerechtere Verteilung des Wohlstands fördern – vorausgesetzt, alle ziehen mit.

**Fair Future – Begrenzte Ressourcen und Globale Gerechtigkeit:** Wuppertal-Institut für Klima, Umwelt, Energie (Herausgeber), Verlag CH Beck, München, 3. Auflage 2006. Empfehlenswertes Buch des renommierten Forschungsinstituts aus drei Jahren Forschungsarbeit unter der Fragestellung: »Welche Globalisierung ist zukunftsfähig?«

**Fair Trade. Agenda für einen gerechten Handel:** Joseph E. Stiglitz/Andrew Charlton, Murmann, 2006. Richtig gelenkt und umgesetzt, lässt sich mit Globalisierung sogar die Armut bekämpfen, sagt Wirtschaftsnobelpreisträger Joseph Stiglitz in diesem lesenswerten Buch.

**Der Sound des Sachzwangs – Der Globalisierungs-Reader:** Elmar Altvater, Jürgen Habermas u.a., Blätter Verlagsgesellschaft mbH, Berlin, 2006. Globalisierungskritik dreißig namhafter Autoren, die politische Debatten um die rasante Veränderung der Welt führen.

**Das Ende der Armut:** Jeffrey D. Sachs, Siedler, München, 2005. Die Botschaft des Autors, einer der einflussreichsten Ökonomen der Welt, lautet: Wir können die extreme Armut in der Welt abschaffen – und zwar schon heute.

**Die Globalisierungsfalle – Der Angriff auf Demokratie und Wohlstand:** Hans-Peter Martin, Harald Schumann, Rowohlt Taschenbuch Verlag, Hamburg, 1998. Gut geschriebenes, aber recht populistisches Werk zum Thema Globalisierungskritik.

**Konsumkritik**
**Ausgetrickst und angeschmiert:** Gerd Billen, Westend, 2009. Undurchsichtige Tarifstrukturen oder vergiftetes Spielzeug – wie Konsumenten sich wehren können, erklärt Gerd Billen, als Vorstand des Verbraucherzentrale Bundesverbandes Deutschlands oberster Verbraucherschützer, in diesem auch klar an die Politik gerichteten Buch.
**Die Ökolüge –Wie Sie den grünen Etikettenschwindel durchschauen:** Stefan Kreutzberger, Econ Verlag, Berlin, 2009. Ein Augenöffner für alle, die wissen wollen, was sich wirklich hinter den Selbstverpflichtungen der Wirtschaft verbirgt.
**Das neue Schwarzbuch Markenfirmen:** Klaus Werner/Hans Weiss, Ullstein, Berlin, 4. Auflage 2008. Globalisierungskritik und Unternehmensschelte ohne die Gegenposition aus Sicht der Unternehmen.
**Shopping hilft die Welt verbessern:** Fred Grimm, Goldmann, 2006. Wer ökologisch bewusst konsumieren möchte, findet in diesem lebendig geschriebenen Ratgeber konkrete Tipps.
**Soziale Kapitalisten:** Hannes Koch, Rotbuch, 2007. Porträts von Unternehmern, die ihre soziale und ökologische Verantwortung gegenüber Mitarbeitern, Lieferanten und Kunden ernst nehmen.
**Die Einkaufsrevolution – Konsumenten entdecken ihre Macht:** Tanja Busse, Heyne Verlag, München, 2008. Getreu dem Motto: »Wehe, wenn wir richtig kaufen« beschreibt die Journalistin Tanja Busse Missstände in der modernen Warenproduktion und Preispolitik.
**Uns gehört die Welt! Macht und Machenschaften der Multis:** Klaus Werner Lobo, Carl Hanser Verlag, München, 2008. Das Buch nennt die schwarzen Schafe der globalen Wirtschaft beim Namen, gibt dem Konsumenten aber auch Empfehlungen, was er gegen diese Unternehmen tun kann.

# FAIRE KLEIDUNG

**Internet**
**www.inkota.de**
Das entwicklungspolitische Netzwerk wurde 1971 in Ostberlin gegründet. Inkota berät und informiert u. a. zum Thema Fairer Handel und ist Mitglied der Kampagne für Saubere Kleidung.
**www.suedwind-institut.de**
Das Institut für Ökonomie und Ökumene in Siegburg befasst sich u.a. mit den Themen Sozialstandards in der Textilindustrie und Armutsbekämpfung.

**www.test.de**
Die Berliner Stiftung Warentest untersucht seit einigen Jahren neben der Produktqualität auch das sozial-ökologische Engagement von Unternehmen.
**www.cotton-made-in-africa.org**
Die Stiftung Aid by Trade informiert ausführlich über fairen und ökologischen Baumwollanbau in Afrika und nennt Projekt-Partner.
**www.ecotopten.de**
Marktübersicht des Öko-Instituts Freiburg im Internet über ökologisch und fair erzeugte Baumwoll-Textilien.
**www.fairwertung.de**
Der Dachverband FairWertung e. V. fördert das transparente und umweltverträgliche Sammeln und Verwerten von gebrauchter Kleidung.
**www.globalmarch.org**
Global March ist eine weltweite Kampagne gegen Kinderarbeit und für Kinderbildung.

### Bücher/Broschüren
**Saubere Sachen:** Kirsten Brodde, Verlag Ludwig, 2009. Die Autorin hilft Verbrauchern bei ihrer Suche nach grüner Mode – und erklärt, wie man sich vor Öko-Etikettenschwindel schützt.
**Die Hürden überwinden: Schritte zur Verbesserung der Arbeitsbedingungen in der globalen Sportbekleidungsindustrie:** Kampagne für Saubere Kleidung, 2008. Gestützt auf Interviews mit über 300 Beschäftigten, die in China, Indien, Thailand und Indonesien Sportbekleidung herstellen, zeigt der Bericht, dass Arbeitsrechtsverletzungen in dieser Branche nach wie vor die Regel sind.
**Wer bezahlt unsere Kleidung bei Lidl und Kik? Eine Studie über die Einkaufspraktiken der Discounter:** Inkota/Kampagne für Saubere Kleidung/NETZ/Ver.di/terre des femmes: 2008. Sehr informative und enthüllende Studie über das Geschäftsgebaren der Discounter.
**Gerechte Kleidung:** Monika Balzer, Hirzel Verlag, 2000. Akribisch recherchiertes Buch über die Missstände in der Textilindustrie – von Umweltverschmutzung bis Kinderarbeit.
**Made in Osteuropa – die neuen Fashion Kolonien:** Bettina Musiolek, terre des femmes (Hrsg.), Berlin, 2002. Musiolek beschreibt die Arbeitsrechtsverletzungen und das Lohndumping vor der Haustüre – in ausgelagerten Textil- und Bekleidungsfabriken in osteuropäischen Ländern.
**Gezähmte Modemultis. Verhaltenskodizes: ein Modell zur Durchsetzung von Arbeitsrechten?** Bettina Musiolek, Brandes & Apsel Verlag. Frankfurt, 1999

## Fair Reisen

**Internet**

**www.akte.ch**
Schweizer Fachstelle, die den Tourismus aus entwicklungspolitischer Sicht hinterfragt, Öffentlichkeit und Reisende informiert und sich im kritischen Dialog mit Tourismusunternehmen für gerechte, faire Beziehungen im Tourismus engagiert.

**www.eco-indextourism.org**
Datenbank der Umweltorganisation Rainforest Alliance mit fairen und ökologischen Tourismusangeboten in Lateinamerika und der Karibik in englischer Sprache.

**www.futouris.org**
Nachhaltigkeitsinitiative deutscher Reiseveranstalter, darunter die TUI Deutschland, Thomas Cook Reisen, Neckermann Reisen, Gebeco, Airtours.

**www.iz3w.org/fernweh/deutsch/index.htm**
FernWeh – das Forum Tourismus & Kritik denkt, schreibt und diskutiert über Dritte-Welt-Tourismus.

**www.gate-tourismus.de**
Der Berliner Verein GATE – Netzwerk, Tourismus, Kultur e.V. – setzt seinen Schwerpunkt auf eine ethnologische Sichtweise der Tourismusbranche mit dem Ziel, zwischen Reisenden und Bereisten zu vermitteln.

**www.kate-stuttgart.org**
Die Kontaktstelle für Umwelt & Entwicklung »Kate« hat unter der Rubrik »Fairer Tourismus« zahlreiche Infos mit Schwerpunkt Corporate Social Responsibility (CSR) aufbereitet.

**www.oeko-fair.de**
Das Infoportal der Verbraucher Initiative gibt unter »Bewegen & Reisen« zahlreiche Tipps rund um das Thema »Anders Reisen«.

**www.oete.de**
Der Bonner Verband »Ökologischer Tourismus in Europa« e.V. (ÖTE) führt allein oder in Kooperation mit weiteren Organisationen modellhaft Projekte im In- und Ausland durch, die einen umweltverträglichen und sozialverantwortlichen Tourismus in Regionen fördern.

**www.reisekompass-online.de**
Checkliste (Reisekompass) und Infos rund ums bewusste Reisen von der Verbraucherinitiative e. V., dem WWF Deutschland und dem Verkehrsclub Deutschland e. V. (VCD).

**www.reisepavillon-online.de**
Internationale Fachmesse für nachhaltiges Reisen, die seit 1991 veranstaltet
wird.

**www.respect.at**
Das österreichische Institut für Integrativen Tourismus und Entwicklung respect
setzt sich für eine sozial, kulturell und ökologisch verträgliche Entwicklung des
Tourismus ein.

**www.tourism-watch.de**
Der Informationsdienst Dritte Welt-Tourismus des evangelischen Entwicklungsdienstes (EED) engagiert sich gemeinsam mit ökumenischen Partnern für einen
nachhaltigen, sozial verantwortlichen und umweltverträglichen Tourismus.

## Bücher

**Arbeiten, wo andere Urlaub machen – Arbeitsbedingungen und Arbeitsanfor-
derungen von Saisonbeschäftigten im Tourismus:** Erwin Asenstorfer, Tectum
Wissenschaftsverlag, Marburg, 2009. Aktuelle wissenschaftliche Untersuchung
zur Arbeitswelt von Beschäftigten der Tourismusindustrie, die einerseits von
hohem Arbeitsvolumen in der Hauptsaison, aber auch von saisonaler Arbeitslo-
sigkeit geprägt ist.

**Tourism Development: Growth, Myths and Inequalities:** Peter M. Burns und
Marina Novelli (Hrsg.), Oxford Univ Press, 2008. Wissenschaftliche, englischsprachige Analyse renommierter Fachleute und Akademiker, in der untersucht wird,
ob der Tourismus geeignet ist, die weltweite Armut zu lindern und nachhaltig
zu wirken.

**Und tschüss! Was wir anrichten, wenn's uns in die Ferne zieht:** Leo Hickman,
Pendo Verlag, München, 2008. Der Autor besucht Brennpunkte des internationa-
len Tourismus wie Dubai, Benidorm, Bali oder Cancún und zeigt auf gut lesbare
Weise die Folgen des oftmals wenig nachhaltigen Tourismus auf.

**Wir Klimaretter – So ist die Wende noch zu schaffen:** Toralf Staud, Nick Reimer,
Kiepenheuer & Witsch, Köln, 2007. Die Autoren erklären nachvollziehbar anhand von Fallbeispielen, wie der CO2-Ausstoß verringert werden könnte.

**Pendos CO2-Zähler:** Pendo Verlag (Autor), München, 2007. Für alle, die mal eben
schnell nachschlagen möchten, was sie täglich mit Konsum, Strom, Heizen und
Mobilität an CO2 produzieren.

**Respektvoll reisen:** Harald A. Friedl, Reise Know-How Verlag Rump, Bielefeld,
2005. An konkreten Beispielen vermittelt der Autor und langjähriger Reiseleiter,
wie man pauschal oder individuell umwelt- und sozialverträglich reisen kann.

## Faire Geldanlagen

**Internet**

**www.avanzi-sri.org/sri-fundsservice.htm**
Diese englischsprachige Webseite der Vigeo-Group bietet einen Überblick über alle SRI-Fonds in Europa einschließlich aktueller Performancewerte.

**www.cric-online.org**
Der Verein Corporate Responsibilty Interface Center, kurz CRIC, steht für die Förderung des ethischen Investments im Dialog mit Vertreterinnen und Vertretern aus Wirtschaft, Politik und Gesellschaft.

**www.ecoreporter.de**
Online-Magazin mit Schwerpunkt Nachhaltige Geldanlagen.

**www.ethibel.org/subs_d/1_info/main.html**
Deutsche Seite der unabhängigen belgischen Ratingagentur Ethibel, die europaweit ein eigenes Gütesiegel für nachhaltige Anlagen verwendet.

**www.forum-ng.de**
Das Forum Nachhaltige Geldanlagen (FNG) ist ein Zusammenschluss von mehr als 80 Unternehmen und Organisationen, die sich für Nachhaltige Geldanlagen einsetzen.

**www.geldundethik.org**
Jede Menge Infos und Downloads zum Thema Geld und Ethik auf der Seite der Katholischen Sozialakademie Österreichs.

**www.germanwatch.org**
Auf der Seite des Vereins, der für Nord-Süd-Gerechtigkeit und den Erhalt der Lebensgrundlagen eintritt, finden sich in der Rubrik Finanzsektor & Nachhaltigkeit interessante Publikationen, Studien und Presserklärungen.

**www.gruenes-geld.de**
Infos zur Messe »Grünes Geld« und anderen Veranstaltungen rund um nachhaltiges Investieren.

**www.gruenesgeld.at**
Unabhängige Informationsplattform für ethisch-ökologische Geldanlagen in Österreich.

**www.kritischeaktionaere.de**
Hier finden sich Kriterien für ethisches Investment und eine Linkliste zum gleichen Thema.

**www.oekotest.de**
Nicht mehr ganz taufrische Tests nachhaltiger Geldanlagen.

**www.test.de/themen/geldanlage-banken/ und www.finanztest.de**
Berichte der Stiftung Warentest über ethisch-ökologische Geldanlagen und kostenpflichtige Informationen zu ökologisch-ethischen Fonds im Produktfinder Investmentfonds.

## Bücher

**Nachhaltige Geldanlagen – Produkte, Strategien und Beratungskonzepte:** Herausgegeben von Martin Faust/Stefan Scholz, Frankfurt School Verlag, 2008. Renommierte Wissenschaftler sowie Vertreter der Finanzdienstleistungsbranche und Industrie nehmen zu Aspekten nachhaltiger Geldanlagen und zu Nachhaltigkeitsmanagement in Unternehmen Stellung.

**Nachhaltig investieren und gewinnen. Profitieren vom ökologischen Megatrend:** Wolfgang Pinner, Linde, Wien 2008. Das Einsteigerbuch widmet sich ausführlich den unterschiedlichen Investmentformen, der damit einhergehenden Verantwortung, diskutiert das Für und Wider nachhaltiger Geldanlagen und gibt konkrete Anlagetipps.

**Nachhaltiges Investment – Blaupause für den Neuanfang:** Verschiedene Autoren, Reihe: Politische Ökologie 112-113, Hrsg. Oekom Verlag, München, 2008. Breitgefächerte Themen, von der Geschichte des nachhaltigen Investments über Akteure und Anlageformen bis hin zu aktuellen Trends wie Klimaschutz und Biodiversität.

**Nachhaltigkeit am Finanzmarkt – Mit ökologisch und sozial verantwortlichen Geldanlagen die Wirtschaft gestalten:** Klaus Gabriel, Hochschulschriften zur Nachhaltigkeit Band 38, oekom verlag München, 2007. Autor Klaus Gabriel, Vorsitzender des Corporate Responsibility Interface Center (CRIC), arbeitet in diesem Werk den Konflikt heraus, den die Tendenz zur ökonomischen Bewertung ökologischer und sozialer Themenfelder und das Ziel einer nachhaltigen Entwicklung mit sich bringen.

**Nachhaltigkeit in Vermögensaufbau und Altersvorsorge: Ethisch-Ökologische Investments:** Michael Finette, VDM Verlag Dr. Müller Saarbrücken, 2007. Die Frage, wie man den Spagat zwischen rentabler und gleichzeitig nachhaltiger Anlage hinbekommt, wird in diesem Buch behandelt. Es empfiehlt sich als Basisinformation für Privatanleger, erläutert unterschiedliche nachhaltige Anlageformen und stellt engagierte Anbieter vor.

**Saubere Renditen – Ökologisch und sozial verantwortungsvoll investieren:** EvB/Konsumentenschutz, h.e.p.verlag ag/Ott Verlag, Bern, 2007. Umfassender Ratgeber zu nachhaltigen Geldanlagen, herausgegeben von der Schweizer Nichtregierungsorganisation »Erklärung von Bern« und dem Konsumentenschutz der Schweiz.

**Geld und Gewissen – Tu Gutes und verdiene daran:** Antje Schneeweiß, Publik Forum, Frankfurt am Main, 2004. Nicht mehr ganz aktueller Überblick, aber dennoch guter Einstieg in die Welt nachhaltiger Geldanlagen. Der erste Teil des Buches widmet sich christlich-ethischen Überlegungen, bevor man im zweiten Teil konkrete Informationen zu unterschiedlichen Anlagemöglichkeiten erhält.

## ADRESSEN DEUTSCHLAND – EINE AUSWAHL

Aktion fair spielt
c/o Werkstatt Ökonomie
Obere Seegasse 18, 69124 Heidelberg
Tel: 06221/43336-11, Fax: 06221/4333629
www.fair-spielt.de

BanaFair e.V.
Langgasse 41, 63571 Gelnhausen
Tel: 06051/8366-0, Fax: 06051/8366-77
www.banafair.de, info@banafair.de

Bundesministerium für wirtschaftliche
Zusammenarbeit und Entwicklung (BMZ)
Postfach 12 03 22, 53045 Bonn
Tel: 0228/99535-0, Fax: 0228/99535-3500
www.bmz.de, info@bmz.bund.de

CONTIGO GmbH, Wilhelm-Lamb-
recht-Str. 3, 37079 Göttingen
Tel: 0551/20921-0, Fax: 0551/20921-28
www.contigo.de, info@contigo.de

Dachverband der Kritischen Aktionärinnen und Aktionäre
Ebertplatz 12, 50668 Köln
Tel: 0221/599-5647, Fax: 0221/599-1024
www.kritischeaktionaere.de
dachverband@kritischeaktionaere.de

Deutsche Gesellschaft für Technische
Zusammenarbeit (GTZ) GmbH
Dag-Hammarskjöld-Weg, 1-5

65760 Eschborn
Tel: 06196/79-0, Fax: 06196/79-1115
www.gtz.de, info@gtz.de

Diakonisches Werk der Evangelischen
Kirche in Deutschland e. V.
für die Aktion »Brot für die Welt«
Stafflenbergstraße 76
70184 Stuttgart
Tel: 0711/2159-0
www.brot-fuer-die-welt.de
kontakt@brot-fuer-die-welt.de

dwp eG
Hinzistobler Str. 10, 88212 Ravensburg
Tel: 0751/36155-0, Fax: 0751/36155-33
www.dwp-rv.de

EL PUENTE GmbH
Lise-Meitner-Str. 9, 31171 Nordstemmen
Tel: 05069/3489-0, Fax: 05069/3489-28
www.el-puente.de, info@el-puente.de

Evangelischer Entwicklungsdienst e.V.
(EED)
Ulrich-von-Hassel-Str. 76, 53123 Bonn
Tel: 0228/8101-0, Fax: 0228/8101-160
www.eed.de, eed@eed.de

Fairtrade Labelling Organizations
International (FLO)
Bonner Talweg 177, 53129 Bonn

Tel: 0228/949230, Fax: 0228-2421713
www.fairtrade.net

Fair Stone WiN=WiN Agentur für globale Verantwortung
Schuhstrasse 4, 73230 Kirchheim/Teck
Tel: 07021/7269895, Fax: 07021/7269896
www.fairstone.win--win.de
fairstone@win--win.de

Fairflowers-FLP e.V. Flower Label Program, Siegfriedstr. 1-3, 50678 Köln
Tel: 0221/3406-645, Fax: 0221/3406-968
www.fairflowers.de, info@fairflowers.de

FIAN-Deutschland e.V. FoodFirst Informations- & Aktions-Netzwerk
Briedeler Straße 13, 50969 Köln
Tel: 0221/70200-72, Fax: 0221/70200-32
www.fian.de, fian@fian.de

FLO-CERT GmbH
Bonner Talweg 177, 53129 Bonn
Tel: 0228/2493-0, Fax: 0228/2493-120
www.flo-cert.net, info@flo-cert.net

forum anders reisen e.v.
Postfach 50 02 06, 40126 Freiburg
Tel: 0761/4012699-0, Fax: 0761/40126999
www.forumandersreisen.de
info@forumandersreisen.de

Forum Fairer Handel
Chausseestr. 128/129, 10115 Berlin
Tel: 030/28040-588, Fax: 030/28040-908
www.forum-fairer-handel.de
info@forum-fairer-handel.de

Forum Nachhaltige Geldanlagen e.V.
c/o Adelphi Consult
Caspar-Theyß-Str. 14a, 14193 Berlin
Tel: 030/8900068-65, Fax: 030/8900068-10
www.forum-ng.de, Office@forum-ng.de

gebana
Haupstrasse 39, 79807 Lottstetten
Tel: 0711/894608777
www.gebana.com, info@gebana.com

GEPA – The Fair Trade Company GmbH
GEPA-Weg 1, 42327 Wuppertal
Tel: 0202/26683-0, Fax: 0202/26683-10
www.gepa.de, info@gepa.org

INKOTA-netzwerk e.V.
Greifswalder Str. 33a, 10405 Berlin
Tel: 030/428911-1, Fax: 030/428911-2
www.inkota.de, inkota@inkota.de

Internationale Arbeitsorganisation (ILO), Vertretung in Deutschland
Karlplatz 7, 10117 Berlin
Tel: 030/280-92668, Fax: 030/280-46440
www.ilo.org, berlin@ilo.org

Kampagne für saubere Kleidung, c/o Vereinte Evangelische Mission (VEM)
Rudolfstr. 135, 42285 Wuppertal
Tel: 0202/89004-316, Fax: 0202/89004-79
www.sauberekleidung.de
ccc-d@vemission.org

MISEREOR-Geschäftsstelle
Bischöfliches Hilfswerk MISEREOR e.V
Mozartstraße 9, 52064 Aachen
Tel.: 0241/442-0, Fax: 0241/442-188
www.misereor.de

Naturland – Verband für ökologischen Landbau e.V.
Kleinhaderner Weg 1, 82166 Gräfelfing
Tel: 089/898082-0, Fax: 089/898082-90
www.naturland.de
naturland@naturland.de

Oxfam Deutschland e.V.
Greifswalder Str. 33a, 10405 Berlin
Tel: 030/428506-21, Fax: 030/428506-22
www.oxfam.de, info@oxfam.de

RAPUNZEL NATURKOST AG
Rapunzelstraße 1, 87764 Legau
Tel: 08330/529-0, Fax: 08330/529-1188
www.rapunzel.de, info@rapunzel.de

GOODWEAVE / TRANSFAIR e.V.
Remigiusstr. 21, 50937 Köln
Tel: 0221/942040-38, Fax: 0221/942040-40
www.goodweave.de
t.gordon@transfair.org

Stiftung Warentest
Lützowplatz 11-13, 10785 Berlin
Tel: 030/2631-0, Fax: 030/2631-2727
www.test.de
email@stiftung-warentest.de

Studienkreis für Tourismus und Entwicklung e.V.
Kapellenweg 3, 82541 Ammerland/
Starnberger See
Tel: 08177/1783, Fax: 08177/1349
www.studienkreis.org
info@studienkreis.org

SÜDWIND e.V, Institut für Ökonomie
und Ökumene
Lindenstr. 58-60, 53721 Siegburg
Tel: 02241/53617 oder 02241/67801,
Fax: 02241/51308
www.suedwind-institut.de
info@suedwind-institut.de

TransFair – Verein zur Förderung des
Fairen Handels mit der »Dritten Welt«
e.V.
Remigiusstr. 21, 50937 Köln-Sülz

Tel: 0221/942040-0, Fax: 0221/942040-40
www.transfair.org, info@transfair.org

Verbraucherzentrale Bundesverband
e.V. (vzbv)
Markgrafenstraße 66, 10969 Berlin
Tel: 030/25800-0, Fax: 030/25800-218
www.vzbv.de, info@vzbv.de

Verein fair-fish, Büro Deutschland
Postfach 630127, 10266 Berlin
www.fair-fish.net
deutschland@fair-fish.net

WEED – Weltwirtschaft, Ökologie &
Entwicklung e.V.
Eldenaer Str. 60, 10247 Berlin
Tel: 030/275-82163, Fax: 030/275-96928
www.weed-online.org
weed@weed-online.org

Weltladen-Dachverband e.V.
Ludwigsstr. 11, 55116 Mainz
Tel: 06131/68907-80, Fax: 06131/68907-99
www.weltlaeden.de, info@weltladen.de

Werkstatt Ökonomie e.V.
Obere Seegasse 18, 69124 Heidelberg
Tel: 06221/43336-0, Fax: 06221/43336-29
www.woek.de, info@woek.de

Wuppertal Institut für Klima, Umwelt,
Energie GmbH
Döppersberg 19, 42103 Wuppertal
Tel: 0202/2492-0, Fax: 0202/2492-108
www.wupperinst.org
info@wupperinst.org

XertifiX e.V.
Vaubanallee 20, 79100 Freiburg
Tel: 0761/4019606, Fax: 0761/4004226
www.XertifiX.de, info@xertifix.de

## ADRESSEN AUSLAND

arbeitskreis tourismus & entwicklung
Missionsstrasse 21, 4003 Basel,
Schweiz
Tel: +41/(0)61/26147-42
Fax: +41/(0)61/26147-21, www.akte.ch
info@akte.ch

claro fair trade AG, Byfangstrasse 19,
2552 Orpund, Schweiz
Tel: +41/(0)32/356070-0
Fax: +41/(0)32/356070-1, www.claro.ch

Clean Clothes Kampagne Österreich,
c/o Südwind Agentur, Laudongasse 40
1080 Wien, Österreich
Tel: +43/(0)1/40555-15
Fax: +43/(0)1/40555-19
www.cleanclothes.at, cck@oneworld.at

Clean Clothes Schweiz
c/o Erklärung von Bern
Dienerstrasse 12, 8026 Zürich, Schweiz
Tel: +41/(0)44/2777-000
Fax: +41/(0)44/2777-001
www.cleanclothes.ch, info@evb.ch

Clean Clothes Campaign
Internationales Sekretariat
Postbus 11584, 1001 GN Amsterdam,
Niederlande
Tel: +31/(0)2041227-85
Fax: +31/(0)2041227-86
www.cleanclothes.org
info@cleanclothes.org

European Fair Trade Association (EFTA)
Kerkewegje 1, 6305 BC Schin op Geul,
Niederlande
Tel: +31/(0)43/325-6917

Fax: ı 31/(0)43/325 8433
www.european-fair-trade-association.
org, efta@antenna.nl

EZA Fairer Handel GmbH, Wenger
Straße 5, 5203 Köstendorf, Österreich
Tel: +43/(0)6216/20200-0
Fax: +43/(0)6216/20200-999
www.eza.cc, office@eza.cc

Fair Trade Advocacy Office Bureau 9A
– Village Partenaire
15 rue Fernand, Bernierstraat
1060 Brüssel, Belgien
Tel: +32/(0)2/2173-617
Fax: +32/(0)2/2173-798
www.fairtrade-advocacy.org
info@fairtrade-advocacy.org

Fair Wear Foundation (FWF), Internationales Sekretariat, P.O. BOX 69253
1060 CH Amsterdam, Niederlande
Tel: +31/(0)20/40842-55
Fax: +31/(0)20/40842-54
www.fairwear.org, info@fairwear.nl

Fair Wear Foundation (FWF)
Werkhofstraße 1, 5606 Dintikon,
Schweiz
Tel: +41/(0)56/2883828
ernstberger@fairwear.ch

FAIRTRADE – Verein zur Förderung
des fairen Handels mit den Ländern
des Südens, Neulinggasse 29/17
1030 WIEN, Österreich
Tel: +43/(0)1/5330956
Fax: +43/(0)1/5330956-11
www.fairtrade.at, office@fairtrade.at

gebana
Hafnerstrasse 7, 8005 Zürich, Schweiz
Tel: +41/(0)43/36665-00
Fax: +41/(0)43/36665-05
www.gebana.com, info@gebana.com

International Social and Environmental Accreditation and Labelling Alliance (ISEAL)
Unit 1, Huguenot Place, 17a Heneage Street, London E15LJ, United Kingdom
Tel/Fax: +44/(0)20/32460066
www.isealalliance.org
info@isealalliance.org

Label STEP Deutschland und Österreich
Neulinggasse 29/17
1030 Wien, Österreich
Tel: +43/(0)1/5330956-23
Fax: +43/(0)1/5330956-11
www.label-step.org
austria@label-step.org

Label STEP Schweiz und Frankreich
s. Max Havelaar-Stiftung

Max Havelaar-Stiftung
Malzgasse 25, 4052 Basel, Schweiz
Tel: +41/(0)61/27175-00
Fax: +41/(0)61/27175-62
www.maxhavelaar.ch
info@maxhavelaar.ch

Rainforest Alliance
665 Broadway, Suite 500, NY 10012
New York, USA
Tel: +1(0)212/677-1900
Fax: +1(0)212/677-2187
www.rainforest-alliance.org
info@ra.org

respect
Institut für integrativen Tourismus und Entwicklung
Diefenbachgasse 36/9, 1150 Wien
Österreich
Tel: +43/(0)1/8956245
Fax: +43/(0)1/8129789, www.respect.at
office@respect.at

Verein fair-fish, Büro Schweiz,
Burgstr. 107, 8408 Winterthur, Schweiz
Tel: +41/(0)52/3014435
Fax: +41/(0)52/3014580
www.fair-fish.net, info@fair-fish.ch

World Fair Trade Organization (WFTO)
Prijssestraat 24, 4101 CR Culemborg,
Niederlande
Tel: +31/(0)345/535914
Fax: +31/(0)847474401
www.wfto.com

World Tourism Organization UNWTO
Capitán Haya 42, 28020 MADRID, Spanien
Tel: +34/(0)91/5678100
Fax: +34/(0)91/5713733
www.unwto.org, omt@unwto.org

World Travel & Tourism Council WTTC
1-2 Queen Victoria Terrace, Sovereign Court, London E1W 3HA, Großbritannien
Tel/Fax: +44/(0)870/7289882
www.wttc.org, enquiries@wttc.org